Third Edition

La France
contemporaine

William F. Edmiston
University of South Carolina

Annie Duménil
University of South Carolina

THOMSON
™
HEINLE

Australia   Canada   Mexico   Singapore   Spain   United Kingdom   United States

THOMSON

HEINLE

™

La France contemporaine
Third Edition
Edmiston / Duménil

Publisher: Janet Dracksdorf
Acquisitions Editor: Lara Semones
Senior Production Project Manager: Esther Marshall
Senior Assistant Editor: Heather Bradley
Marketing Manager: Lindsey Richardson
Associate Marketing Manager: Rachel Bairstow
Manufacturing Manager: Marcia Locke
Compositor: TechBooks
Project Manager: Sev Champeny
Photo Manager: Sheri Blaney
Interior Design: Julie Gecha
Cover Design: Dick Hannus
Printer: Malloy Incorporated

Cover Photos: *Top Left:* French Euro Coin: (c) Corbis Sygma; *Main Image:* (c) nic miller/images-of-france/Alamy Images

Student Edition ISBN: 1-4130-0373-7
Instructor's Edition ISBN: 1-4130-0374-4

Library of Congress Control Number: 2004112482

Table des matières

Repères
chronologiques

Histoire ancienne

L'époque gauloise (jusqu'au Ier siècle avant J.-C.)

- Le territoire qui sera la France est habité par des tribus celtiques que les Romains vont appeler «les Gaulois». Ch. 4.

- «Massilia» (Marseille) est une colonie fondée par les Grecs (VIe siècle avant J.-C.). Ch. 3.

- «Provincia» (la Provence) d'abord, puis toute la Gaule est annexée par les Romains (Ier siècle avant J.-C.). A la bataille d'Alésia, Vercingétorix, le chef des Gaulois, est vaincu par Jules César et ses armées romaines (52 avant J.-C.). Ch. 3.

L'époque gallo-romaine (du Ier siècle avant J.-C. jusqu'au Ve siècle)

- La Gaule est une province de l'Empire romain. La construction romaine des amphithéâtres, des aqueducs et des arènes à Nîmes, Arles, Orange, Lyon et Lutèce (Paris) date de cette époque. Ch. 2, 3.

- Saint-Denis convertit la ville de Paris au christianisme à la fin du Ier siècle. St. Martin, évêque de Tours, prêche le christianisme, devenu la religion dominante de la Gaule (IVe siècle). Ch. 3, 12.

- Sainte-Geneviève organise la résistance des Parisiens contre Attila (Ve siècle). Ch. 2.

L'époque franque (du Ve jusqu'au Xe siècle)

- La Gaule romaine est envahie par les Francs (tribus germaniques), qui établissent une monarchie. Les rois francs de cette époque s'appellent les Mérovingiens (Ve siècle). Le nom de la France vient du nom de la tribu des Francs. Ch. 4.

- Clovis, premier roi chrétien de France, est baptisé à Reims (496). Il établit sa capitale à Paris (508). «Clovis» est la source linguistique de «Louis», qui sera le nom de beaucoup de rois de France. Ch. 2, 3, 12.

- Charlemagne, roi des Francs, est sacré empereur du Saint-Empire romain par le pape (800). Institution du principe de la monarchie de droit divin. Les successeurs de Charlemagne s'appellent les Carolingiens. Ch. 12.

- L'empire carolingien est partagé entre les petits-fils de Charlemagne. Charles le Chauve règne sur le territoire qui sera la France (IXe siècle). Ch. 4.

- Les *Serments de Strasbourg* sont écrits en roman en 842 (le premier texte «français» conservé). Ch. 4.

- Le roi de France signe un traité avec les Vikings, dont le chef, Rollon, devient duc de Normandie (911). Ch. 3.

L'époque féodale (du Xe jusqu'au XIVe siècle)

- Hugues Capet fonde une dynastie qui va unifier la France (987). Les Capétiens vont augmenter le prestige et le pouvoir de la monarchie au cours du Moyen Age. Ch. 3.

- Conquête de l'Angleterre par Guillaume, duc de Normandie (1066). Ch. 3.

- Philippe-Auguste fonde l'Université de Paris (1200). Le domaine royal est énormément élargi sous son règne et la construction des grandes cathédrales gothiques commence. Ch. 2, 3, 14.

- Le Languedoc (pays de la «langue d'oc») est rattaché à la France après la Croisade contre les Albigeois (XIIIe siècle). Philippe le Bel établit la papauté française à Avignon (XlVe siècle). Ch. 3, 4, 12.

La dynastie des Valois (XlVe, XVe et XVIe siècles)

- Philippe de Valois devient roi grâce à la loi salique, qui interdit aux femmes tous droits à la couronne. Cette loi écarte du trône une princesse française mariée au roi d'Angleterre. Ceci aboutit à un conflit avec les Anglais: la Guerre de Cent Ans (1337–1453). Ch. 3.

- Charles VII est sacré à Reims grâce à Jeanne d'Arc, qui chasse les Anglais du nord de la France (1429). Ch. 3.

- L'Ordonnance de Villers-Cotterêts (1539) établit le français comme langue officielle. Ch. 4.

- Le début de la Réforme protestante entraîne une série de guerres de religion entre catholiques et huguenots (XVIe siècle). Ch. 12.

La dynastie des Bourbon (XVIIe et XVIIIe siècles)

- Henri IV abjure la religion protestante pour devenir roi de France: «Paris vaut bien une messe» (1593). Il promulgue l'Edit de Nantes (1598), qui accorde aux protestants le droit de pratiquer leur religion en France. Ch. 12.

- Louis XIV établit le principe de la monarchie absolue: «L'Etat, c'est moi» (1661). Il fait construire le château de Versailles, qui sera la résidence royale jusqu'à la Révolution. Louis XIV révoque l'Edit de Nantes (1685). Ch. 2, 6, 7, 12.

- Pendant cette première époque colonialiste, des explorateurs français fondent des colonies au Canada, en Louisiane, en Haïti et en Guyane. A la fin de la Guerre de Sept Ans (1756–63), la France perd le Canada, qui devient une colonie anglaise. Ch. 4.

- Les colons américains se révoltent contre les Anglais et déclarent l'indépendance des Etats-Unis d'Amérique (1776). Grâce aux efforts de Benjamin Franklin qui plaide leur cause à Versailles, le gouvernement royal de Louis XVI décide d'aider les Américains avec des ressources financières et militaires (1778). Introduction.

- Début de la Révolution: Louis XVI convoque les Etats-Généraux à Versailles. Les représentants du Tiers Etat se constituent en Assemblée nationale et refusent de quitter Versailles. La foule parisienne attaque la Bastille. L'Assemblée nationale vote l'abolition des privilèges et proclame la Déclaration des droits de l'homme et du citoyen (1789). Ch. 6.

- Les anciennes provinces sont remplacées par les départements (1790). Ch. 3.

- Fin de l'Ancien Régime: Louis XVI et Marie-Antoinette sont arrêtés, jugés et condamnés à mort (1792). Ils seront guillotinés en 1793. Ch. 6.

Histoire moderne

Ière République (1792–99)

- La Convention abolit la monarchie et proclame la République (1792, An I du nouveau calendrier républicain). La Convention adopte le drapeau tricolore et le calendrier républicain, ainsi que le système métrique des poids et des mesures. L'influence de Robespierre et des Jacobins mène à la Terreur, et il y a de nombreuses exécutions. La Convention tente de déchristianiser la France et d'introduire le culte de l'Etre suprême. La réaction du 9 Thermidor (27 juillet): Robespierre est renversé et guillotiné (An II, 1793–94). Ch. 6.

- Le Directoire, régime plus bourgeois que républicain, est un gouvernement de cinq hommes qui vise à empêcher la dictature. A cette époque, Napoléon Bonaparte remporte de nombreuses victoires à la tête des armées françaises (1795–99). Ch. 6.

Consulat et Empire (1799–1814)

- Le 18 Brumaire (9 novembre), les partisans de Napoléon font un coup d'état et le proclament premier consul (An VIII, 1799). Il signe un concordat avec le pape et restaure le culte catholique en France (1801). Napoléon vend la Louisiane aux Etats-Unis (1803). Napoléon se proclame empereur et se sacre lui-même à Notre-Dame (1804). Le calendrier républicain est abandonné (fin 1805). Napoléon organise l'administration préfectorale, codifie toutes les lois et établit un système d'éducation nationale. Il étend son empire sur une bonne partie de l'Europe. Sa «Grande Armée» remporte de brillantes victoires, mais elle subit aussi des défaites désastreuses. Après la retraite de Russie, Napoléon est obligé d'abdiquer et de s'exiler (1814). Ch. 6, 7, 12, 14.

Restauration de la monarchie (1814–48)

- La France devient une monarchie constitutionnelle sous Louis XVIII, frère de Louis XVI (1814–24). Les Cent-Jours: Napoléon revient en France et organise une armée pour reprendre le pouvoir, mais il est vaincu définitivement à Waterloo (Belgique) et s'exile de nouveau (1815). Ch. 6.

- Règne de Louis XVIII (1814–24) et Charles X (1824–30). Celui-ci cherche à rétablir la monarchie absolue et le pouvoir de l'Eglise catholique. Sa politique réactionnaire provoque une insurrection à Paris. Charles X est obligé d'abdiquer en faveur de son cousin (1830). Ch. 6.

- Louis-Philippe, soutenu par les bourgeois, devient le «roi des Français» (1830–48). Ch. 6.

- La conquête de l'Algérie marque le début de la deuxième époque colonialiste (1830). Ch. 4.

- La loi Guizot crée une école primaire pour garçons dans chaque commune (1833). Ch. 14.

- Le gouvernement d'Adolphe Thiers fait entourer Paris de nouvelles fortifications (1840–44). Ch. 2.

- Le développement d'un prolétariat s'accompagne de graves problèmes sociaux et de tensions avec la bourgeoisie, culminant dans la première véritable révolution sociale, en 1848. Louis-Philippe abdique et la République est proclamée. Ch. 6.

IIe République (1848–52)

- Mise en application des doctrines socialistes: liberté de la presse, suffrage universel (masculin), droit au travail, droit à l'éducation, etc. Opposition bourgeoise à ces réformes. Ch. 6.

- Louis-Napoléon, neveu de Bonaparte, est élu le premier Président de la République (1848). En 1851 il organise un coup d'état, prononce la dissolution de l'Assemblée et gouverne tout seul. En 1852 il se fait proclamer empereur Napoléon III. Ch. 6.

Second Empire (1852–70)

- Le baron Haussmann, préfet de la Seine, fait agrandir et embellir Paris. Ch. 2.

- Des conflits entre Napoléon III et Bismarck entraînent la guerre franco-prussienne, la défaite de la France et l'occupation de Paris. Napoléon III est fait prisonnier à Sedan. Il abdique et s'exile. La République est proclamée à Paris. A la suite de cette guerre, la Prusse annexe l'Alsace et une partie de la Lorraine (la Moselle), régions où habitaient un million et demi de Français (1870). Ch. 3, 4, 6.

IIIe République (1870–1940)

- Pendant cette époque, la France devient profondément républicaine et démocrate. Révolution industrielle et exode rural: l'importance de la classe ouvrière et du mouvement syndical provoque une série de mesures sociales. Ch. 6, 10.

- L'expansion coloniale continue en Afrique et en Indochine, dotant la France d'un immense empire. Ch. 4, 13.

- Les lois scolaires de Jules Ferry (1881–82). Ch. 14.

- Création de la Confédération Générale du Travail (1894). Ch. 10.

- L'affaire Dreyfus et la campagne contre les «mauvais Français» (1898). Ch. 12.

- Séparation de l'Eglise et de l'Etat, fin du Concordat (1905). Ch. 12.

- La Première Guerre mondiale (1914–18) est désastreuse pour la France. Après la défaite de l'Allemagne, l'Alsace-Moselle est restituée à la France. Ch. 3, 4.

- Le Front Populaire: gouvernement socialiste de Léon Blum (1936–38). Ch. 10.

- Deuxième Guerre mondiale: la France est envahie par les Allemands en 1940. Ch. 6.

Occupation/Régime de Vichy (1940–44)

- La moitié nord de la France est occupée par les Nazis. Les parlementaires français en exil à Vichy accordent le pouvoir au maréchal Philippe Pétain, qui devient le chef de l'Etat français. Politique de collaboration et de soumission totale à la politique allemande. Ch. 6.

- Le général Charles de Gaulle, à Londres, lance l'appel du 18 juin pour encourager les Français à continuer la lutte (1940). Ch. 6.

- La Résistance est organisée par Jean Moulin, aidé par le Parti Communiste français (1943). Ch. 6, 8.

- Après la Libération, un gouvernement provisoire est présidé par le général de Gaulle. Un référendum populaire adopte la Constitution de la IVe République, et les femmes votent pour la première fois (1946). Ch. 6, 9.

IVe République (1946–58)

- S'opposant au régime parlementaire de la nouvelle Constitution, Charles de Gaulle donne sa démission (1946) et se retire de la vie politique. Ch. 6.

- Sur le plan économique, la France et l'Allemagne posent les premiers fondements d'une organisation qui deviendra le Marché commun, et plus tard la Communauté économique européenne (1950). Le traité de Rome crée «l'Europe des Six» (1957). Ch. 5.

- La France s'engage dans des guerres coloniales: en Indochine (1945–54) et en Algérie (1954–61). Cette dernière provoque des crises ministérielles à Paris. En 1958, les officiers de l'armée française en Algérie se révoltent contre le gouvernement et réclament le retour au pouvoir du général de Gaulle. Le Parlement accorde les pleins pouvoirs à celui-ci pour six mois pour préparer une nouvelle constitution, qui sera approuvée par référendum populaire (1958). Ch. 6, 13.

Ve République (1958 jusqu'à présent)

- De Gaulle est élu Président de la République pour sept ans par un collège électoral (1958). Il demande aux Français de se prononcer par référendum sur le problème algérien et ceux-ci votent pour l'indépendance (1961). Par les accords d'Evian, l'Algérie devient indépendante. Un million de «pieds noirs» (Français d'Algérie) sont rapatriés (1962). De Gaulle continue une politique de décolonisation en Afrique, créant la Communauté française avec seize anciennes colonies nouvellement indépendantes. Ch. 6, 13.

- Sur le plan militaire, le président de Gaulle fraie un chemin entre les politiques des grandes «super-puissances»: la France se retire de l'Organisation du Traité de l'Atlantique Nord (l'OTAN) et poursuit le développement de sa propre force de frappe nucléaire. Introduction.

- De Gaulle demande au peuple français de changer la Constitution pour renforcer le pouvoir exécutif. Un référendum populaire autorise l'élection directe du Président de la République au suffrage universel (1962). De Gaulle est réélu Président en 1965, mais au suffrage universel pour la première fois. Ch. 8.

- Le département de la Seine-et-Oise est découpé pour former les départements de la «petite couronne» et de la «grande couronne» (1964). Ch. 2.

- Les événements de mai 68: une manifestation estudiantine se transforme en une grève générale et nationale, avec dix millions de grévistes réclamant des réformes sociales. De Gaulle nomme un nouveau Gouvernement mais lui-même survit à cette crise (1968). Ch. 6, 14.

- Dans un référendum sur la création de parlements régionaux, le vote négatif des Français est interprété par le président de Gaulle comme un manque de confiance en sa politique et il donne sa démission. Georges Pompidou est élu à la Présidence (1969). Ch. 6.

- Les départements sont regroupés en Régions (1973). Ch. 3.

- Le traité de Bruxelles crée «l'Europe des Neuf» (1973). Ch. 5.

- Le président Pompidou meurt d'un cancer. Valéry Giscard d'Estaing est élu à la Présidence (1974). Ch. 6.

- L'âge de la majorité est abaissé à 18 ans (1974). Ch. 8.

- Paris obtient le statut de commune. Election de Jacques Chirac à la mairie de Paris (1977). Ch. 2.

- Première élection du Parlement européen (1979). Ch. 5.

- A la fin de son premier mandat, le président Giscard d'Estaing se représente aux élections présidentielles, mais il est battu par François Mitterrand (1981). Avec Mitterrand, la gauche arrive au pouvoir pour la première fois depuis 1956 (1981). Ch. 6.

Les Années Mitterrand (1981–95)

1981   Première élection de François Mitterrand à la Présidence de la République. Ch. 6.
Gouvernement de Pierre Mauroy, 1981–84. Ch. 6.
Inauguration du TGV (train à grande vitesse). Ch. 16.
Abolition de la peine de mort. Ch. 7.
Régularisation des immigrés clandestins. Ch. 13.
Autorisation des radios «libres» locales, fin du monopole de l'Etat sur la radiodiffusion. Ch. 15.
Adhésion de la Grèce à la Communauté économique européenne (les Dix). Ch. 5.

1982   Loi Defferre: début de la décentralisation administrative. Ch. 7.
Loi sur le remboursement de l'IVG (interruption volontaire de grossesse) par la Sécurité sociale. Ch. 9.
Lois Auroux: la semaine de travail de 39 heures, la cinquième semaine de congés payés. Ch. 10.
Loi établissant la retraite à partir de 60 ans. Ch. 11.

1983   Réélection de Jacques Chirac à la mairie de Paris. Ch. 2.
Lancement du programme du Minitel. Ch. 16.

1984   Manifestations pour défendre l'école libre. Ch. 14
Gouvernement de Laurent Fabius (1984–86). Ch. 6.
Succès du Front National aux élections européennes. Ch. 8, 13.

1986   Gouvernement de Jacques Chirac (1986–88), première «cohabitation». Ch. 8.
Loi Pasqua: autorisation de l'expulsion des immigrés jugés menaçants vis-à-vis de l'ordre public. Ch. 13.
Manifestations des étudiants contre le projet de loi Devaquet. Ch. 14.
Adhésion de l'Espagne et du Portugal à la CEE (les Douze). Ch. 5.
Premier Sommet de la Francophonie à Paris. Ch. 4.
Suppression du monopole de l'Etat sur la télédiffusion. Ch. 15.

1987   Second Sommet de la Francophonie à Québec. Ch. 4.

1988   Deuxième élection de Mitterrand à la Présidence de la République. Ch. 6.
Gouvernement de Michel Rocard (1988–91). Ch. 8.
Création du RMI (Revenu minimum d'insertion). Ch. 11.

Les Années Chirac (1995–)

1995   Election de Jacques Chirac à la Présidence de la République. Ch. 6.
Gouvernement d'Alain Juppé (1995–97). Ch. 6.
La Communauté européenne devient l'Union européenne, avec
quinze pays membres. Entrée en vigueur de la convention de
Schengen. Ch. 5.
Election de Jean Tibéri à la mairie de Paris. Ch. 2.
Sommet de la Francophonie à Cotonou (Bénin). Ch. 4.
Grèves générales en réaction au plan Juppé. Ch. 11.

1996   Opération Vigipirate remise en place après des attaques terroristes
dans certaines villes françaises. Ch. 7.
Occupation de l'église Saint-Bernard de la Chapelle par des
immigrés clandestins. Ch. 13.
Création de la CRDS (Contribution au remboursement de la dette
sociale). Ch. 11.

1997   Loi Debré-Pasqua sur l'immigration augmente les restrictions sur
l'entrée et le séjour en France. Ch. 13.
Dissolution de l'Assemblée nationale, nouvelles élections
législatives, victoire de la gauche. Ch. 8.
Gouvernement de Lionel Jospin, troisième «cohabitation»
(1997–2002). Ch. 8.
Sommet de la Francophonie à Hanoï (Viêt Nam). Ch. 4.

1998   Première loi Aubry qui propose la semaine de travail de 35 heures
(obligatoire en 2000). Ch. 10.
Loi Chevènement sur l'immigration renforce le droit du sol.
Ch. 13.
A Bruxelles, onze pays membres de l'UE s'entendent pour lancer
l'euro (monnaie unique) en 1999. Ch. 5.
Inauguration du nouveau Stade de France, victoire de la France à
la Coupe du Monde de football. Ch. 10, 13.
Assassinat du préfet de la Corse à Ajaccio. Ch. 4, 7.

1999   Entrée officielle de l'euro dans les bourses des pays membres. Ch. 5.
Amendement de la Constitution de la Ve République pour que la
France puisse se plier au traité d'Amsterdam de l'UE. Ch. 5.
Médecins Sans Frontières reçoit le prix Nobel de la Paix. Ch. 16.
Loi sur le Pacte civil de solidarité (PACS). Ch. 9.
La Charte européenne des langues régionales et minoritaires est
jugée contraire à la Constitution par le Conseil constitutionnel.
Ch. 4.
Sommet de la Francophonie à Moncton (Nouveau-Brunswick).
Ch. 4.

2000   Création de la Couverture maladie universelle (CMU). Ch. 11.
Accident du Concorde au départ de l'aéroport Charles de Gaulle.
    Ch. 16.
Fin de la conscription militaire, début des inscriptions pour la
    Journée d'Appel à la Préparation à la Défense. Ch. 7.
Référendum sur la réduction du mandat présidentiel de sept ans à
    cinq ans. Ch. 8.
Loi sur la limitation du cumul des mandats électoraux. Ch. 8.
Loi sur la parité dans les élections. Ch. 8.
Seconde loi Aubry (Aubry II) qui fixe la semaine de travail à 35
    heures. Ch. 10.

2001   Les ressortissants des pays membres de l'UE résidant en France sont
    autorisés à voter aux élections municipales pour la première fois.
    Ch. 13.
La loi sur la parité est appliquée pour la première fois; 30 femmes
    sont élues maires de grandes villes. Ch. 8.
Bertrand Delanoë est élu maire de Paris. Ch. 2.

2002   L'euro remplace le franc français dans la vie quotidienne. Ch. 5.
Deuxième élection de Jacques Chirac à la Présidence de la
    République. Ch. 6, 8.
Victoire de l'Union pour la Majorité Présidentielle (UMP) dans les
    élections législatives. L'UMP devient ensuite l'Union pour un
    Mouvement Populaire. Ch. 8.
Gouvernement de Jean-Pierre Raffarin (2002–). Ch. 8.
Nouveau congé paternité pour les pères de famille. Ch. 11.
Attaque contre un paquebot français par un groupe d'extrémistes
    islamiques. Ch. 7.
Sommet de la Francophonie à Beyrouth (Liban). Ch. 4.

2003   Opposition de la France et de l'Allemagne à la guerre contre l'Irak.
    Introduction.
L'organisation décentralisée de la République est inscrite dans la
    Constitution. Ch. 7.
Institution du référendum d'initiative locale. Ch. 7.
Réforme de la branche retraite de la Sécurité sociale. Ch. 11.

2004   Adhésion de dix nouveaux pays membres à l'Union européenne.
    Ch. 5.
Loi interdisant le port de signes religieux dans les écoles. Ch. 12.
Réforme de la branche maladie de la Sécurité sociale. Ch. 11.

La France et les Etats-Unis

Depuis le XVIIIe siècle, époque de la Déclaration d'indépendance et de la naissance des Etats-Unis, les Français s'intéressent aux Américains. Les philosophes français du Siècle des Lumières avaient élaboré, dans leurs écrits, un idéal démocratique auquel la France devait aspirer et ils ont regardé avec admiration l'inscription de cet idéal dans la nouvelle république américaine. En 1778, le philosophe Denis Diderot a écrit: «Après des siècles d'une oppression générale, puisse la révolution qui vient de s'opérer au delà des mers, en offrant à tous les habitants de l'Europe un asile contre le fanatisme et la tyrannie, instruire ceux qui gouvernent les hommes sur le légitime usage de leur autorité!» A bien des égards, les Etats-Unis doivent leur indépendance à la France. Le public français a réagi avec enthousiasme à la nouvelle que les colonies américaines avaient déclaré leur indépendance de l'Angleterre, et bien des Français voyaient cette révolte comme une lutte au nom de la Liberté. De nombreux volontaires Français sont partis immédiatement pour se battre en faveur de cette noble cause. Le plus célèbre de ceux-ci, le jeune marquis de La Fayette, officier militaire, s'est battu contre les Anglais aux côtés du général George Washington. La Fayette est devenu le symbole de l'amitié de la France pour la nouvelle nation. En même temps, Benjamin Franklin a persuadé la monarchie française (le roi Louis XVI) d'aider les colonies américaines à se libérer de la monarchie britannique (le roi George III). L'alliance franco-américaine a été signée en 1778. C'est l'intervention massive des forces françaises—une flotte, une armée et une subvention financière énorme—qui a permis aux colons américains de triompher du puissant Empire britannique.

En ce qui concerne les relations franco-américaines au cours du XIXe siècle, il faut mentionner deux grands événements, la vente de la Louisiane et le don de la Statue de la liberté. En 1803, le président Thomas Jefferson a proposé d'acheter la Louisiane à la France. La Louisiane était un territoire immense qui couvrait toute la vallée du Mississippi et celle du Missouri. Comme Napoléon ne voulait pas que la Louisiane tombe entre les mains des Anglais, il a préféré la vendre aux Américains. Cet achat a effectivement doublé la superficie des Etats-Unis. Vers la fin du XIXe siècle, le peuple français a offert un magnifique cadeau au peuple américain pour symboliser l'amitié franco-américaine: la Statue de la liberté. Création d'une collaboration entre l'ingénieur Gustave Eiffel et le sculpteur Frédéric-Auguste Bartholdi, elle a été financée par des fonds privés. La statue a été érigée d'abord dans un atelier à Paris en 1884. Ensuite, elle a été démontée, mise en caisses et transportée par bateau à New York en 1885. Aujourd'hui, la Statue de la liberté se dresse dans le port de New York pour accueillir les visiteurs et les immigrés des autres pays du monde.

Au XXe siècle, les Américains se sont battus aux côtés des Français dans deux grands conflits. En 1917, à l'époque de la Première Guerre mondiale, le général John Pershing, commandant des forces américaines, est arrivé en France pour aider les Français à repousser les Allemands de leur territoire. Conscient de rendre un service à la France, Pershing aurait proclamé: «La Fayette, nous voici.» En 1940, la France a été vaincue et occupée par les Nazis. Après l'attaque japonaise contre le territoire américain fin 1941, les Etats-Unis sont entrés dans la Deuxième Guerre mondiale, du côté de la France libre, de l'Angleterre et de l'Union soviétique. Le 6 juin 1944, les armées américaines, britanniques et canadiennes ont débarqué sur les plages de Normandie, provoquant une bataille sanglante qui a marqué le début de la Libération. Il y a près de 10 000 soldats américains enterrés dans le cimetière militaire américain à Omaha Beach (Calvados). En 1994, un demi-siècle plus tard, il y a eu des cérémonies organisées en France pour commémorer la mort héroïque de ces libérateurs, et les présidents François Mitterrand et Bill Clinton y ont assisté. Avant la fin de l'année 1944, l'armée américaine, accompagnée des forces britanniques et françaises, a réussi à libérer Paris des forces occupantes. Les soldats américains ont été accueillis à bras ouverts par les Parisiens, et de nos jours les Français d'un certain âge expriment souvent leur reconnaissance envers leurs libérateurs américains.

Après la Libération et la fin de la Deuxième Guerre mondiale, le Plan Marshall, une initiative coûteuse de la part des Etats-Unis, a permis aux Français et aux autres Européens de reconstruire leur pays et de mener une vie décente. Le président Charles de Gaulle (1958–69) paraissait anti-américain à cause de son ambition de voir la France, non comme un pays satellite des Etats-Unis (tels les pays du bloc soviétique) mais comme un allié indépendant. Pourtant, De Gaulle a fait preuve de solidarité envers le président John Kennedy lors des menaces soviétiques, la crise de Berlin (1961) et l'affaire des missiles soviétiques à Cuba (1962). Malgré leur désir de rester indépendants vis-à-vis des deux superpuissances (les Etats-Unis et l'Union soviétique), un grand nombre de Français reconnaissent que l'Europe de l'Ouest a pu vivre dans la paix et la prospérité pendant la Guerre froide (1945–89) grâce à l'engagement militaire américain sur le territoire européen.

Pourtant, un sentiment d'anti-américanisme se manifeste parfois en France—surtout aux moments où les Etats-Unis entrent en conflit militaire d'une façon unilatérale, sans le soutien des alliés européens ou l'approbation des Nations Unies (par exemple, au moment des attaques contre la Libye en 1986 et de la guerre contre l'Irak en 2003). De même, un sentiment anti-français se manifeste aux Etats-Unis à chaque fois que la politique internationale française diffère de la position diplomatique américaine (pour reprendre les mêmes exemples, au moment où la France a refusé de participer aux attaques contre la Libye et à la guerre contre l'Irak). En bref, les Américains reprochent parfois à la

France d'être une fausse amie, un prétendu allié en qui on ne peut pas toujours faire confiance. Des deux côtés de l'Atlantique, les sentiments anti-américains et anti-français s'expriment souvent d'une manière qui ne tient pas compte des vérités historiques. Pourtant, le sentiment nettement pro-américain chez les Français est indéniable, surtout quand il s'agit du peuple américain plutôt que du gouvernement de Washington. Le 11 septembre 2001, les villes de New York et Washington ont été attaquées par des terroristes islamiques, avec des conséquences désastreuses. Le lendemain des attaques, les gros titres du quotidien français *Le Monde* ont proclamé: «Nous sommes tous des Américains.» Une énorme vague de solidarité envers les Américains et de condoléances pour les victimes a dominé la vie quotidienne en France pendant les mois suivants. Le président Jacques Chirac a été le premier chef d'Etat à visiter le site des attaques à New York. La France avait connu, elle aussi, le terrorisme sur son territoire, et le gouvernement français a immédiatement prêté son soutien militaire au gouvernement américain dans la guerre contre le terrorisme en Afghanistan. En 2002, un paquebot français a été attaqué par des extrémistes islamiques, et le groupe militant Al Qaeda a déclaré cet acte «un message pour la France». Solidaire avec les Etats-Unis dans la chasse aux terroristes, la France s'est pourtant rangée en 2003 du côté de l'Allemagne, du Canada, de la Chine et la Russie pour s'opposer à la guerre contre l'Irak.

En revanche, le sentiment pro-français chez les Américains est également évident. D'après un sondage Harris effectué en 2000, la France est considérée comme un pays amical ou un proche allié par 73% des Américains sondés. La France a fini en quatrième position, après trois pays anglophones (le Canada, le Royaume-Uni et l'Australie). En 2002, le président George W. Bush a nommé le Marquis de La Fayette un citoyen honoraire des Etats-Unis. Seulement quatre individus ont reçu cet honneur depuis la fondation de la République américaine: Winston Churchill (premier ministre britannique pendant la Deuxième Guerre mondiale), Raoul Wallenberg (diplomate suédois qui a sauvé la vie des milliers de juifs condamnés à mort par les Nazis), William Penn (quaker anglais et fondateur de la Pennsylvanie) et Mère Thérésa (religieuse indienne et symbole de charité et de miséricorde).

La France est le seul grand pays européen à n'avoir jamais fait la guerre contre les Etats-Unis. Pourtant, l'amitié franco-américaine a toujours connu des hauts et des bas. Cette amitié, ancienne de plus de deux siècles, est fondée sur un héritage intellectuel partagé, un sentiment parallèle de la civilisation et une vision commune d'un monde où la démocratie est primordiale.

La France et l'Europe

La France physique

L'Hexagone

Quand les Français apprennent la géographie de leur pays à l'école, on leur dit que la France a la forme d'un hexagone, parce qu'elle a six «côtés». Cette forme géométrique est tellement assimilée à la culture française que les médias emploient le terme «Hexagone» ainsi que l'adjectif «hexagonal» comme synonymes de «la France» et de «français». Par exemple, «les fleuves de l'Hexagone», «le territoire hexagonal». La forme régulière de cet hexagone est vue comme un avantage. Cinq côtés sur six sont des frontières naturelles: (1) la Manche, qui sépare la France de la Grande-Bretagne, (2) la côte atlantique, (3) les Pyrénées, qui séparent la France de l'Espagne, (4) la Méditerranée et (5) les Alpes, le Jura et le Rhin, qui séparent la France de l'Italie, de la Suisse et de l'Allemagne. Seule la sixième frontière, celle du nord-est, qui sépare la France de la Belgique, du Luxembourg et de l'Allemagne, est artificielle, dans la mesure où il n'y a pas de barrières naturelles. Ces cinq frontières sont également vues comme un avantage pour la France parce que, historiquement, elles l'ont protégée contre d'éventuelles invasions ennemies. Ainsi, quand les Allemands ont envahi la France en 1940, ils sont passés par la Belgique, la frontière la plus facile à franchir. Un autre avantage géographique est l'équilibre, presque égal, entre les frontières terrestres (2 800 kilomètres) et les frontières maritimes (2 700 km). C'est-à-dire que la France, à la différence de la Suisse, a largement accès à la mer, et à la différence des îles britanniques, elle est rattachée au continent européen. Le diamètre de l'Hexagone est à peu près de 1 000 km (ou 600 miles, la distance entre Atlanta et St. Louis), et aucun point en France n'est situé à plus de 500 km de la mer. Par sa superficie, la France est le plus grand pays de l'Europe occidentale. Elle a à peu près la même superficie que l'état du Texas. En ce qui concerne sa latitude, elle est située entre le 42e et le 51e parallèle nord. En comparaison, la ville de New York se trouve au 41e parallèle, ce qui fait que toute la France se trouve plus proche du Pôle Nord que New York. Paris, au 49e parallèle, est encore plus au nord que Québec.

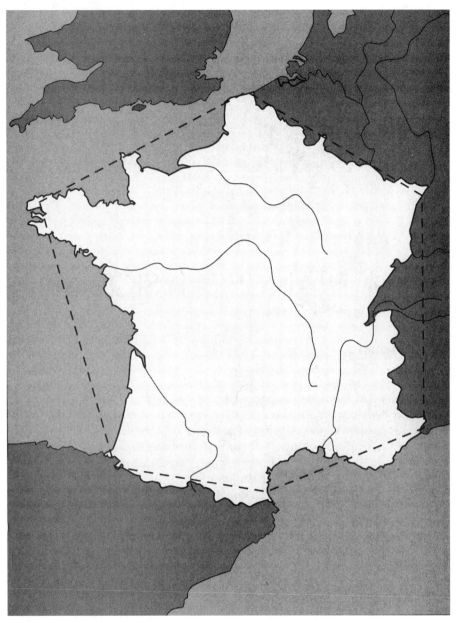

La France a la forme d'un hexagone.

Le relief

La France a une grande variété topographique. Les écoliers français apprennent que la topographie de leur pays ressemble à un amphithéâtre, dans la mesure où il y a une partie plate, la «scène», et puis des «rangs» de plus en plus élevés. Le Bassin parisien (autour de Paris) et le Bassin aquitain (dans le sud-ouest) constituent la «scène». Formant un demi-cercle autour de ces pays plats, il y a le premier «rang» de montagnes, c'est-à-dire le Massif central, les Cévennes, le Jura, le Morvan, les Vosges et les Ardennes. Enfin, il y a les «galeries» de l'amphithéâtre, les chaînes de montagnes les plus élevées, les Pyrénées au sud-ouest et les Alpes au sud-est.

Les fleuves et les rivières

La France est arrosée par cinq grands fleuves, dont l'utilité n'est pas la même. Chaque fleuve a des affluents qui s'appellent des rivières. Une rivière se jette dans un fleuve, tandis que les fleuves se jettent dans la mer.

1. **La Seine** est la voie fluviale la plus importante, parce qu'elle est la plus régulière. Elle prend sa source dans le plateau de Langres, en Bourgogne, et après être passée par Paris et Rouen, elle se jette dans la Manche, près du Havre. La Seine est très navigable et son estuaire permet aux grands bateaux de remonter jusqu'à Rouen. Grâce à la Seine, Paris est une ville portuaire importante. C'est la Seine qui divise Paris entre la rive gauche et la rive droite (les rives «gauche» et «droite», dans chaque ville, sont déterminées par le sens d'écoulement du fleuve). Les affluents principaux de la Seine sont l'Oise, la Marne et l'Yonne.

2. **La Loire** est le fleuve le plus long de France (1 000 km), mais c'est aussi le moins régulier. C'est-à-dire qu'en été les eaux sont basses, mais en hiver les crues deviennent menaçantes. Pas assez profonde pour la navigation, la Loire est navigable seulement à partir de Nantes, dans l'estuaire. Mais elle est belle et elle arrose la Touraine, le pays des vignobles et des châteaux de la Renaissance. La Loire prend sa source dans le Massif central et se jette dans l'Atlantique. Ses affluents principaux sont le Cher, l'Indre, la Vienne et l'Allier.

3. **La Garonne** est un fleuve au débit très violent jusqu'à Bordeaux, où elle se jette dans l'estuaire qui s'appelle la Gironde, faisant de Bordeaux une ville portuaire. Prenant sa source dans les Pyrénées, la Garonne a des crues violentes qui produisent beaucoup d'électricité. Elle sert aussi à l'irrigation agricole. Les affluents principaux de la Garonne sont le Tarn, le Lot et la Dordogne.

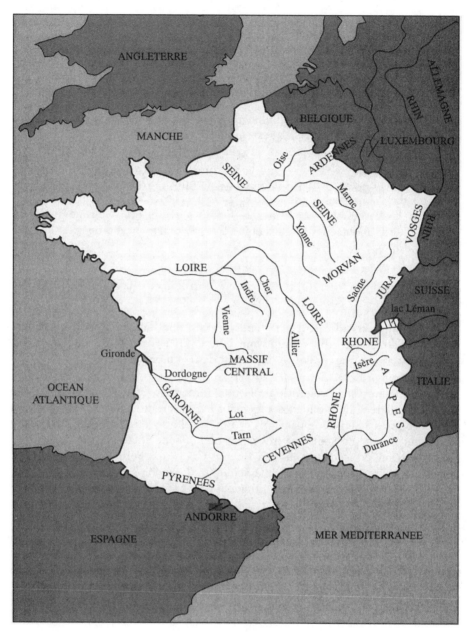

La France physique

4. **Le Rhône** prend sa source en Suisse et se jette dans le lac Léman, puis en ressort pour continuer les deux tiers de son cours en France. Après avoir traversé Lyon, il descend la vallée du Rhône pour se jeter dans la Méditerranée, près de Marseille. De nombreux barrages et des centrales hydro-électriques et nucléaires transforment le Rhône en une source d'énergie importante. Il est navigable par endroits et il sert aussi à l'irrigation. Ses affluents principaux sont la Saône, l'Isère et la Durance.

5. L'un des principaux fleuves d'Europe, **le Rhin** prend sa source dans les Alpes suisses, forme une partie de la frontière avec l'Allemagne et puis se jette dans la mer du Nord. Comme la Garonne et le Rhône, le Rhin est une source importante d'énergie électrique. D'un point de vue commercial, le Rhin représente la voie navigable intérieure la plus importante du monde.

● Le climat

Tout comme la topographie, le climat de la France est très varié. En fait, il y a quatre sortes de climat dans le pays:

1. **Le climat atlantique** se trouve dans l'ouest de la France et sur les côtes de la Manche. Là, on trouve un hiver doux et un été frais et pluvieux avec des pluies abondantes en toutes saisons. La ville-type est Brest:

   température moyenne en janvier: 6°C (43°F)
   température moyenne en juillet: 15°C (60°F)
   jours de pluie par an: 240
   jours de gel par an: 15

2. **Le climat continental** se trouve dans les régions les plus éloignées de la mer (le centre et l'est). Ce climat est caractérisé par un hiver froid et un été assez chaud. La ville-type est Strasbourg.

   température moyenne en janvier: 0°C (32°F)
   température moyenne en juillet: 20°C (68°F)
   jours de pluie par an: 190
   jours de gel par an: 95

   Paris se trouve en zone de transition entre le climat continental et le climat atlantique.

3. **Le climat méditerranéen** se trouve dans le sud-est de la France, le long de la côte de la Méditerranée et en Corse. Ici, l'hiver est doux et court et l'été est chaud et sec, ce qui explique pourquoi la Côte d'Azur est le lieu de prédilection des estivants français et européens. La ville-type est Nice:

   température moyenne en janvier: 8°C (47°F)
   température moyenne en juillet: 23°C (73°F)
   jours de pluie par an: 60
   jours de gel par an: 13

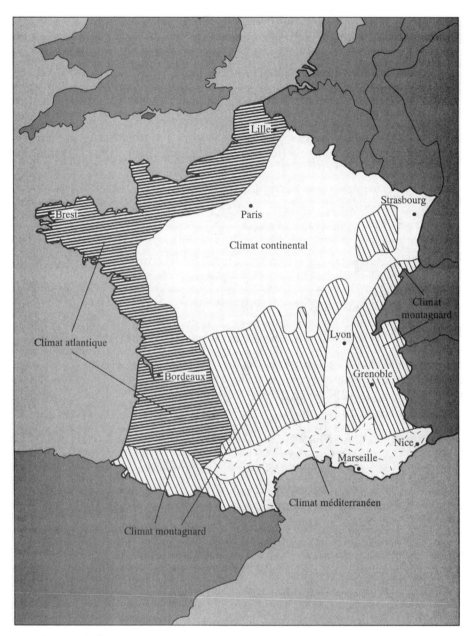

Les climats de la France

Mais le ciel bleu de la Côte d'Azur n'est pas toujours synonyme de beau temps: le Mistral est un vent violent qui descend la vallée du Rhône et souffle sur la côte en hiver et au printemps. Froid, sec et très violent, le Mistral est parfois destructeur («mistral» signifie «maître» en occitan, la langue de cette région).

4. Enfin, il y a **le climat montagnard** des hautes élévations (les Pyrénées, les Alpes et le Massif central). Ces régions sont caractérisées par un été court avec beaucoup de pluie et par un hiver long et neigeux. La ville-type est Grenoble, qui a servi de site aux Jeux olympiques d'hiver en 1968.

> température moyenne en janvier: 2°C (35°F)
> température moyenne en juillet: 12°C (54°F)
> jours de pluie par an: 140
> jours de gel par an: 80

Dans l'ensemble, la France est le pays d'Europe qui a le climat le plus tempéré.

● Mise au point: Celsius et Fahrenheit

A mesure que la température monte ou descend de cinq degrés sur l'échelle Celsius, elle monte ou descend de neuf degrés à l'échelle Fahrenheit. Les Etats-Unis sont le seul pays du monde à se servir de l'échelle Fahrenheit.

Celsius	Fahrenheit	Celsius	Fahrenheit
35°	95°	5°	41°
30°	86°	0°	32°
25°	77°	−5°	23°
20°	68°	−10°	14°
15°	59°	−15°	5°
10°	50°	−20°	−4

I. Répondez aux questions suivantes.

1. Quel est le fleuve le plus long de France?
2. Quelle est la voie fluviale la plus importante?
3. Quels fleuves sont très importants pour l'énergie hydro-électrique?
4. Quelles sont les chaînes de montagnes les plus élevées?
5. Dans quel climat trouve-t-on des pluies abondantes en toutes saisons?
6. Comment s'appelle le vent très violent qui descend la vallée du Rhône?
7. Comment s'appelle l'estuaire de la Garonne?
8. Où se jette la Seine?
9. Quelle chaîne de montagnes se trouve au centre de la France?
10. Citez quelques aspects géographiques de la France qui sont considérés comme des avantages par les Français.

II. Etes-vous d'accord? Sinon, justifiez vos réponses.

1. En hiver, il fait généralement plus froid dans l'Est de la France que dans l'ouest.
2. En général, il pleut plus souvent à Nice qu'à Strasbourg.
3. On voit souvent de grands bateaux sur la Loire.
4. De tous les pays de l'Europe occidentale, la France a la plus grande superficie.
5. Les frontières naturelles de la France sont des montagnes, des fleuves et des mers.
6. Dans l'ensemble, la France bénéficie d'un climat tempéré.

III. Choisissez la meilleure réponse.

1. Les fleuves qui ne prennent pas leur source en France sont
   a. la Seine et le Rhône.
   b. le Rhin et le Rhône.
   c. la Garonne et le Rhône.
   d. la Loire et le Rhône.

2. Le climat le plus extrême de France est
   a. le climat continental.
   b. le climat atlantique.
   c. le climat méditerranéen.
   d. le climat montagnard.

3. La France a la forme d'un
   a. octogone.
   b. pentagone.
   c. hexagone.
   d. hectagone.

4. La superficie de la France peut être comparée à celle
   a. du Kansas.
   b. du Texas.
   c. de la Californie.
   d. de l'Indiana.

IV. Discussion.

1. Comment la géographie des Etats-Unis est-elle présentée aux élèves américains à l'école?
2. Dit-on que les Etats-Unis ont des «avantages» grâce à leur géographie?
3. Quelles sont les grandes chaînes de montagnes aux Etats-Unis? les grands fleuves? les principaux climats?
4. Y a-t-il des régions en France dont le climat se rapproche de celui qu'on trouve dans certains états américains?

V. Vos recherches sur Internet.

Afin de faciliter vos recherches et de répondre à ces questions, consultez le site du livre: http://lafrance.heinle.com.

1. En quoi consiste le patrimoine naturel de la France? l'attrait de ses paysages? la beauté de ses villages? Regardez quelques images.
2. Les parcs naturels de la France font également partie de ses richesses. Combien de parcs nationaux la France a-t-elle? Citez-en quelques-uns. Quel type de faune ou flore y trouve-t-on?
3. Quelles possibilités de loisirs les montagnes ou les plages en France offrent-elles?
4. L'histoire de la France vous intéresse-t-elle? Cherchez quelques exemples de son patrimoine historique.
5. Combien de touristes visitent la France chaque année? Où vont-ils? De quels pays viennent-ils?

Paris

● Paris, ville tentaculaire

Avec plus de 11 millions d'habitants dans son agglomération—plus d'habitants que dans toute la Belgique ou toute la Suisse—Paris est la deuxième ville d'Europe, après Londres. Un Français sur cinq habite la région parisienne, c'est-à-dire la ville de Paris et l'agglomération qui l'entoure. Pour trouver un équivalent aux Etats-Unis, il faudrait réunir les villes de Boston, New York, Philadelphie, Baltimore et Washington, avec toutes leurs agglomérations, afin de pouvoir dire qu'un Américain sur cinq habite dans cette région. Aucune ville américaine n'a la même importance dans la vie américaine que Paris dans la vie française. Paris est non seulement la capitale politique et de loin la plus grande ville de France, mais c'est aussi la capitale culturelle du pays: à Paris se trouvent les musées les plus riches en acquisitions, les grandes maisons d'édition, les studios de cinéma et de télévision et le centre de la vie artistique, théâtrale et musicale. Paris est le plus grand centre industriel et commercial (75% des entreprises y ont leur siège), et le plus grand centre universitaire de France (un quart des étudiants français font leurs études à Paris). Paris est aussi le centre du réseau de transports: les chemins de fer, les autoroutes et les routes aériennes rayonnent en structure d'étoile dans toute la France à partir de Paris. La vie est chère à Paris, mais les salaires sont plus élevés qu'en province (la «province» signifie le reste de la France). Pour toutes ces raisons, Paris est une ville «tentaculaire», c'est-à-dire une ville qui touche à tous les domaines et qui attire les gens de tous les coins de France. En effet, 60% des Parisiens sont nés en province, mais ils sont venus s'installer à Paris pour trouver du travail ou pour se lancer dans une carrière. On voit donc que la France, par rapport aux Etats-Unis, est un pays extrêmement centralisé dans la mesure où la ville de Paris représente le «centre» du pays. Pour comprendre cette centralisation, il faut remonter dans son histoire.

● Un peu d'histoire

Paris n'a pas toujours été la capitale de la France, mais la ville a eu trois occasions historiques pour le devenir. Au premier siècle avant Jésus-Christ, quand les Romains ont pris possession de l'Ile de la Cité, située au milieu de la Seine, ils ont trouvé cette petite île habitée par une tribu celtique qui s'appelait les Parisii. Jules César a baptisé cette petite ville «Lutèce», et elle est devenue la capitale de la Gaule: première occasion historique. Nous ne savons pas exactement quand le nom de «Lutèce» a disparu, mais à la fin de l'époque gallo-romaine, la ville était déjà connue sous le nom de «Paris», d'après les Parisii, disparus depuis longtemps.

Au Ve siècle, la Gaule a été envahie par de nombreuses tribus germaniques. En 450, une tribu asiatique, les Huns, sous la direction d'Attila, avançait sur Paris, et les habitants de la ville étaient terrifiés. Une jeune fille qui s'appelait Geneviève a organisé la résistance contre les Huns, en encourageant les Parisiens à défendre leur ville. Attila a changé de route et n'est pas venu à Paris. Les Parisiens ont alors crié au miracle et ont attribué la sauvegarde de la ville à leur héroïne, Geneviève. Par la suite, Geneviève a été canonisée par l'Eglise, et aujourd'hui Sainte-Geneviève est la sainte patronne de la ville de Paris.

Les Huns ne sont pas restés en Gaule, mais les Francs, une autre tribu, s'y sont installés et y ont établi un royaume qu'ils ont appelé la France. En 508, Clovis, roi des Francs, a fait de Paris la capitale de son royaume: deuxième occasion historique. Mais Paris a été délaissé au VIIIe siècle par Charlemagne. Celui-ci, dont l'empire s'étendait sur une bonne partie de l'Europe occidentale, a fixé sa capitale à Aix-la-Chapelle (actuellement Aachen, en Allemagne). Paris est redevenu la capitale de la France en 987, sous Hugues Capet, et voilà plus de mille ans que le centre du pouvoir politique se trouve dans cette ville: la troisième occasion historique était donc la bonne. L'histoire de Paris se confondra désormais avec celle de la France.

C'est au Moyen Age, sous les Capétiens, que Paris va devenir une ville vraiment importante. Quand Philippe-Auguste a fait construire une enceinte autour de la ville en 1200, elle consistait en trois parties: (1) au nord de la Seine, sur la rive droite, se trouvait la ville marchande; (2) au sud de la Seine, la rive gauche était le quartier de l'université (où les étudiants parlaient latin, d'où le nom de Quartier latin); et (3) l'Ile de la Cité, le centre politique, où se trouvaient les sièges des deux grandes puissances du royaume: à l'extrémité orientale de l'île, la cathédrale Notre-Dame (représentant l'Eglise), et à l'extrémité occidentale, le Palais royal (représentant la monarchie). Le Louvre était à l'origine une forteresse faisant partie de l'enceinte construite par Philippe-Auguste pour protéger la ville. Au siècle suivant, comme la ville grandissait, le roi Charles V a fait construire une nouvelle enceinte sur la rive droite, dont la forteresse était la Bastille. Mais Charles V a quitté le Palais royal pour s'installer dans le Marais, le plus ancien quartier de la rive droite. Plus tard, les rois Valois et Bourbon ont complètement délaissé la capitale, préférant résider au château de Fontainebleau (au sud de Paris) et, encore plus loin de Paris, sur les bords de la

L'Ile de la Cité est le centre de Paris.

Loire. Au XVIIe siècle Louis XIV a fait construire le château de Versailles, au sud-ouest de Paris, et celui-ci restera la résidence royale jusqu'à la Révolution.

A l'époque de la Révolution (1789), Paris comptait 700 000 habitants et était de loin la plus grande et la plus importante ville d'Europe. En 1840, Adolphe Thiers a fait entourer Paris d'une enceinte fortifiée, dite les fortifications de Thiers, qui marque les limites actuelles de la ville. Cette enceinte avait des portes, pour laisser entrer et sortir les gens, et celles-ci ont donné leurs noms aux stations de métro: Porte d'Orléans, Porte de Clignancourt, Porte de Clichy, etc. Mais c'est sous le Second Empire que Paris va changer radicalement d'aspect: Napoléon III a chargé le Préfet de Paris, le baron Haussmann, d'embellir la capitale. Haussmann, cet «architecte de Paris», a facilité la circulation en dégageant les carrefours et en créant de grands boulevards bordés d'arbres. Il a amélioré le réseau d'égouts souterrains. Il a fait éclairer les rues au gaz, remplacer les pavés par de l'asphalte, démolir les vieux quartiers et aménager des espaces verts comme le Bois de Boulogne. En un mot, il a créé la plus belle ville du monde, et une des plus modernes. Malheureusement, il a aussi fait disparaître beaucoup de quartiers historiques, surtout dans l'Ile de la Cité. Cette «haussmannisation» de Paris avait aussi une motivation politique: le Préfet avait été chargé de détruire les quartiers qui avaient nourri les révoltes et les révolutions depuis 1789. A la fin du Second Empire, Paris comptait 1,7 millions d'habitants.

Le tournant du XXe siècle, 1900, a vu l'ouverture de la première ligne du réseau ferroviaire métropolitain («le métro»). Voilà le phénomène qui a le plus contribué à l'explosion de la population parisienne. Grâce au métro, il sera désormais possible de traverser Paris rapidement et de se rendre au travail

Le métro fait partie de la vie quotidienne à Paris.

plus facilement. En 1910, Paris avait la même population qu'aujourd'hui: 2,6 millions d'habitants *intra muros* (cela veut dire «à l'intérieur des murs» en latin). Les «murs» n'existent plus: les fortifications de Thiers ont été démolies en 1919, après la Première Guerre mondiale. Mais l'expression *intra muros* subsiste pour désigner les limites de la ville. Ce qui a énormément augmenté depuis, c'est Paris *extra-muros*, c'est-à-dire la banlieue parisienne. Grâce en partie au prolongement du métro au-delà des «portes» de la ville, et surtout au Réseau Express Régional (RER) qui relie Paris avec une bonne partie de l'Ile-de-France, la vaste agglomération parisienne continue à grandir.

A l'époque de la Révolution (1790), la France a été divisée en unités administratives qui s'appellent des départements. L'explosion de la population en région parisienne au XXe siècle a entraîné la création de nouveaux départements. Avant 1964, Paris était entouré par un grand département, la Seine-et-Oise, qui comprenait, avec la Seine-et-Marne, toute la population de la banlieue. En 1964, ce département a été découpé pour former la «petite couronne» et la «grande couronne»: la petite couronne est composée de trois nouveaux départements qui entourent Paris (la Seine-Saint-Denis, le Val-de-Marne et les Hauts-de-Seine), c'est-à-dire la proche banlieue; la grande couronne, ce sont les quatre départements, plus grands, qui entourent la petite couronne (le Val d'Oise, les Yvelines, l'Essonne et la Seine-et-Marne), c'est-à-dire la grande banlieue. Avec le département de la Seine (Paris), huit départements constituent la région parisienne. Depuis la création des Régions en 1973, la région parisienne s'appelle l'Ile-de-France, d'après le territoire royal au Moyen Age. Les habitants de l'Ile-de-France ont été récemment baptisés les «Franciliens» par les médias.

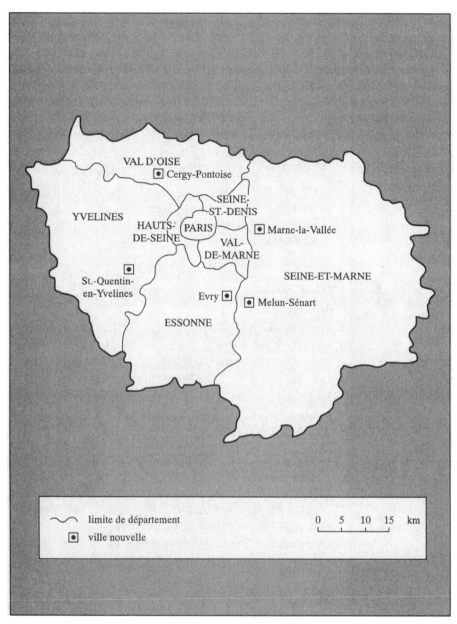

Les huit départements de la Région Ile-de-France

TABLEAU: Histoire de Paris

300 avant J.-C.	Les Parisii s'installent dans les îles de la Seine.
52 avant J.-C.	Jules César prend possession de Lutèce (25 000 habitants).
IVe siècle	Lutèce s'appelle Paris (d'après les Parisii).
450	Geneviève organise la résistance contre Attila.
508	Clovis, roi des Francs, fait de Paris la capitale du royaume.
987	Délaissé par Charlemagne, Paris redevient la capitale sous Hugues Capet. Paris est la capitale de la France depuis plus de mille ans.
1200	Philippe-Auguste entoure Paris d'une enceinte: rive gauche (université), rive droite (ville marchande), cité (centre politique). Le Louvre, une forteresse, fait partie de cette enceinte.
1360	Enceinte élargie sur la rive droite par Charles V. La Bastille en fait partie. Charles V quitte le Palais royal pour s'installer dans le Marais.
XVe–XVIe siècles	Les rois résident à Fontainebleau et sur les bords de la Loire en été.
XVIIe siècle	Louis XIV fait construire le château de Versailles.
1789	A l'époque de la Révolution, Paris compte 700 000 habitants.
1840	Fortifications d'Adolphe Thiers (limites actuelles de Paris, démolies en 1919).
1870	Embelli par les aménagements du baron Haussmann, Paris compte 1,7 millions d'habitants.
1900	Début de la construction du métro.
1910	Même population qu'aujourd'hui: 2,6 millions *intra muros*.
1964	Région parisienne découpée, création de la petite couronne et de la grande couronne.
1977	Nouveau statut: Paris est à la fois une commune et un département. Le préfet de Paris est nommé par le Gouvernement; le maire de Paris est élu pour six ans.

Paris est un département (la Seine) depuis la Révolution, mais c'est aussi une commune (une municipalité). Cependant, à la différence des autres communes, Paris n'a pas eu de maire pendant la IIIe République, la IVe, ni pendant les premières années de la Ve. Les hommes politiques croyaient qu'un maire de la capitale, élu directement par les habitants, aurait trop de pouvoir et représenterait une menace pour le Gouvernement national. Mais en 1977, Paris a acquis un statut municipal comme toutes les autres villes de France, grandes et petites. En tant que département, Paris est dirigé par un préfet, nommé par le Gouvernement. En tant que commune, la ville a aussi un maire, élu par les habitants pour six ans. Jacques Chirac, homme politique de droite (conservateur), qui est aujourd'hui président de la France, a été élu maire de Paris en 1977. Maire de Paris très populaire, Chirac a été réélu deux fois, en 1983 et en 1989. Jean Tiberi, du même parti politique que Chirac, a servi de maire de Paris entre 1995 et 2001. Aux élections municipales de 2001, Bertrand Delanoë, candidat de gauche (réformateur), a été élu maire, mettant fin au contrôle de Paris par la droite pendant 24 ans.

● Les quartiers et les monuments

Aujourd'hui, Paris se compose de 20 arrondissements (quartiers), disposés en spirale à partir du centre-ville. Chaque arrondissement a un numéro et chacun a un caractère particulier (les premiers numéros correspondent aux quartiers les plus anciens). En parcourant les arrondissements, nous pourrons mentionner les monuments les plus célèbres qui confèrent un aspect distinct à la capitale.

a. Les quatre premiers arrondissements correspondent au vieux Paris et recouvrent les îles de la Seine et la partie la plus ancienne de la rive droite. Sur le côté ouest de l'Ile de la Cité (1er arrondissement) se trouvent deux institutions administratives, la Préfecture de Paris et le Palais de Justice. Le Palais de Justice (appelé le Palais royal jusqu'à la Révolution) était la résidence des premiers rois capétiens. Une partie du Palais, la Conciergerie, servait de prison (Marie-Antoinette et Robespierre y ont été internés à l'époque de la Révolution). On peut aussi y visiter la Sainte-Chapelle, construite au XIIIe siècle par Saint-Louis et célèbre pour ses beaux vitraux. Le Pont-Neuf, achevé par Henri IV, traverse la Seine et relie l'Ile de la Cité au quartier du Louvre, sur la rive droite. Originellement une forteresse, le Louvre est devenu progressivement un palais au cours de l'Ancien Régime, à mesure que les rois successifs le faisaient agrandir et rénover. A l'époque de la Révolution, le Louvre est passé du statut de palais royal à celui de musée, devenant ainsi le premier musée national d'Europe. Avec des galeries qui couvrent dix-sept kilomètres, le Louvre est actuellement le plus grand musée du monde et peut-être le plus célèbre. L'Etat français poursuit une longue tradition, instaurée par Louis XIV au XVIIe siècle, selon laquelle

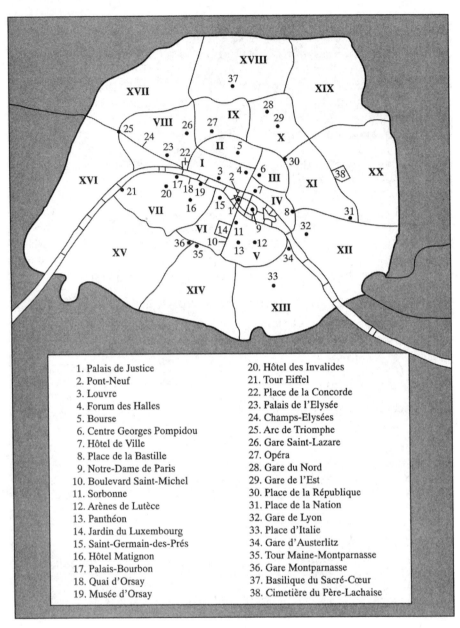

1. Palais de Justice	20. Hôtel des Invalides
2. Pont-Neuf	21. Tour Eiffel
3. Louvre	22. Place de la Concorde
4. Forum des Halles	23. Palais de l'Elysée
5. Bourse	24. Champs-Elysées
6. Centre Georges Pompidou	25. Arc de Triomphe
7. Hôtel de Ville	26. Gare Saint-Lazare
8. Place de la Bastille	27. Opéra
9. Notre-Dame de Paris	28. Gare du Nord
10. Boulevard Saint-Michel	29. Gare de l'Est
11. Sorbonne	30. Place de la République
12. Arènes de Lutèce	31. Place de la Nation
13. Panthéon	32. Gare de Lyon
14. Jardin du Luxembourg	33. Place d'Italie
15. Saint-Germain-des-Prés	34. Gare d'Austerlitz
16. Hôtel Matignon	35. Tour Maine-Montparnasse
17. Palais-Bourbon	36. Gare Montparnasse
18. Quai d'Orsay	37. Basilique du Sacré-Cœur
19. Musée d'Orsay	38. Cimetière du Père-Lachaise

Les monuments de Paris

l'Etat encourage, favorise et protège les arts et la culture. L'Etat a pour mission la conservation du patrimoine national. Les rénovations du Louvre ont fait partie de cette mission: le président François Mitterrand a fait construire la fameuse pyramide en verre, qui sert de nouvelle entrée au musée et qui a provoqué de nombreuses controverses. Dans le premier arrondissement, on trouve aussi le Forum des Halles, un immense centre commercial construit dans les années 1970 sur l'emplacement des anciennes Halles de Paris.

Les 2e et 3e arrondissements correspondent à la vieille ville marchande de la rive droite. La Bourse, centre des affaires commerciales et bancaires, se trouve dans le 2e. Dans le 3e, on peut visiter l'ultramoderne Centre Georges Pompidou, dit aussi Centre Beaubourg: c'est une énorme construction en acier et en verre, qui date des années 1970 et qui contraste avec l'aspect ancien du quartier. Il abrite, entre autres, une bibliothèque publique et un musée d'art moderne.

Le 4e arrondissement comprend le Marais, sur la rive droite, ainsi que l'Ile Saint-Louis et le côté est de l'Ile de la Cité. Aujourd'hui en pleine rénovation, le Marais abrite le quartier juif de Paris. On y trouve des hôtels particuliers qui appartenaient à l'aristocratie des XVIIe et XVIIIe siècles. Le magnifique Hôtel de Ville, la mairie de la ville de Paris, s'y trouve aussi. A l'est, la limite du 4e arrondissement est marquée par la place de la Bastille, site de la prison royale démolie à l'époque de la Révolution. Aujourd'hui, cette place est dominée par la Colonne de la Bastille au centre et par le nouvel Opéra-Bastille, construit pendant les années 1980. La petite Ile Saint-Louis, dépourvue de grands boulevards et de stations de métro, est un des quartiers les plus calmes de la capitale. Sur l'extrémité est de l'Ile de la Cité se dresse la grandiose cathédrale Notre-Dame de Paris, la première grande cathédrale gothique et un des monuments les plus célèbres de la ville. Elle date des XIIe et XIIIe siècles, et elle marque le centre géographique de Paris.

b. Les 5e, 6e et 7e arrondissements comprennent les quartiers les plus anciens de la rive gauche. Le 5e, qui s'appelle aussi le Quartier latin, se caractérise par la présence d'universités, de nombreuses librairies et de signes de la vie estudiantine. Le Quartier latin est traversé par le boulevard Saint-Michel. On y trouve la vieille Sorbonne, symbole de l'Université de Paris malgré la décentralisation de celle-ci. Dans le 5e, on trouve également les Arènes de Lutèce, vestige de l'époque gallo-romaine, qui servent de nos jours à des concerts. En haut de la montagne Sainte-Geneviève se dresse le Panthéon. Ancienne église construite au XVIIIe siècle, le Panthéon est devenu sous la Révolution un mausolée des grands hommes de la patrie. Il abrite les tombes de Voltaire, de Rousseau, de Hugo et de Zola parmi d'autres. En 1995, les cendres d'une femme, Marie Curie, une chercheuse scientifique, ont été transférées au Panthéon sous les ordres du président Mitterrand.

Dans le 6e, il y a le Palais du Luxembourg, avec ses magnifiques jardins qui constituent un des grands espaces verts de Paris. Autrefois une résidence royale, le Palais du Luxembourg abrite maintenant le Sénat. Dans le 6e, on trouve aussi l'église romane de Saint-Germain-des-Prés, qui date du XIe siècle et qui est donc plus ancienne que la cathédrale de Notre-Dame.

Le 7e est un arrondissement voué aux affaires d'Etat. D'abord, c'est le quartier des ambassades et des ministères. Ensuite, il y a l'Hôtel Matignon, résidence du Premier ministre. Enfin, on y trouve aussi le Palais Bourbon, siège de l'Assemblée nationale. Sur le quai d'Orsay, qui longe la Seine, il y a le Ministère des Affaires étrangères, ce qui explique pourquoi le quai d'Orsay est synonyme de politique extérieure de la France. Dans les années 1980, la vieille gare d'Orsay a été transformée en un beau musée: le nouveau musée d'Orsay abrite des trésors de l'art du XIXe siècle. Mais le 7e arrondissement contient deux autres monuments qui sont encore plus connus des touristes. L'Hôtel des Invalides a été construit par Louis XIV comme hôpital militaire, mais il est devenu célèbre parce qu'il renferme le tombeau de Napoléon Bonaparte, très visité de nos jours. A l'extrémité ouest du 7e, près de la Seine, se dresse la tour Eiffel, haute de 300 mètres. Construite en 1889 par Gustave Eiffel pour fêter le centenaire de la Révolution, détestée par beaucoup de Parisiens de l'époque, cette tour est devenue le symbole de Paris et même de la France. Elle attire des millions de visiteurs chaque année.

c. Les 8e, 9e, 10e et 11e arrondissements forment un arc autour du vieux Paris sur la rive droite, et ils contiennent les quartiers de l'industrie et du commerce. En face de la Seine, dans le 8e, il y a l'immense place de la Concorde, la plus grande place de Paris et la plus encombrée aux heures d'affluence. Cette place s'appelait place Louis XV jusqu'à la Révolution, et c'est là que se dressait la guillotine pendant la Terreur. Aujourd'hui, elle est dominée par un obélisque égyptien provenant du temple de Louqsor et offert à la France au XIXe siècle. Datant de 33 siècles, cet obélisque est de loin le monument le plus ancien de Paris. Près de la Concorde, on trouve le Palais de l'Elysée, la résidence officielle des présidents depuis le début de la IIIe République. La belle et célèbre avenue des Champs-Elysées, caractérisée par son commerce de luxe et par sa vie animée, surtout la nuit, relie la Concorde à la place Charles de Gaulle. Sur cette place, anciennement nommée place de l'Etoile à cause des douze boulevards qui rayonnent autour d'elle, se dresse l'Arc de Triomphe. Construit par Napoléon pour fêter ses victoires militaires, l'Arc de Triomphe abrite le Tombeau du Soldat inconnu depuis la fin de la Première Guerre mondiale et il a servi de scène cérémoniale pour la libération de Paris en 1944. Dans le 8e arrondissement se trouve également une des six grandes gares de Paris, la gare Saint-Lazare, qui dessert le nord-est de la France.

Une rue de la rive droite

C'est dans le 9e et le 10e arrondissements qu'on trouve les grands boulevards, réalisations du baron Haussmann. Dans le 9e se trouve l'Opéra, le plus grand théâtre du monde, construit par Napoléon III. Dans le 10e se trouvent la gare du Nord et la gare de l'Est. La place de la République et la place de la Nation, sites de nombreuses manifestations politiques au fil des années, sont dans le 11e.

d. Les arrondissements numérotés de 12 à 20 sont les plus grands de la ville. Ce sont des quartiers résidentiels, bordés par le boulevard périphérique qui entoure Paris. Contenant peu de monuments, ces arrondissements sont moins connus des touristes. La gare de Lyon, la plus grande gare de France, se trouve dans le 12e et dessert le sud-est. Elle relie la capitale aux grandes villes de Lyon et de Marseille. Le 13e contient le quartier chinois de Paris, les grands ensembles de la place d'Italie et la gare d'Austerlitz, qui dessert le sud-ouest de la France. Le quartier Montparnasse se trouve dans le 14e. La tour Maine-Montparnasse, construite dans les années 1960 et qui mesure 210 mètres, est le plus grand ensemble immobilier d'Europe. Le sommet de cette tour offre une vue panoramique splendide de la capitale. Dans le 15e, il y a la gare Montparnasse, qui dessert l'ouest de la France. Le 16e et le 17e arrondissements sont célèbres en tant que quartiers bourgeois et riches, tranquilles et résidentiels. Le 18e, le 19e et le 20e sont, au contraire, des quartiers populaires et assez pauvres, où habitent un grand nombre d'immigrés. Cette opposition se prolonge dans les environs de Paris: la banlieue ouest se compose en général de quartiers plus aisés, tandis que la banlieue nord et est contient des quartiers ouvriers, modestes et populaires. Le quartier de Montmartre se trouve dans le 18e. Au sommet de la butte Montmartre, dominant la ville de Paris, est située la basilique du Sacré-Cœur, érigée à la fin du XIXe siècle. Le quartier populaire de Belleville se trouve dans le 19e. Dans le 20e, sur la colline de Ménilmontant, il y a le cimetière du Père-Lachaise, où sont enterrés de célèbres écrivains (Beaumarchais, Daudet, Molière, La Fontaine, Musset, Colette, Balzac), des artistes (David, Delacroix), des compositeurs (Chopin, Rossini, Bizet) et des hommes d'Etat (Thiers, Haussmann).

La ville de Paris a changé d'aspect sous la présidence de François Mitterrand, qui a fait effectuer certains «Grands Travaux» dans la capitale, dont, entre autres, le Grand Louvre avec sa nouvelle pyramide, le musée d'Orsay, le parc de la Villette et la Bibliothèque nationale de France. Deux de ces grands travaux, l'Opéra-Bastille et la Grande Arche de la Défense, ont été achevés en 1989, pour marquer le bicentenaire de la Révolution.

● Problèmes d'urbanisme

Aussi belle et agréable que soit la ville de Paris pour les touristes, la vie quotidienne dans la capitale n'est pas toujours facile. La croissance frénétique de la région parisienne—tous les gens qui «montent» à Paris—aggrave deux problèmes fondamentaux: celui du logement et celui du transport. Afin d'être plus près de leur lieu de travail et des distractions que leur offre Paris, certains préfèrent habiter en ville. Mais les logements sont petits et difficiles à trouver et les loyers sont exorbitants. Même s'ils ont les moyens financiers, les Parisiens sont souvent condamnés à habiter dans les «cités» ou dans les «grands ensembles» formés de centaines d'appartements. S'ils n'ont pas les moyens, ils sont relégués aux HLM (habitations à loyer modéré), subventionnées par l'Etat mais dans lesquelles les conditions de vie ne sont pas toujours idéales. Pour avoir un pavillon avec un jardin, pour avoir un peu plus d'espace à un prix raisonnable, il faut habiter en banlieue. Voilà pourquoi la majorité des Parisiens, selon les sondages, pensent que c'est un avantage de vivre en banlieue. Mais les grands ensembles et les HLM s'étendent jusqu'en banlieue aussi. Ceux qui habitent en banlieue se trouvent souvent dans les «villes-dortoirs», où l'on ne revient que le soir pour dormir et où les distractions et les commodités de la ville font défaut. Les mauvaises conditions de vie dans certaines zones pauvres et surpeuplées de la banlieue ont créé des tensions sociales depuis les années 1980, provoquant même des affrontements violents entre des bandes de jeunes et la police.

Dans la grande banlieue, il y a plus d'espace et il est donc plus facile de trouver un logement. Tous ces banlieusards, pourtant, doivent faire face au problème du transport et au syndrome «métro-boulot-dodo» (transport,

Panorama de l'ouest de Paris, avec la Défense à l'arrière-plan

travail, sommeil). C'est-à-dire, ils doivent trouver le meilleur moyen de se rendre au travail à Paris tous les jours (le Parisien moyen passe plus d'une heure de transport par jour entre son domicile et le lieu de son travail). Tous les matins, il y a un million de voitures qui entrent dans Paris, et il n'y a pas assez de parcs de stationnement pour les recevoir. Les transports en commun—le métro parisien, le RER, les autobus et les trains de banlieue—effectuent neuf millions de déplacements quotidiens dans la région parisienne. L'excellence du système de transports publics ne suffit toujours pas à résoudre les problèmes provoqués par la congestion de la capitale.

Depuis une trentaine d'années il y a bien des tentatives de la part des pouvoirs publics pour décongestionner l'agglomération parisienne. Par exemple, dans les années 1970 on a construit la Défense, un énorme quartier commercial avec des centaines de bureaux et de logements, à l'ouest de Paris. Les Halles, grand centre alimentaire qui se trouvait autrefois sur la rive droite, ont été transférées à Rungis, dans la banlieue sud. On a construit le boulevard périphérique, qui trace les limites de Paris *intra muros,* pour faciliter la circulation automobile, et on a poursuivi la construction des lignes du RER pour faciliter les déplacements entre Paris et sa banlieue. Cinq centres d'urbanisation (des «villes nouvelles») ont été implantés dans la grande couronne, pour créer des emplois et des logements loin du centre-ville, pour que les banlieusards ne soient pas obligés de venir travailler à Paris. Le logement et la circulation, sans parler de la pollution, continuent à poser d'énormes problèmes aux autorités municipales.

La France, pays de citadins

Il y a un siècle et demi, la France était un pays agricole. La plupart des villes françaises, très anciennes, existaient déjà depuis des siècles, mais la plus grande partie de la population de la France était composée de paysans qui habitaient à la campagne et qui labouraient la terre. La révolution industrielle du XIXe siècle a changé l'aspect démographique du pays. De plus en plus de paysans ont quitté leurs terres pour aller s'installer dans les villes et travailler dans les usines. Ce phénomène s'appelle l'exode rural. En 1850, un Français sur quatre habitait dans les villes; aujourd'hui seulement un Français sur quatre habite à la campagne. L'exode rural, qui s'est accéléré après la Deuxième Guerre mondiale, a fait de la France un pays de citadins et de banlieusards. A part Paris, trois villes ont une population qui dépasse un million d'habitants: Lyon, Marseille et l'agglomération lilloise (Lille-Roubaix-Tourcoing). Il y a une trentaine de villes qui comptent plus de 200 000 habitants. La croissance accélérée des villes et surtout des banlieues a contribué, depuis une vingtaine d'années, à un problème d'urbanisme jusqu'alors relativement inconnu en France: la violence urbaine.

I. Paris historique.

1. On dit que Paris a eu trois occasions historiques de devenir la capitale de la France. Quelles sont les trois personnes qui ont choisi Paris comme capitale?
2. Paris est la capitale de la France, sans interruption, depuis combien de temps?
3. Comment s'appelaient les premiers habitants de l'Ile de la Cité?
4. Quel vestige de l'époque gallo-romaine peut-on voir à Paris?
5. Qui a organisé la résistance des Parisiens contre Attila?
6. Qui a fait construire la première enceinte de Paris?
7. Quel musée actuel a été construit en tant que forteresse par Philippe-Auguste?
8. Quel monument servait d'hôpital militaire?
9. Quel monument, faisant partie de l'enceinte de Charles V, a été détruit à l'époque de la Révolution?
10. Quel monument a été construit par Napoléon pour célébrer ses victoires militaires?
11. Qui a aménagé la place de l'Etoile, les grands boulevards et le Bois de Boulogne?
12. Qu'est-ce qui a le plus contribué à l'accroissement de l'agglomération parisienne au début du XXe siècle?

II. Paris actuel.

1. Depuis 1977, Paris a un nouveau statut: c'est un département, mais c'est aussi une _____. Ce nouveau statut a entraîné la création d'un nouveau poste, celui de _____.
2. La population de la région parisienne comprend à peu près _____ % de la population de la France.
3. Les trois départements de la proche banlieue s'appellent la _____, et les quatre départements de la grande banlieue s'appellent la _____.
4. Pour créer de nouveaux centres d'urbanisation dans la grande banlieue, les pouvoirs publics ont fait construire cinq _____.
5. Citez quelques monuments célèbres qui se trouvent sur la rive gauche de la Seine.
6. Citez quelques monuments célèbres qui se trouvent sur la rive droite de la Seine.
7. Quels sont les arrondissements les plus riches de Paris?
8. Quels sont les arrondissements les plus ethniques?

III. Etes-vous d'accord? Sinon, justifiez votre réponse.

1. La France est un pays qui est très centralisé.
2. Beaucoup de Parisiens sont originaires de province.
3. Paris a toujours été la résidence principale des rois.
4. Les principaux problèmes de Paris sont le logement et la circulation.
5. Paris est la première ville d'Europe.
6. La dernière enceinte autour de Paris a été construite par Adolphe Thiers.
7. Paris ne fait pas partie de la petite couronne.
8. Aujourd'hui, la Porte d'Orléans est une station de métro.

IV. Identifiez les fonctions à gauche avec les lieux de travail à droite.

1. l'Assemblée nationale
2. le Sénat
3. le Premier ministre
4. la Préfecture de Paris
5. le Ministère des Affaires étrangères
6. le Président de la République
7. le maire de Paris

a. l'Ile de la Cité
b. le Palais de l'Elysée
c. le quai d'Orsay
d. le Palais Bourbon
e. l'Hôtel de Ville
f. le Palais du Luxembourg
g. l'Hôtel Matignon

V. Choisissez la meilleure réponse.

1. Le plus ancien quartier de la rive droite est
   a. Montmartre
   b. le Marais
   c. le Quartier latin
   d. les Halles

2. Pour aller à Bordeaux en train, il faut se rendre
   a. à la gare Saint-Lazare
   b. à la gare de Lyon
   c. à la gare Montparnasse
   d. à la gare d'Austerlitz

3. Dans lequel de ces lieux ou monuments des personnages célèbres ne sont-ils pas enterrés?
   a. l'Hôtel de Ville
   b. l'Hôtel des Invalides
   c. le Panthéon
   d. le cimetière du Père-Lachaise

4. Lequel de ces monuments ne fait pas partie des «Grands Travaux» du président Mitterrand?
   a. la pyramide du Louvre
   b. l'Opéra-Bastille
   c. la tour Eiffel
   d. le musée d'Orsay

VI. Caractérisez brièvement les lieux ou monuments suivants.

1. la Conciergerie
2. la Bourse
3. le Centre Georges Pompidou
4. l'Ile de la Cité
5. la place Charles de Gaulle
6. la butte Montmartre
7. les villes-dortoirs
8. la Défense
9. Rungis
10. le Forum des Halles

VII. Discussion.

1. Expliquez pourquoi on dit que Paris est une ville tentaculaire.
2. Discutez des problèmes de l'agglomération parisienne et des mesures prises par les pouvoirs publics pour remédier à ces problèmes.

VIII. Vos recherches sur Internet

Afin de faciliter vos recherches et de répondre à ces questions, consultez le site du livre: http://lafrance.heinle.com.

1. Que fait la ville de Paris pour contrôler la pollution dans la capitale? Quels conseils sont donnés aux automobilistes? Cherchez quelques exemples.
2. Que fait la ville de Paris pour aider ses habitants: jeunes, personnes âgées, handicapés, etc.? Donnez quelques exemples des services auxquels les habitants peuvent s'adresser.
3. Combien de temps un habitant de la banlieue met-il en moyenne pour se rendre à son travail à Paris? Choisissez une ville de la proche banlieue (dans la petite couronne) et une destination à Paris. Indiquez combien de temps il faut pour se rendre de cette ville à Paris à différentes heures de la journée (6h du matin, 9h du matin, etc.).
4. Quelles expositions pouvez-vous voir en ce moment dans un musée à Paris? Cherchez quelques exemples.
5. Quels monuments pouvez-vous visiter à Paris? Si vous préférez les promenades, les espaces verts, où pouvez-vous vous rendre? Quelles activités culturelles pouvez-vous choisir de faire le soir?

Les Régions et les provinces

D'habitude les Parisiens établissent une opposition entre Paris et «la province», c'est-à-dire le reste de la France. Quand une personne n'habite pas à Paris, elle habite en province, que ce soit dans la grande ville de Lyon ou dans un petit village dans les Alpes. Dans les années 1960, on parlait du contraste entre Paris et «le désert français» pour exprimer et pour dénoncer le déséquilibre économique qui existait entre la capitale et la province. De nos jours pourtant, cette disparité tend à disparaître, en partie grâce aux mesures prises par les pouvoirs publics pour décentraliser la France.

En réalité, il y a beaucoup de provinces. Ce sont des régions extrêmement différentes les unes des autres qui étaient autrefois indépendantes ou rattachées à un autre pays. La plupart des provinces ont été annexées par les Capétiens au cours du Moyen Age, mais d'autres, telles que la Corse et l'Alsace, ne sont devenues françaises que bien plus tard. Certaines provinces ont donc gardé leur culture particulière et même leur langue. D'autres ont conservé quelques éléments de leur folklore: des costumes, des fêtes religieuses, des danses et des sports. Les provinces ont cessé d'exister officiellement pendant la Révolution, mais elles existent encore du point de vue culturel dans l'esprit des Français.

En 1973, l'Assemblée nationale a créé la «Région» comme collectivité territoriale et la France a été divisée en 22 Régions pour contribuer au développement économique de la «province», pour décentraliser le pays et pour encourager une identité régionale chez les Français. Les Régions sont des unités administratives officielles et chaque Région regroupe plusieurs départements. Certaines Régions (comme la Bretagne, la Bourgogne, et l'Alsace) sont plus ou moins identiques aux anciennes provinces. D'autres (comme le Centre, la Région Midi-Pyrénées et la Région Rhône-Alpes) regroupent plusieurs anciennes provinces et ne correspondent à aucune identité historique ou culturelle. Les Régions, bien qu'officielles, n'ont pas encore remplacé les provinces dans la culture populaire: par exemple, un habitant de Tours dirait plutôt qu'il vient de Touraine ou qu'il est Tourangeau, mais ne dirait sans doute pas qu'il habite dans le Centre. Chaque Français, même celui qui «monte» à Paris, reste très attaché à son «pays», à sa «région» d'origine (mots qui

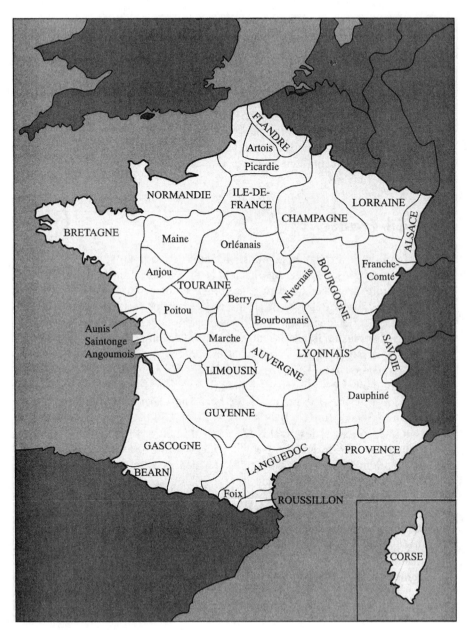

Les anciennes provinces

existaient bien avant la création des «Régions» officielles). Il a davantage le sentiment d'appartenir à sa province qu'à son département et plus à sa province qu'à sa Région (si les deux ne coïncident pas). Voilà pourquoi nous allons parler des provinces les plus importantes et non pas des Régions.

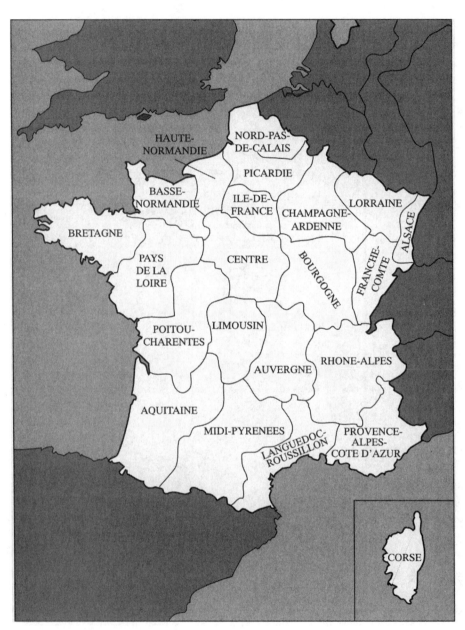

Les nouvelles Régions

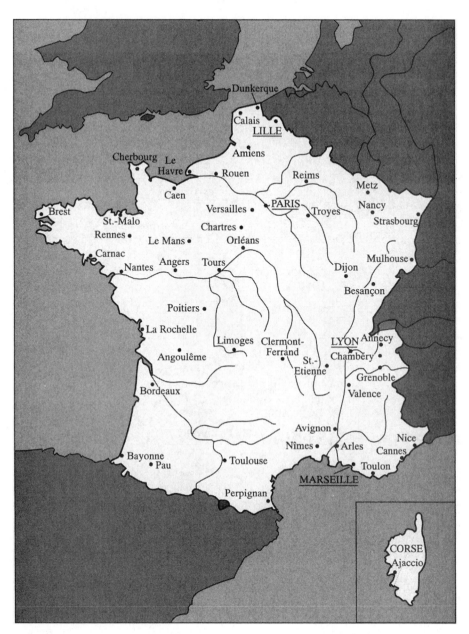

Les grandes villes de la France

● L'Ile-de-France

Aujourd'hui, l'Ile-de-France se compose des huit départements de la région parisienne (voir la carte dans le chapitre précédent). Mais entre le Moyen Age et la Révolution, l'Ile-de-France constituait le territoire royal, et on peut y voir encore aujourd'hui des vestiges de la monarchie: des forêts qui avaient été protégées par les rois et d'anciennes résidences royales (les châteaux de Versailles et de Fontainebleau). A la basilique de Saint-Denis, dans la banlieue nord, on peut visiter les tombeaux des rois de France (tous les rois depuis Hugues Capet y ont été enterrés). En Ile-de-France, on fabrique un fromage de grande renommée, le brie, dont il y a deux variétés (le brie de Melun et le brie de Meaux). L'Ile-de-France est le pays natal de beaucoup d'écrivains: Madame de Sévigné, George Sand, Molière, Baudelaire, Voltaire, Gide et Sartre—ainsi que du compositeur Debussy, des peintres Delacroix et Monet et du sculpteur Rodin.

Aujourd'hui, l'Ile-de-France, dont la superficie représente seulement 2% du territoire national, contient 20% de la population, une densité sept fois plus grande que celle de Lyon, la deuxième ville française. L'Ile-de-France est la première région industrielle française. Le budget de cette région est équivalent à celui de toutes les autres régions réunies. Les habitants de l'Ile-de-France, les Franciliens, n'ont pas conscience de leur particularité, à la différence de ceux qui habitent dans d'autres provinces. Ils sont «parisiens» et ils ont en commun leurs inquiétudes relatives aux problèmes de l'urbanisme: la pénurie de logement, la circulation, la pollution de l'environnement.

● La Flandre (Région: Nord-Pas-de-Calais)

La Flandre est une province à cheval sur la frontière belge, dans le nord de la France. La Flandre est une petite région, mais elle est très peuplée et très industrialisée. Il y avait autrefois beaucoup de mines de charbon en Flandre, ce qui lui donnait le nom de «Pays noir». Aujourd'hui, toutes les mines sont fermées, ce qui explique le problème du chômage dans cette région. Pourtant, la situation économique est en train de s'améliorer, grâce à la «réindustrialisation»: de nouveaux secteurs se sont développés, comme l'industrie électronique. La réalisation de l'Eurotunnel, que les Français et les Anglais ont construit sous la Manche et qui a été mis en service en 1995, a créé de nombreux emplois et a relancé l'économie de cette région. La ville la plus importante de cette Région est Lille, dont l'agglomération compte plus d'un million d'habitants, ce qui en fait la quatrième ville de France. L'économie lilloise bénéficie de la situation de la ville au carrefour de trois grandes capitales (Paris, Bruxelles et Londres) qui sont reliées par le train à grande vitesse (TGV). Lille est la ville natale de Charles de Gaulle.

En Flandre, on trouve un bon nombre de brasseries et les Flamands produisent beaucoup de bière. La langue régionale est le flamand, qui se parle, ainsi que le français, de part et d'autre de la frontière belge. Le néerlandais, forme écrite du dialecte flamand, est enseigné à l'université de Lille. Dans la Flandre maritime, ou Westhoek (ce qui veut dire en flamand «le coin de l'ouest»), on trouve les grands ports de Dunkerque, Boulogne et Calais, qui servent de liens pour le transport maritime entre la France et l'Angleterre.

● La Normandie (deux Régions: Haute-Normandie et Basse-Normandie)

Au début de l'époque féodale (Xe siècle), la vallée de la Seine a été pillée par des pirates scandinaves qui s'appelaient les Normands (les «hommes du Nord» ou les Vikings). Même la ville de Paris a été attaquée. Pour mettre fin à ces pillages périodiques, le roi de France a signé un traité en 911 avec Rollon, le chef des Normands, et lui a accordé un grand territoire entre l'Ile-de-France et la Manche, que les Normands occupaient déjà. Ce traité a donné naissance à la Normandie, dont Rollon est devenu le premier duc. Les Normands ont adopté la langue française et la religion chrétienne. Au siècle suivant, en 1066, Guillaume le Conquérant, duc de Normandie, a traversé la Manche avec ses armées et a fait la conquête de l'Angleterre. Guillaume est devenu roi d'Angleterre. La tapisserie de Bayeux, qui représente graphiquement la victoire de Guillaume dans la bataille de Hastings, reste une des œuvres d'art les plus célèbres du Moyen Age. Grâce aux Normands, la langue française s'est implantée en Angleterre et voilà pourquoi tant de mots anglais sont d'origine française. La Normandie est redevenue célèbre au XXe siècle: pendant la Deuxième Guerre mondiale, les Alliés ont décidé de débarquer en Normandie pour entreprendre la libération de la France. Cette invasion, commencée le 6 juin 1944, a malheureusement dévasté une bonne partie des villes normandes. On peut voir en particulier des témoignages de cette invasion à Omaha Beach: des «blockhaus» allemands, qui demeurent sur la plage, et le cimetière militaire américain où sont enterrés 10 000 soldats.

Aujourd'hui, la Normandie est à la fois une région industrielle et agricole. Il y a plusieurs grandes villes dans cette région. Le Havre est un grand port maritime situé près de l'embouchure de la Seine. Rouen, port fluvial, est la ville où Jeanne d'Arc a été brûlée en 1431. La ville de Rouen est réputée pour sa cathédrale qui abrite un carillon de 56 cloches. Caen était la résidence de Guillaume le Conquérant, même après la conquête de l'Angleterre. L'université de Caen, qui date du Moyen Age, a été très endommagée pendant la Deuxième Guerre mondiale et entièrement reconstruite après la Libération. La Normandie est renommée pour ses pommes, son cidre (qui remplace le vin dans les repas normands) et son Calvados (un alcool à base de pommes). La Normandie est aussi le pays des produits laitiers (le beurre et les fromages, notamment le Camembert et le Pont-l'Evêque). A la limite de la Normandie et de la Bretagne se trouve la magnifique abbaye médiévale du Mont-Saint-Michel, «merveille de l'Occident», entourée de son petit village. Deux fois par jour, pendant la marée haute, le Mont-Saint-Michel se trouve entouré d'eau et forme une île. C'est un des sites les plus visités de France. La Normandie est le pays natal de Corneille, de Flaubert et de Maupassant.

La Bretagne

Les Bretons, peuple celtique, se sont installés dans cette partie de la France au Ve siècle, après avoir été chassés de Grande-Bretagne par les Anglo-Saxons. Séparée du reste de la France pendant tout le Moyen Age, la Bretagne reste attachée à sa civilisation celtique. Elle a, encore aujourd'hui, un caractère hautement individualisé. Sa langue régionale est le breton, qui est encore parlé par de nombreux Bretons, et l'université de Rennes est connue pour ses études celtiques. Il existe un mouvement autonomiste en Bretagne et une certaine méfiance envers la centralisation parisienne.

Peu industrialisée, la Bretagne est une des provinces les plus pauvres. C'est la première région pour les productions agricoles, surtout les élevages (porc, volailles). Mais sa grande ressource, c'est la mer: le commerce maritime et la pêche, surtout des fruits de mer, sont les activités économiques les plus importantes. Brest est un grand port militaire, mais les autres villes maritimes sont des ports de pêche. L'industrie la plus célèbre est la manufacture de la dentelle bretonne, fabriquée un peu partout en Bretagne. Le tourisme joue aussi un rôle dans la vie économique de cette province: le climat doux, les belles plages et la pêche attirent des milliers d'estivants. Beaucoup de vacanciers viennent aussi pour visiter la ville fortifiée de Saint-Malo, ainsi que les 3 000 menhirs de Carnac, qui datent de 2 000 ans avant J.-C. Carnac est un des sites préhistoriques les plus célèbres d'Europe, avec Stonehenge en Angleterre. D'autres touristes viennent faire des pèlerinages pendant les fêtes religieuses, comme celle de Sainte-Anne-d'Auray. La Bretagne est une des provinces les plus catholiques de France et on trouve des calvaires le long des petites routes et aux carrefours. Les touristes y viennent aussi pour le folklore breton et pour voir les fêtes et les costumes traditionnels. La Bretagne est le pays natal de Chateaubriand.

La Touraine (Région: Centre)

La Loire et ses affluents ont fait de la Région du Centre une des principales régions françaises productrices d'énergie nucléaire. Bien que la Touraine se trouve dans la Région du Centre et non pas dans celle des Pays de la Loire (plus à l'ouest), les Français considèrent la Touraine comme le pays des châteaux de la Loire. A cause de ses beaux paysages, son climat doux, sa verdure, ses fleurs et ses fruits, la Touraine s'appelle «le jardin de la France». Chaque année, elle attire deux millions d'estivants qui viennent pour la pêche, la chasse et surtout pour visiter les châteaux (Amboise, Chambord, Chenonceaux, Azay-le-Rideau, etc.). La Touraine est aussi connue pour ses vignobles qui produisent des vins rouges, comme le Bourgueil, et des vins blancs, comme le Vouvray.

Tours est la capitale de la Touraine. A l'époque gallo-romaine, Tours était un centre du christianisme et Saint-Martin a évangélisé les Tourangeaux et la campagne tourangelle. Au Moyen Age, Tours était connu pour le culte de Saint-Martin et aujourd'hui on peut encore visiter son tombeau à la basilique Saint-Martin. La Touraine est associée avec la dynastie des Valois. C'est au château de Chinon que Jeanne d'Arc est allée chercher le dauphin, Charles VII, pendant la Guerre de Cent Ans, pour lui annoncer son désir de libérer la France. Au XVe et au XVIe siècles, la Touraine a vu l'introduction de la Renaissance italienne en France, grâce à François Ier. Ce roi Valois a invité Léonard de Vinci au château d'Amboise, où l'artiste a passé ses dernières années et où aujourd'hui, on peut visiter son tombeau. La Touraine est le pays natal de Rabelais, de Ronsard et de Balzac.

Le château de Loches, en Touraine

● La Guyenne et la Gascogne (Région: Aquitaine)

Ces deux grandes provinces sont souvent réunies parce qu'elles ont été sous la domination anglaise du XIIe siècle jusqu'à la fin de la Guerre de Cent Ans (300 ans) et parce qu'elles étaient gouvernées ensemble pendant les derniers siècles de l'Ancien Régime. C'est le pays natal de Montaigne, de Montesquieu et de Mauriac. C'est en Guyenne que se trouve la grotte de Lascaux, avec ses peintures préhistoriques découvertes en 1940, et qui prouvent l'existence d'êtres humains dans cette région il y a 20 000 ans. En Gascogne, on trouve la vaste forêt des Landes, la plus grande d'Europe, où l'exploitation du bois est une industrie importante. Les stations balnéaires le long de la Côte d'Argent attirent beaucoup de touristes. La plus grande ville est Bordeaux, qui était déjà une ville importante quand les Romains sont arrivés en Gaule, et il y a toujours des ruines romaines dans la ville. La région bordelaise doit sa réputation mondiale aux vignobles, qui ont été plantés par les Romains. Grâce au commerce des vins, Bordeaux est devenu un grand port dès le XVIIIe siècle. L'université de Bordeaux, qui date du Moyen Age, est réputée pour ses études gasconnes et basques. A l'est de Bordeaux se trouve le Périgord, petite région qui a une grande réputation gastronomique: c'est le pays des truffes, du foie gras et de l'armagnac (alcool très renommé).

● Le Béarn (Région: Aquitaine)

Le Béarn se trouve à l'extrême sud-ouest de la France, dans les Pyrénées occidentales. La capitale historique de cette province est la ville de Pau, où Henri IV est né. Le Béarn comprend le pays basque, dont la plus grande partie se trouve en Espagne. Nous ne savons pas d'où viennent les Basques, ni quelle est l'origine de leur langue. La ville la plus importante de cette Région est Bayonne, où l'on peut visiter le Musée basque. Comme la Bretagne, le pays basque est profondément marqué par la religion catholique et par un mouvement autonomiste. Et comme en Bretagne, le tourisme joue un rôle économique important: Biarritz, une belle station balnéaire, attire des milliers d'estivants sur ses plages. Le pays basque est le pays natal du compositeur Ravel.

● Le Limousin et l'Auvergne

Bien que chacune de ces deux petites provinces constitue une Région différente, elles sont souvent réunies parce qu'elles se partagent le Massif central et un climat montagnard assez rude. Victimes de l'exode rural, le Limousin et l'Auvergne sont des régions dépeuplées. Le Limousin est, en fait, la plus petite des Régions et celle qui a la plus faible population. Sa capitale historique, Limoges, est la ville natale du peintre Renoir. Limoges est surtout connue aujourd'hui pour l'industrie de la porcelaine. L'Auvergne est dominée par la chaîne des Puys, des volcans éteints. On y trouve de nombreuses stations thermales. La plus célèbre de celles-ci est à Vichy, siège du gouvernement français pendant la Deuxième Guerre mondiale, mais connu aussi pour son eau minérale. La plus grande ville d'Auvergne est Clermont-Ferrand. Cette ville est importante pour la production du caoutchouc et des pneus par la société Michelin, implantée depuis le XVIIIe siècle. Michelin s'est attiré une renommée mondiale par la publication de ses cartes routières et de ses guides touristiques. L'Auvergne est le pays natal de l'écrivain Pascal. L'Auvergne est célèbre aussi pour ses dentelles et pour ses fromages, notamment le bleu d'Auvergne et le Cantal.

Le Languedoc (Région: divisée entre Midi-Pyrénées et Languedoc-Roussillon)

Cette vaste province du sud doit son nom à la langue d'oc qui s'y parlait au Moyen Age, en opposition à la langue d'oïl qui se parlait dans le nord de la France. A l'époque de Philippe-Auguste, cette province, encore indépendante de la France, avait une civilisation très raffinée et était convoitée par les rois de France. Les habitants pratiquaient une forme particulière du christianisme qu'on appelait «l'hérésie cathare» et dont le centre était la ville d'Albi. En 1208, le pape a lancé une croisade contre les hérétiques albigeois et une armée française a entrepris le massacre et le pillage de cette province. A la fin de cette croisade, le Languedoc a été rattaché à la France.

Aujourd'hui, la langue régionale du Languedoc est l'occitan. Toulouse est la capitale historique de cette civilisation occitane et l'université de Toulouse est un grand centre d'études occitanes. La vie économique de Toulouse, cinquième ville de France, est dominée par l'industrie aéronautique: elle est renommée pour la construction des avions Airbus et des fusées spatiales Ariane. Une autre grande ville est Montpellier, dont l'université et la réputation intellectuelle remontent au Moyen Age. Les touristes viennent dans le Languedoc pour visiter Albi, ainsi que la ville médiévale fortifiée de Carcassonne. Le roquefort et l'eau minérale Perrier sont parmi les produits les plus connus du Languedoc. La vie économique du Languedoc dépend en grande partie de la viticulture. Bien que les vins du Languedoc ne soient pas aussi connus que les vins de Bordeaux ou de Bourgogne

La ville médiévale de Carcassonne, dans le Languedoc

(il s'agit surtout de «vins de table» et de «vins de pays»), cette province contient le premier vignoble français pour sa superficie. Le Languedoc est le pays natal du peintre Toulouse-Lautrec.

Le Roussillon
(Région: Languedoc-Roussillon)

Le Roussillon, c'est la partie française de la Catalogne, région qui se prolonge au-delà de la frontière espagnole et dont la ville de Barcelone fait également partie. Le catalan est la langue régionale et la capitale de cette civilisation catalane est Perpignan. La vie à Perpignan ressemble beaucoup à la vie espagnole (il y a, par exemple, des «corridas» de taureaux). Le long de la côte méditerranéenne du Roussillon, la Côte Vermeille, se trouvent de jolis petits ports très visités, tel que Collioure, autrefois fréquenté par les artistes.

La Provence
(Région: Provence-Alpes-Côte d'Azur)

Cette province doit son nom au terme latin «Provincia romana», nom que les Romains ont donné à leur première province en Gaule au premier siècle avant J.-C. C'est ici qu'on trouve les vestiges les plus nombreux de l'époque gallo-romaine: des arènes, des aqueducs, des amphithéâtres, surtout à Orange, à Nîmes et à Arles, villes qui attirent beaucoup de touristes. Au XIVe siècle, le roi Philippe le Bel, après une dispute avec le Vatican, a établi le siège de la papauté à Avignon et cette ville a été la résidence de sept papes au cours du siècle. Aujourd'hui, les touristes y viennent pour visiter le Palais des Papes et pour voir le célèbre pont d'Avignon, construit pour traverser le Rhône mais partiellement détruit aujourd'hui. La Camargue, région où se forme le delta du Rhône, est renommée pour l'élevage des chevaux et pour la culture du riz. Marseille, la troisième ville de France et le premier port, est de loin la ville la plus ancienne et a été fondée par les Grecs au VIe siècle avant J.-C. sous le nom de Massilia. Ancien port colonial, Marseille est le point d'ouverture sur la Méditerranée et sur le monde musulman de l'Afrique du Nord. Le quartier commerçant autour du Vieux Port est traversé par la fameuse Canebière, un boulevard très animé. Pas loin de Marseille se trouve la petite ville d'Aix-en-Provence. Ancienne capitale de la Provence, Aix est aujourd'hui le site d'une grande université et, en été, d'un festival de musique de grande renommée. A Grasse, plus à l'est, se trouve le centre de l'industrie de la parfumerie, pour laquelle la France est mondialement connue.

Mais ce qui attire surtout les estivants en Provence, c'est la Côte d'Azur, la partie de la côte méditerranéenne qui s'étend de Toulon jusqu'à la frontière italienne. Favorisée par le climat méditerranéen malgré le Mistral, la Côte d'Azur possède les stations balnéaires les plus célèbres de France: Hyères, Saint-Tropez, Cannes, Antibes, Nice et Menton. Cannes a une réputation mondiale grâce à son festival du cinéma et Nice attire beaucoup de touristes pour le Carnaval en février. Pays des plages ensoleillées, la Provence est connue aussi pour sa gastronomie et pour ses vins, tel que le Châteauneuf-du-Pape. Certains Provençaux parlent provençal, un dialecte régional de l'occitan. La Provence est le pays natal des écrivains Daudet, Mistral, Pagnol et Zola et du peintre Cézanne.

Les arènes romaines, à Arles (Provence)

Le Lyonnais et la Savoie
(Région: Rhône-Alpes)

La Région Rhône-Alpes est la deuxième région par sa superficie, la deuxième région sur le plan économique et la région la plus peuplée après l'Ile-de-France. Les centrales nucléaires autour du Rhône fournissent une part importante de l'électricité du territoire. Le Lyonnais est la province de la ville de Lyon, qui a toujours rivalisé avec Paris. Quand Jules César est arrivé à Lyon avec ses armées, il y a trouvé une ville gauloise déjà importante, et sous la domination romaine Lyon est devenue une ville prospère, comme Lutèce. Au Moyen Age, Lyon était le centre de l'industrie du tissage de la soie et de nos jours, l'industrie textile est encore un des secteurs importants dans la vie économique de la ville. A l'époque de la Renaissance, Lyon était un grand centre intellectuel et artistique. Aujourd'hui, Lyon est la deuxième ville de France, et comme Lille, Lyon est bien situé pour profiter du dynamisme économique de la coopération européenne. La gastronomie lyonnaise, très renommée, est considérée par beaucoup de Français comme la meilleure en France. Lyon est la ville natale des poètes Louise Labé et Maurice Scève ainsi que du romancier Saint-Exupéry.

La Savoie, province alpine, comprenait au Moyen Age la ville suisse de Genève et la ville provençale de Nice. Elle a été la dernière province à devenir française, en 1860, sous le Second Empire. Située entre le lac Léman et les Alpes, la Savoie contient le Mont-Blanc, le plus haut sommet d'Europe (4 807 mètres) et il est couvert de neiges éternelles. La capitale historique de la Savoie

La place Bellecour, à Lyon

est Chambéry. La station thermale d'Evian-les-Bains, sur le bord du lac Léman, fournit de l'eau minérale à toute la France. Mais le tourisme est surtout important à cause des stations de ski, telle que Chamonix, capitale des sports d'hiver et de l'alpinisme. Chamonix a été le premier site des Jeux olympiques d'hiver, en 1924. Une autre ville savoyarde, Albertville, a rempli cette fonction en 1992. Un fromage très connu, la tomme de Savoie, est fabriqué dans cette province.

● La Bourgogne

L'histoire de la Bourgogne commence avec la défaite de Vercingétorix, chef des Gaulois, par Jules César en 52 avant J.-C., à la bataille d'Alésia qui a eu lieu près de l'emplacement actuel de Dijon. Au Moyen Age, la Bourgogne est devenue un duché très riche et important. Pendant la Guerre de Cent Ans, les ducs de Bourgogne ont rivalisé avec les rois de France. Ce sont les Bourguignons qui ont capturé Jeanne d'Arc et qui l'ont livrée à leurs alliés anglais. Dijon, capitale historique de cette province, a été longtemps hostile à l'Ile-de-France et la Bourgogne n'a été annexée au royaume de France qu'à la fin du XVe siècle. La vie religieuse a joué un grand rôle dans l'histoire de la Bourgogne et l'on peut toujours y visiter les ruines des monastères médiévaux, tels que l'abbaye de Cluny et l'abbaye de Cîteaux. Aujourd'hui, la gastronomie bourguignonne jouit d'une renommée mondiale. Dijon, la seule grande ville de la province, est connue pour ses industries alimentaires, surtout celle de la moutarde qui est célèbre dans le monde entier. Mais ce qui joue le rôle le plus important dans la vie économique de la Bourgogne, ce sont les vignobles qui produisent des vins très connus: le Beaujolais, le Mâcon-Villages, le Pouilly-Fuissé et le Chablis. La Bourgogne est le pays natal de Lamartine et de Colette.

● La Champagne (Région: Champagne-Ardenne)

Le nom de cette province s'identifie immédiatement au vin pétillant qui y est produit et qui a une réputation mondiale. Le champagne est devenu un synonyme de fête et il accompagne les mariages et les fêtes de toutes sortes dans le monde entier. La méthode pour produire ce vin a été inventée au XVIIIe siècle par un moine qui s'appelait Dom Pérignon et aujourd'hui, ce nom est celui d'une des marques les plus célèbres de champagne. La production du champagne, une des grandes ressources économiques de cette province, emploie des milliers de personnes dans la région. Cette production est concentrée dans le «triangle sacré» entre Reims, Epernay et Châlons-en-Champagne. L'essentiel de l'activité économique de la région est tourné vers l'agriculture. L'ancienne capitale de la Champagne est Troyes, ville qui existait déjà à l'époque gauloise. La plus grande ville champenoise est Reims. C'est dans la cathédrale de Reims que Clovis a été baptisé en 496 et à cause de cet événement, la ville de Reims a toujours été associée à la tradition monarchique. Après Hugues Capet, tous les

La cathédrale de Reims

rois de France (sauf Henri IV) ont été sacrés à Reims et la cathédrale renferme beaucoup de vestiges de l'histoire de l'Ancien Régime. La Champagne est le pays natal de Racine, de La Fontaine, de Diderot et de Rimbaud.

● La Lorraine

La Lorraine, qui forme une bonne partie de la frontière «artificielle» avec l'Allemagne, le Luxembourg et la Belgique, est une province qui était autrefois très riche en ressources naturelles, comme le fer et le charbon. C'est une région très industrialisée qui produisait une bonne part de l'acier français—une industrie qui est actuellement en crise. Comme d'autres vieilles régions industrielles, la Lorraine a beaucoup souffert depuis les années 1970. Toutes les mines de fer et de charbon ont été fermées, résultant en un taux élevé de chômage. L'économie est actuellement en conversion. L'électronique et l'automobile figurent parmi les nouvelles activités industrielles. Comme l'Alsace, c'est une province qui a été longtemps disputée par l'Allemagne (une partie de la Lorraine—la Moselle—était allemande entre la défaite française en 1870 et l'armistice de 1918). Il y a plusieurs stations thermales qui fournissent de l'eau minérale, telles que Contrexéville et Vittel. Un autre produit lorrain très réputé est le cristal de Baccarat. La capitale historique des ducs de Lorraine est la ville de Nancy. La Lorraine est le pays natal de Jeanne d'Arc et du poète Verlaine. Charles de Gaulle a choisi la Croix de Lorraine comme symbole de la Résistance. Parmi les spécialités culinaires de cette province, il faut mentionner la quiche lorraine, très appréciée aux Etats-Unis.

● L'Alsace

Située entre les Vosges et le Rhin, l'Alsace est le symbole de la querelle historique entre la France et l'Allemagne. A partir du partage de l'empire carolingien, l'Alsace a été rattachée à l'empire germanique. Huit siècles plus tard, au XVIIe siècle, elle est devenue française, jusqu'en 1870 quand Bismarck l'a annexée après la guerre avec Napoléon III. L'Alsace et une partie de la Lorraine—la Moselle—sont restées allemandes jusqu'en 1918, après la Première Guerre mondiale. Ces deux provinces ont été annexées de nouveau par l'Allemagne pendant la Deuxième Guerre mondiale (1940–44). La langue régionale est l'alsacien, un dialecte de l'allemand.

Aujourd'hui, il y a en Alsace de nombreuses brasseries qui produisent des bières célèbres, comme la Kronenbourg. Les vins d'Alsace sont surtout des vins blancs, comme le Riesling et le Sylvaner. Mais l'Alsace est aussi une grande région industrielle, dont le centre textile est Mulhouse. Le centre touristique de la civilisation alsacienne est la petite ville de Colmar. La plus grande ville est Strasbourg, capitale alsacienne. Situé sur le Rhin, Strasbourg est le deuxième port fluvial de France. La cathédrale de Strasbourg, la plus haute des cathédrales gothiques, est renommée pour sa tour unique. L'université de Strasbourg est la seule en France à contenir deux Facultés de Théologie, l'une catholique et l'autre protestante (ceci parce qu'en 1905, quand la séparation de l'Eglise et de l'Etat a été votée, l'Alsace ne faisait pas partie de la France). Strasbourg, siège du Parlement européen, est une des capitales de l'Union européenne. Une des Grandes Ecoles les plus prestigieuses, l'Ecole Nationale d'Administration (ENA) a été transférée à Strasbourg en 1993. La spécialité culinaire régionale est la choucroute, très appréciée partout en France. L'Alsace est le pays natal du théologien Albert Schweitzer et du sculpteur Frédéric Bartholdi, le créateur de la Statue de la liberté).

La Corse

Une île qui se trouve dans la Méditerranée, à 200 km de Nice mais bien plus près de l'Italie, la Corse était une province italienne jusqu'au XVIIIe siècle, puis elle a été cédée à la France. La langue régionale, le corse, est un dialecte de l'italien. A cause de ses beaux paysages et de ses belles plages, on l'appelle «isola bella» en corse, ou «île de beauté». Le tourisme est une activité très importante, car la Corse est considérée comme une extension de la Côte d'Azur. Il n'y a aucune activité industrielle, mais il y a des plages, des montagnes et des ports de plaisance qui attirent les estivants. La capitale de la province est Ajaccio, ville natale de Napoléon Bonaparte. Comme la Bretagne et le pays basque, la Corse est caractérisée par sa pauvreté, la relative importance de la religion catholique et un mouvement autonomiste important. Il y a souvent en Corse des actes terroristes contre l'Etat français. La Corse a tant revendiqué son unicité qu'elle a obtenu un statut administratif particulier.

La France d'outre-mer

Tout ce que nous avons expliqué jusqu'ici ne concerne que la Métropole, c'est-à-dire la France européenne, y compris la Corse. Mais il y a aussi des parties de la France qui ne se trouvent pas en Europe. Sur 100 départements, 96 sont métropolitains. Il y a donc quatre Départements d'Outre-Mer (les DOM), auxquels le statut de département a été accordé en 1946. Deux d'entre eux se trouvent près de l'Amérique du Nord: (1) la Martinique et (2) la Guadeloupe sont deux îles dans la mer des Caraïbes, près de Porto Rico. Le troisième, la Guyane, se trouve sur la côte nord de l'Amérique du Sud. Et le quatrième, la Réunion, est une île qui se trouve au large de l'Afrique, dans l'océan Indien. En plus des quatre DOM, il y a des Territoires d'Outre-Mer (les TOM) et des collectivités territoriales qui n'ont pas le même statut que les départements. La majorité de ceux-ci se trouvent dans le Pacifique: la Nouvelle-Calédonie, la Polynésie française (dont Tahiti), Wallis et Futuna, et les Terres australes et antarctiques françaises. Il y a aussi deux autres collectivités territoriales, l'île Mayotte dans l'océan Indien et Saint-Pierre-et-Miquelon, situé à l'embouchure du fleuve Saint-Laurent, près du Canada. Pour faire une comparaison avec les Etats-Unis, les DOM correspondent à l'Alaska et à Hawaï, qui ont le même statut que les 48 états contigus. Les TOM et les collectivités territoriales correspondent à Porto Rico, qui n'a pas un statut d'état. Quand on parle de la France, on a trop souvent tendance à oublier ces territoires qui ne sont pas métropolitains. Ce sont les seuls vestiges de l'ancien empire colonial français.

La gastronomie régionale

La gastronomie tient une place importante dans la vie quotidienne des Français. Si les provinces existent encore du point de vue culturel, c'est en partie parce que les Français identifient telle ou telle province avec ses traditions gastronomiques. Certaines provinces—l'Ile-de-France, la Touraine et la Champagne—n'ont pas vraiment de cuisine régionale parce que leurs plats traditionnels (comme le bifteck accompagné de pommes frites) sont devenus la base de la cuisine française. D'autres, comme la Provence, la Bourgogne et l'Alsace, sont renommées pour leurs traditions culinaires. Beaucoup de spécialités portent le nom de la ville ou de la province où elles sont nées. Les spécialités d'une province sont souvent basées sur les produits régionaux. Voici une liste de plusieurs spécialités culinaires des provinces:

la Flandre	la carbonnade flamande, le lapin aux pruneaux
la Normandie	le gigot de prés-salés, les tripes à la mode de Caen
la Bretagne	le far breton, les crêpes
la Guyenne	les écrevisses bordelaise, l'entrecôte bordelaise
le Béarn	le jambon de Bayonne, la garbure, le poulet basquaise
le Limousin	le clafoutis
le Languedoc	le cassoulet
la Provence	la bouillabaisse provençale, la ratatouille niçoise
le Lyonnais	les pommes de terre lyonnaises
la Savoie	les quenelles de brochet, la fondue savoyarde
la Bourgogne	le bœuf bourguignon, le saupiquet, la gougère
la Lorraine	la potée lorraine, la quiche lorraine
l'Alsace	les saucisses de Strasbourg, la choucroute garnie
la Corse	le castagnacci

I. Chacune des villes suivantes est la capitale historique d'une province. Identifiez la province dans chaque cas.

1. Toulouse
2. Tours
3. Nancy
4. Caen
5. Perpignan
6. Ajaccio
7. Strasbourg
8. Dijon
9. Rennes
10. Limoges
11. Reims
12. Lyon

II. Quelle province est associée avec:

1. la Côte d'Azur
2. les fruits de mer
3. la choucroute
4. la bière
5. les sports d'hiver
6. le Camembert
7. la moutarde
8. le «jardin de la France»
9. «isola bella»
10. le Palais des Papes
11. Dom Pérignon
12. le Calvados
13. le charbon
14. la quiche
15. le Vittel
16. les résidences royales
17. les châteaux de la Loire
18. le pays basque
19. les Landes
20. les Puys
21. le Mistral
22. le Chablis

III. Répondez aux questions suivantes.

1. Dans quel but le système des Régions a-t-il été créé?
2. En quoi une Région et un département sont-ils différents?
3. Est-ce que les Français ont conscience d'appartenir à une Région officielle? Expliquez.
4. Quelle région contient 20% de la population française?
5. Quelle région possédait beaucoup de mines de charbon?
6. Quelle est la région dont l'activité économique la plus importante est la pêche?
7. Quelle région s'appelle le «jardin de la France»?
8. Quelle région contient le plus de stations balnéaires célèbres?
9. Quelle région fabrique le vin le plus célèbre de France?
10. Quelle région produit les deux tiers de l'acier français?
11. Dans quelle région se trouvent les menhirs de Carnac?
12. Dans quelle région se trouve la plus grande forêt d'Europe?
13. Quelle est la région dont l'activité économique la plus importante est l'industrie textile?
14. En quoi un DOM est-il différent d'un TOM ou d'une collectivité territoriale? Expliquez.
15. En quoi la ville de Strasbourg est-elle importante du point de vue de l'Union européenne?

IV. Etes-vous d'accord? Sinon, justifiez votre réponse.

1. De par sa superficie, l'Ile-de-France représente une région importante.
2. La Flandre est surtout une région agricole.
3. La tapisserie de Bayeux se trouve en Alsace.
4. La Bretagne est une région où la religion catholique est très importante.
5. La vie économique du Roussillon dépend de son industrie aéronautique.
6. La Région Rhône-Alpes est une des régions les plus peuplées de France.
7. Quand on va en Provence, on peut visiter le Palais des Papes.
8. La vie économique du Languedoc dépend de la viticulture.
9. La ville de Vichy est célèbre pour ses stations thermales.
10. La Savoie est une région montagneuse.

V. Choisissez la meilleure réponse.

1. Lequel de ces sites ou villes ne se trouve pas en Normandie?
   a. le Mont-Saint-Michel
   b. Le Havre
   c. Rouen
   d. Rennes

2. Dans laquelle de ces régions ne trouve-t-on pas un mouvement autonomiste?
   a. le pays basque
   b. la Touraine
   c. la Corse
   d. la Bretagne

3. Laquelle de ces régions ne produit pas de vin?
   a. la Guyenne et la Gascogne
   b. le Limousin et l'Auvergne
   c. l'Alsace
   d. la Provence

4. Quelle a été la dernière province à devenir française?
   a. le Roussillon
   b. le Béarn
   c. la Savoie
   d. l'Alsace

5. Laquelle de ces îles n'est pas un département français?
   a. la Réunion
   b. la Nouvelle-Calédonie
   c. la Guadeloupe
   d. la Martinique

VI. Discussion.

1. Quelles sortes de caractéristiques distinguent une province d'une autre (histoire, langues, produits agricoles, industrie, gastronomie, etc.)?
2. Peut-on dire qu'il y a des «régions» ou des «provinces» aux Etats-Unis? Si oui, quelles sont les caractéristiques de chaque région ou province? Sinon, pourquoi pas?

VII. Vos recherches sur Internet.

Afin de faciliter vos recherches et de répondre à ces questions, consultez le site du livre: http://lafrance.heinle.com.

1. Choisissez une province que vous avez visitée en France, ou que vous aimeriez visiter, et trouvez des renseignements qui vous paraissent intéressants sur celle-ci d'un point de vue historique, culturel, touristique ou gastronomique.

2. Choisissez un département d'outre-mer et faites, à son sujet, des recherches semblables à celles du sujet 1.

3. Aimez-vous la cuisine française? Quels plats régionaux connaissez-vous? Savez-vous comment faire un cassoulet, une bouillabaisse ou d'autres spécialités?

4. Quelles spécialités culinaires ou artisanales les provinces françaises offrent-elles? Cherchez quelques exemples.

5. Vous intéressez-vous à l'aspect économique d'une région particulière en France? Faites des recherches sur celle-ci.

Les langues de France

● Les langues régionales

Le titre de ce chapitre peut surprendre. La langue de la France c'est le français, n'est-ce pas? Oui, bien sûr, mais ce n'est pas la seule langue parlée en France. En fait, il en y a d'autres langues qui se parlent en France depuis longtemps et encore aujourd'hui. Ceux qui parlent ces langues constituent des minorités linguistiques à l'intérieur de l'Hexagone. On appelle quelquefois ces locuteurs les minorités «hexagonales» pour les distinguer des immigrés. Les langues régionales sont parfois le prétexte que ces minorités hexagonales utilisent pour protester contre l'hégémonie parisienne et la centralisation jacobine. Les sept langues régionales de France sont les suivantes:

1. L'occitan: Dans le sud de la France il y a un grand nombre de personnes qui parlent occitan. L'occitan n'est pas un dialecte (une variation régionale) du français. C'est une langue romane, c'est-à-dire une langue dérivée du latin, au même titre que le français, l'italien et l'espagnol. Les Français du nord qui descendent par exemple dans le Midi ne comprennent pas du tout ce «patois», qu'ils considèrent souvent comme un français mal parlé. Beaucoup de Français du nord reconnaissent l'occitan comme la langue médiévale des troubadours, mais ils sont persuadés que cette langue ne se parle plus. Dans chaque province de la moitié sud de la France on trouve des dialectes de l'occitan, c'est-à-dire des variations régionales: par exemple, le gascon se parle en Gascogne, le languedocien en Languedoc, le provençal en Provence, etc.

2. Le catalan: Une autre langue romane, le catalan, se parle dans la partie orientale des Pyrénées, en France et en Espagne, à Perpignan aussi bien qu'à Barcelone. Le catalan se parle dans une province qui franchit la frontière

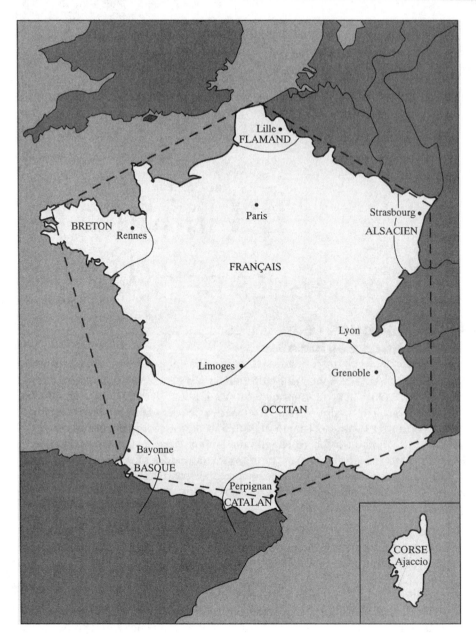

Les langues de l'Hexagone

espagnole et qui s'appelle «Catalunya» (la Catalogne). La partie française de cette province, où se trouve Perpignan, s'appelle le Roussillon.

3. Le corse: En Corse, on parle corse, un dialecte de l'italien. La Corse était italienne jusqu'en 1768, année où elle a été annexée par la France. L'année suivante, en 1769, Napoléon Bonaparte est né à Ajaccio, capitale de la Corse,

ce qui fait que le grand empereur de France n'était français que par hasard. Il y a un mouvement autonomiste assez important dans cette île: cela veut dire que certains Corses, conscients de leurs différences culturelles, réclament leur indépendance. Comme le français, l'occitan et le catalan, le corse est d'origine latine.

4. Le basque: Il y a aussi quatre langues non-romanes qui se parlent en France, et celles-ci se trouvent dans des régions excentriques, c'est-à-dire loin du centre, à la périphérie du pays. Dans la partie occidentale des Pyrénées, en France comme en Espagne, on parle basque. Le basque est une langue d'origine inconnue qui n'est apparentée à aucune autre langue en Europe. Le pays basque en France se trouve dans la province du Béarn dont la plus grande ville est Bayonne. Les Basques appellent leur pays «Euzkadi» et certains Basques réclament une indépendance pour ce pays qui chevauche la frontière espagnole.

5. Le breton: Dans la grande province de la Bretagne et surtout dans l'extrême ouest de la presqu'île, autour de la ville de Brest, on parle breton. Pour 250 000 Français habitant dans cette région, le breton est la langue de tous les jours. Le breton est une langue celtique, une langue apparentée à celles qu'on parle en Ecosse, au pays de Galles (en Grande-Bretagne) et aussi en Irlande. Les Bretons, venus de Grande-Bretagne, se sont installés en Gaule au Ve siècle et pendant longtemps, ils ont gardé leur civilisation celtique. La Bretagne est restée isolée de la France pendant tout le Moyen Age et même aujourd'hui, il y a des Bretons qui affichent leur différence et expriment un sentiment autonomiste vis-à-vis de Paris.

6. Le flamand: Dans l'extrême nord de la France, autour de la ville de Dunkerque et près de la frontière belge, se trouve le «Westhoek», la Flandre maritime. Là, on parle flamand, un dialecte du néerlandais qui est une langue germanique apparentée à l'allemand et à l'anglais. Le flamand et le français sont les deux langues officielles de la Belgique.

7. L'alsacien: L'Alsace est la province qui se trouve entre le Rhin et les Vosges. Elle a été annexée par les Allemands en 1870, rendue à la France en 1918 après la Première Guerre mondiale et annexée de nouveau pendant la Deuxième Guerre mondiale. L'alsacien est un dialecte de l'allemand, et à Strasbourg on le parle aussi souvent que le français. Plus de la moitié des Alsaciens regardent la télévision allemande. Malgré l'histoire de cette province, ou peut-être à cause de celle-ci, il n'y a aucun mouvement autonomiste comme ceux qui existent en Corse, en Bretagne et dans le pays basque. Pour les Alsaciens, c'est peut-être le souvenir de la brutalité des Nazis pendant la guerre qui a renforcé leur sentiment d'être français (les Nazis leur avaient interdit de parler français). En tout cas, l'Alsace veut apparemment rester française. Et pourtant, les Alsaciens sont très fiers de leur différence, de leur culture particulière. Ces dernières années ont vu un retour à une identité alsacienne dans les arts et dans la littérature (chansons, poèmes, pièces de théâtre).

Des graffiti en catalan, à Perpignan

Une des raisons qui expliquent la survivance de ces langues aujourd'hui, c'est que les provinces où elles se parlent encore sont devenues françaises assez tardivement. Tandis que la plupart des provinces ont été annexées par les rois capétiens au Moyen Age, celles où d'autres langues coexistent avec le français sont restées séparées de la France plus longtemps. Le tableau suivant montre les époques de l'annexation des dernières provinces par la France.

TABLEAU: Les langues régionales

XVIe siècle	le Limousin
	l'Auvergne
	le Béarn
	la Bretagne
XVIIe siècle	le Roussillon
	la Flandre
	l'Alsace (ensuite allemande entre 1870 et 1918, et entre 1940 et 1944)
XVIIIe siècle	la Corse
XIXe siècle	la Savoie

Dans la France contemporaine il y a beaucoup de gens qui parlent ou qui comprennent ces langues

l'occitan	4 millions	le catalan	200 000
l'alsacien	1,5 millions	le basque	100 000
le breton	500 000	le flamand	100 000
le corse	200 000		

Mais ces personnes sont toutes bilingues, c'est-à-dire qu'elles parlent aussi français. Le français est depuis longtemps la langue officielle du pays, mais cela n'a pas toujours été le cas. Pour comprendre l'ascendant progressif du français en France, il faut remonter dans l'histoire.

● Un peu d'histoire

Quand les Romains sont arrivés en France au premier siècle avant Jésus-Christ, ils ont trouvé ce pays (qu'ils appelaient la Gaule) habité par des tribus celtiques, de grands guerriers et, en temps de paix, de grands cultivateurs. La Gaule a été vaincue par les Romains et annexée à l'empire romain. Les Gaulois se sont assez rapidement assimilés à la civilisation romaine et ils ont adopté la langue de l'empire, le latin. Les Français aujourd'hui considèrent les Gaulois comme leurs ancêtres, mais en ce qui concerne leur langue ils sont bien plus redevables aux Romains, puisque le français est dérivé de la langue latine. Il subsiste pourtant, en français moderne, quelques mots de cette langue celtique que parlaient les Gaulois, et la plupart de ceux-ci ont rapport à la vie rurale et agricole: *bruyère, chêne, mouton, bouc, charrue*. Mais c'est la langue latine qui s'est imposée en Gaule.

Au Ve siècle, le nord de la Gaule a été envahi par les Francs, des tribus germaniques. Les Francs ont établi une monarchie dans ce pays qu'ils appelaient la France. Un peuple guerrier, les Francs ont pu imposer leur pouvoir militaire, mais non pas leur pouvoir linguistique: ils ont fini par adopter la langue latine, telle qu'elle se parlait en Gaule à cette époque-là (les Bretons, qui se sont installés en Gaule à la même époque, n'ont pas adopté le latin mais ont gardé leur langue celtique). Voilà ce qui explique pourquoi le français moderne est une langue romane et non pas germanique. Néanmoins, il y a des mots français qui sont d'origine franque et ceux-ci ont surtout rapport à la guerre : *maréchal, baron, garde, guerre, heaume* (et bien entendu, *France* et *Français*).La langue parlée dans le nord de la France pendant les cinq siècles de l'époque franque s'appelle le roman: c'est essentiellement le latin, mais il est légèrement influencé par la langue germanique des Francs.

Les langues ne sont jamais statiques et elles continuent toujours à évoluer. Au début de l'époque féodale, le roman s'est morcelé en dialectes selon les provinces: on parlait francien en Ile-de-France, normand en Normandie, champenois en Champagne, etc. L'ensemble de ces dialectes qui se parlaient dans le nord s'appelle la langue d'oïl («oïl» signifiait «oui»). Dans le sud de la France, où la langue n'avait pas subi les mêmes influences, l'ensemble des dialectes (le gascon, le languedocien, le provençal, etc.) s'appelle la langue d'oc («oc» signifie «oui» en occitan). Ces deux langues étaient très différentes.

La langue d'oc, «langue des troubadours», avait plus de prestige littéraire que la langue d'oïl jusqu'au XIIIe siècle. Elle a perdu de l'importance quand le Languedoc a été rattaché au royaume de France. C'est le francien, dialecte de l'Ile-de-France, qui est devenu le français standard, langue nationale du pays, au cours des siècles. Ce dialecte a gagné du terrain sur tous les autres, pour des raisons politiques et littéraires. Le francien était le dialecte des rois de France et de la capitale du royaume, Paris. L'Ile-de-France était le domaine royal, ainsi cette province avait un avantage politique sur les autres. Les écrivains du Moyen Age reconnaissaient une certaine supériorité des textes littéraires écrits en francien sur ceux qui étaient écrits en normand ou en champenois. Pour ces raisons, le dialecte qui se parlait en Ile-de-France jouissait d'un certain prestige au cours du Moyen Age. Au fur et à mesure que la monarchie devenait plus prestigieuse et plus puissante, la centralisation politique imposait le francien (devenu le français) comme langue du royaume. En 1539, le roi François Ier a décrété, par l'Ordonnance de Villers-Cotterêts, que la langue française serait désormais la langue officielle de la France, utilisée dans tous les documents du royaume.

C'est au cours du XVIIe siècle, époque de la littérature française classique, que le français est devenu une langue uniforme et standard. L'Académie française, fondée en 1635, a été chargée par le roi d'écrire une grammaire et un dictionnaire pour codifier la langue. Malgré l'Ordonnance de Villers-Cotterêts, la monarchie de l'Ancien Régime était assez tolérante envers la diversité linguistique. Ainsi, le français était la langue officielle du pays, mais les habitants du sud de la France continuaient à s'exprimer en occitan. Quand le dramaturge Jean Racine a fait un voyage dans le Languedoc au XVIIe siècle, il s'est étonné de ne pas pouvoir comprendre les habitants de cette province. Dans une lettre adressée à son ami Jean de La Fontaine, à Paris, Racine écrit: «Je vous jure que j'ai autant besoin d'interprète, qu'un Moscovite en aurait besoin dans Paris.» Au début de la Révolution, en 1789, cette situation n'avait pas changé: deux tiers des habitants de la France ne comprenaient pas le français. La Ière République, par contre, était bien moins tolérante de cette diversité. Selon un député de la Convention il fallait supprimer les langues régionales, «jargons barbares et idiomes grossiers qui ne peuvent servir que les contre-révolutionnaires». Ce sont les Jacobins qui ont cherché à imposer une unification linguistique, en déclarant que tous ceux qui ne parlaient pas français étaient des ennemis de la République. Au cours du XIXe siècle, le lycée, création de Napoléon, est devenu l'instrument de l'unification linguistique: peut-être plus que toute autre institution, le lycée, en dispensant une instruction uniquement en français, a créé une langue nationale en France. La progression du français dans toutes les régions a été renforcée, au cours du XXe siècle, par les médias. Ainsi, à la différence de Racine, le voyageur moderne pourra constater que le français est une langue universelle en France.

Statue de Frédéric Mistral, à Arles

Il faut avouer aussi que l'Etat, avec ses tendances centralisatrices, n'a jamais regardé les langues régionales d'un œil favorable. Même au XXe siècle, sous la IIIe République, le «patois» était interdit dans les écoles («patois» signifiait les langues régionales). Quand l'Alsace a été rendue à la France en 1918, le gouvernement a autorisé le bilinguisme dans cette province mais pas ailleurs. Enfin en 1951, sous la IVe République, la loi Deixonne a autorisé l'enseignement facultatif des langues régionales dans les écoles et dans les universités. Pourtant, la Constitution déclare que le français est la seule langue de la République.

Et qu'est devenue la langue d'oc? Eclipsée par le français, elle n'a jamais cessé de se parler dans le Midi de la France. Une renaissance littéraire de l'occitan a commencé à la fin du XIXe siècle, avec un mouvement qui s'appelait le Félibrige. Le chef de ce groupe d'écrivains était Frédéric Mistral, à qui l'on a décerné le prix Nobel de littérature en 1905 pour ses écrits en occitan. Le Félibrige n'a jamais réalisé son but de regagner le prestige littéraire des troubadours, mais la production littéraire d'ouvrages occitans depuis la Deuxième Guerre mondiale est impressionnante. Aujourd'hui, le centre de ce mouvement est un groupe de linguistes qui travaillent à l'Institut d'Etudes Occitanes, à Toulouse.

● La renaissance des langues régionales

On voit donc que depuis près de deux siècles, la République jacobine a tout mis en œuvre pour supprimer les langues régionales. Pour construire une nation unifiée, il fallait imposer la langue française. Même après le vote de la loi Deixonne, l'enseignement de ces langues régionales est resté inexistant pendant une vingtaine d'années. Il n'est donc pas surprenant que les minorités linguistiques aient longtemps vu la langue française comme un symbole de l'oppression de l'Etat. C'est, à partir des années 1970, avec la création des Régions et l'encouragement d'une identité régionale chez les Français, qu'il y a eu une renaissance de l'intérêt des Français pour leur langue d'origine, accompagnée d'une recherche de leurs «racines» culturelles. Cet intérêt a commencé dans les écoles secondaires. Les élèves peuvent actuellement opter pour une langue régionale plutôt que pour une deuxième langue étrangère comme l'anglais ou l'allemand et ils peuvent passer une épreuve facultative dans ces langues au baccalauréat. Aujourd'hui, des milliers d'élèves en France suivent des cours dans la langue de leur région. En ordre d'importance, ils étudient l'occitan, le breton, le corse, le catalan et le basque (le flamand et l'alsacien sont considérés comme des variétés de langues étrangères, le néerlandais et l'allemand). Ainsi, depuis les années 1970, les élèves peuvent apprendre ces langues à l'école, tandis que leurs grands-parents étaient punis pour avoir parlé ces «patois» pendant la récréation.

La renaissance des langues régionales a aussi des ramifications dans la culture populaire et s'accompagne d'un mouvement vers la décentralisation administrative. De nos jours, il y a des chanteurs folkloriques qui enregistrent leurs chansons en occitan, en corse et en alsacien. Dans de nombreux villages bretons il y a des festivals de musique bretonne. Il y a un public de plus en plus avide de lire des œuvres littéraires et d'assister à des pièces de théâtre écrites en langues régionales. On peut lire des bandes dessinées en breton ou en occitan. Chaque année il y a trois ou quatre nouveaux romans publiés en breton. A cela il faut ajouter les efforts de la télévision et surtout de la radio, qui diffusent des émissions en langues régionales. Mais il y a aussi des forces culturelles qui agissent contre la renaissance des langues régionales. D'abord, la culture des jeunes: les jeunes Français s'intéressent au cinéma, à la télévision, à la radio, à la presse, à la musique—des médias qui sont créés pour eux en français. Les langues régionales ne jouent pas de grand rôle là-dedans. Ensuite, il y a aussi une raison pratique: beaucoup de parents pensent que l'apprentissage d'une langue régionale représente une perte de temps pour leurs enfants et que la maîtrise de l'anglais ou de l'allemand est un avantage dans la recherche d'un emploi.

De la part des pouvoirs publics, il y a encore une certaine méfiance envers ce nouveau régionalisme. Beaucoup de fonctionnaires et de personnalités politiques continuent à penser que la reconnaissance de la différence culturelle pourrait entraîner la remise en question de l'Etat et même l'idée de la France en tant qu'unité culturelle. En 1999, le Conseil constitutionnel a décidé que la Charte européenne des langues régionales et minoritaires—un document qui accorde dans l'Union européenne un certain statut à ces langues—était contraire à la Constitution française. L'Etat a donc refusé de ratifier cette Charte qu'il avait signée plus tôt la même année. Il est vrai que l'antagonisme qui existe historiquement entre les collectivités territoriales et l'Etat centralisé est encore plus exacerbé dans les régions où la langue et la culture ne sont pas celles de Paris. En 1998, pour prendre un exemple extrême, le préfet de la Corse a été assassiné à Ajaccio et cet acte a été revendiqué par des autonomistes corses qui avaient critiqué la «politique coloniale» du préfet. Mais la grande majorité des «régionalistes» ne souhaitent pas la désintégration de la France. Il faut distinguer entre les autonomistes qui vont jusqu'à des actes de terrorisme et les régionalistes, plus nombreux, qui réclament seulement le droit à la différence linguistique et culturelle. Selon ces derniers, on peut être à la fois Basque, ou Breton, ou Alsacien, et Français. La diversité linguistique s'affirme de plus en plus, mais le français reste la langue la plus parlée de l'Hexagone.

● La francophonie

Si la langue française n'est pas la seule qui se parle dans l'Hexagone, toujours est-il que cette langue a largement dépassé les frontières de la France. Le français se parle aujourd'hui dans une quarantaine de pays sur cinq continents (ceux qui parlent français s'appellent des «francophones»). Pour quelque 113 millions de francophones, le français est la langue maternelle. Les autres, les «francophones occasionnels» (quelque 60 millions dans le monde), l'ont appris comme deuxième langue. En Europe, au XVIIIe siècle, le français était devenu une langue internationale. C'était la langue de l'aristocratie dans de nombreux pays, ainsi que celle de la diplomatie et de la culture: Frédéric II, roi de Prusse, et Catherine II de Russie parlaient et écrivaient en français. A cette époque-là, de nombreuses familles aristocratiques en Europe apprenaient le français à leurs enfants et parlaient uniquement français en famille. De nos jours, le français a été largement remplacé par l'anglais comme langue internationale, mais il est indéniable que le français, qui se parle sur cinq continents, demeure une des grandes langues mondiales. Avec l'anglais, le français est utilisé dans les domaines de la diplomatie, du commerce et des arts. C'est une des langues officielles de plusieurs grandes organisations internationales: l'Union européenne, l'Organisation des Nations Unies (l'ONU), l'Organisation du traité de l'Atlantique Nord (l'OTAN) et le Comité international des Jeux olympiques. En Europe, le français est une langue officielle en Belgique, en Suisse, au Luxembourg et dans les principautés d'Andorre et de Monaco. Pour près de six millions d'habitants de ces pays, le français est la langue maternelle.

Le français s'est étendu sur les autres continents à cause du colonialisme. Dès les XVIe et XVIIe siècles, des explorateurs français tels que Cartier, Champlain, Marquette, Joliet et La Salle ont fondé des colonies dans le Nouveau Monde—au Canada, en Louisiane (qui comprenait toute la partie centrale des Etats-Unis), en Guyane et dans les Antilles. Mais la France a perdu la plus grande partie de son premier empire colonial: le Canada a été cédé aux Anglais en 1763; Napoléon a vendu la Louisiane aux Etats-Unis en 1803; Haïti est devenu indépendant en 1804. Une deuxième époque d'expansion coloniale a commencé au XIXe siècle, ce qui explique l'implantation de la langue française en Indochine, en Polynésie et surtout en Afrique (dans les pays arabes d'Afrique du Nord et dans l'Afrique «noire» au sud du Sahara). Ce deuxième empire colonial n'a pourtant pas été accompagné d'une émigration massive de Français. Voilà pourquoi le français est moins une langue maternelle dans ces pays qu'une deuxième langue, c'est-à-dire la langue de l'administration mais non pas la première langue des habitants.

La plupart des pays d'Afrique sont d'anciennes colonies françaises. La Constitution de 1958 a créé la Communauté française, une association entre la France et ses colonies africaines. Le président Charles de Gaulle a demandé à chaque pays de choisir, par référendum populaire, de faire partie de la Communauté. Seule la Guinée a refusé. Dans les années 1960, pourtant, les colonies africaines ont acquis leur indépendance et la Communauté française a cessé d'exister, mais un grand nombre de ces nouveaux pays ont signé des accords de coopération avec la France. Aujourd'hui le français est la langue officielle de 22 pays d'Afrique situés au sud du Sahara ainsi que celle des DOM-TOM et collectivités territoriales. Mais le français n'est pas la langue maternelle de la plupart des habitants de ces pays. Dans certains pays du Proche-Orient (l'Egypte, le Liban, la Syrie), de l'Afrique du Nord (le Maroc, la Tunisie, l'Algérie) et de l'Asie du Sud-Est (le Viêt Nam, le Cambodge, le Laos), le français n'est pas une langue officielle mais il a un statut privilégié dans l'enseignement.

C'est au Canada qu'on trouve la plus grande concentration de francophones en dehors de la France. Le Canada est officiellement bilingue. Six millions d'habitants (sur 25 millions) sont francophones. On les trouve surtout au Québec et dans les provinces maritimes. Montréal est, après Paris, la plus

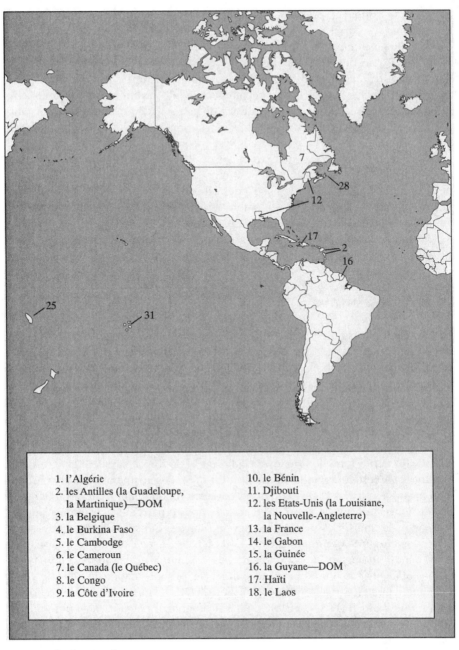

Le monde francophone

1. l'Algérie
2. les Antilles (la Guadeloupe, la Martinique)—DOM
3. la Belgique
4. le Burkina Faso
5. le Cambodge
6. le Cameroun
7. le Canada (le Québec)
8. le Congo
9. la Côte d'Ivoire
10. le Bénin
11. Djibouti
12. les Etats-Unis (la Louisiane, la Nouvelle-Angleterre)
13. la France
14. le Gabon
15. la Guinée
16. la Guyane—DOM
17. Haïti
18. le Laos

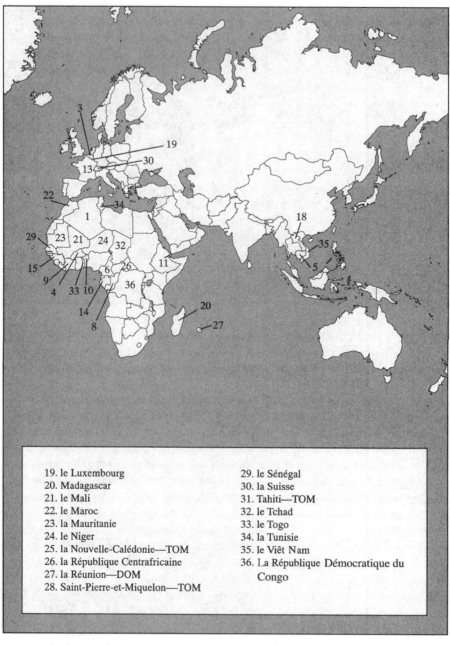

Le monde francophone

19. le Luxembourg
20. Madagascar
21. le Mali
22. le Maroc
23. la Mauritanie
24. le Niger
25. la Nouvelle-Calédonie—TOM
26. la République Centrafricaine
27. la Réunion—DOM
28. Saint-Pierre-et-Miquelon—TOM

29. le Sénégal
30. la Suisse
31. Tahiti—TOM
32. le Tchad
33. le Togo
34. la Tunisie
35. le Viêt Nam
36. La République Démocratique du Congo

Le français est la langue officielle de 22 pays d'Afrique.

grande ville francophone du monde, plus grande que Lyon ou Marseille. Aux Etats-Unis, la langue et la culture françaises subsistent encore en Louisiane et en Nouvelle-Angleterre (surtout dans le Maine et le Vermont).

Le terme «Francophonie» a été inventé au XIXe siècle pour définir l'ensemble des personnes et des pays utilisant le français. Aujourd'hui, il représente le rayonnement de la langue et de la culture française dans le monde. C'est une notion que les Français prennent au sérieux et dont ils sont très fiers. Une organisation privée, l'Alliance française, créée en 1883, a pour objectif la diffusion de la langue et de la civilisation françaises dans le monde par l'intermédiaire d'associations locales. Il y a aussi la présence de Radio-France Internationale, «la voix de la France», qui propage la langue et la culture françaises sur tous les continents, ainsi que celle de TV5 dont les émissions sont captées par plus de 135 millions de foyers sur cinq continents. La France encourage la coopération parmi les associations et les pays francophones. Un ministre du Gouvernement est chargé de la Francophonie. La France fournit une assistance technique, une aide financière et une protection militaire à de nombreux pays francophones dont la plupart sont en voie de développement. Ces pays bénéficient également de milliers d'enseignants volontaires que la France leur envoie. Entre ces pays et la France, il y a des relations privilégiées sur le plan économique, militaire et culturel. En 1986, le président François Mitterrand a inauguré à Paris le premier Sommet de la Francophonie, qui a rassemblé 42 chefs d'Etat et chefs de gouvernement de divers pays ayant en partage l'usage de la langue française. Le but de cette réunion a été de préciser le rôle de la Francophonie dans le monde et de favoriser la coopération interfrancophone. Un deuxième Sommet a eu lieu à Québec en 1987, et depuis, il y a eu un Sommet à peu près tous les deux ans: en 1989 à Dakar (Sénégal), en 1991 à Paris, en 1993 à Grand-Baie (Maurice), en 1995 à Cotonou (Bénin), en 1997 à Hanoï (Viêt Nam), en 1999 à Moncton (Nouveau-Brunswick), en 2002 à Beyrouth (Liban) et en 2004 à Ouagadougou (Burkina Faso). Aujourd'hui, le groupe rassemble 56 chefs d'Etat et de gouvernement. Ils ont choisi pour nom l'Organisation Internationale de la Francophonie. Cette organisation constitue le seul regroupement international au monde qui soit basé uniquement sur la langue.

● Menaces à l'identité nationale française

Napoléon avait envisagé l'unification linguistique de la France comme une barrière de protection contre la menace représentée par l'existence des langues régionales. Celles-ci, en effet, risquaient de remettre en question la notion d'une identité nationale française, uniforme et homogène. La République a continué cette politique au cours du XXe siècle. De nos jours, l'identité nationale française se voit menacée, non plus de l'intérieur, mais de l'extérieur: par la présence des immigrés maghrébins (voir le chapitre 13), par l'Union européenne (voir le chapitre 5), et surtout par l'impérialisme culturel américain dont le plus grand symbole est le parc Disneyland-Paris, construit en 1993 dans la région parisienne. Beaucoup de Français, surtout les jeunes, raffolent de Mickey et de Donald, ainsi que des chanteurs et des films américains. Ces créations ont du succès dans le monde entier, y compris en France. Mais pour certains Français, ces réussites constituent une menace culturelle, une attaque anglo-saxonne contre la culture française. Cette inquiétude se manifeste assez souvent dans les médias et reflète une certaine angoisse intellectuelle devant le déclin de la langue française en faveur de la langue anglaise et de la culture populaire américaine.

Les tensions entre la France et les Etats-Unis se sont aggravées en 1993 et 1994, lors des négotiations du GATT («General Agreement on Tariffs and Trade» ou Accord général sur les tarifs douaniers et le commerce). Le but de ce traité était de libéraliser le commerce international en réduisant le protectionnisme étatique, surtout dans le domaine des produits agricoles (la France étant le deuxième producteur agricole du monde, après les Etats-Unis). La France, cherchant à protéger sa culture contre l'assaut d'outre-Atlantique, a insisté sur une «exception culturelle» pour les services audiovisuels—les films, les émissions télévisées et les cassettes-vidéo. La France voulait protéger sa propre industrie audiovisuelle en limitant l'accès des produits américains au marché français. Le cinéma français est le seul rival de Hollywood, le seul cinéma au monde qui continue à faire concurrence à l'industrie américaine (tout comme l'agriculture française rivalise avec celle des Etats-Unis). Toujours est-il que les films de Hollywood accaparent deux-tiers des billets vendus en France aujourd'hui et les chaînes de télévision passent presque autant d'émissions américaines que françaises. Autrement dit, il s'agit d'une menace à la fois économique et culturelle. Aux Etats-Unis, les débats sur l'exception culturelle étaient vus comme un exemple de protectionnisme et comme une manifestion d'hostilité anti-américaine. En France, pourtant, cette tentative pour protéger l'industrie audiovisuelle française était généralement approuvée comme une mesure essentielle pour assurer la survie de celle-ci. A la dernière minute des négotiations, les services audiovisuels ont été exclus du GATT.

Les Français se soucient de l'avenir de leur langue aussi et de «l'attaque» contre celle-ci par l'hégémonie anglo-saxonne. En 1994, Jacques Toubon, ministre de la Culture du gouvernement Balladur, a proposé une loi qui interdisait l'emploi des mots anglais dans les documents administratifs et dans les réclames publicitaires. La «loi Toubon» a été votée par l'Assemblée nationale mais vivement attaquée par les défenseurs de la liberté d'expression. Finalement, le Conseil constitutionnel a invalidé la loi Toubon, en décrétant que l'Etat ne peut pas imposer un vocabulaire sur les particuliers, sur les entreprises, ou sur les médias. Un grand nombre de Français ont vu cette loi comme un attentat contre la liberté et un objet de ridicule. Pourtant, l'affaire de la loi Toubon est un exemple de la controverse qui oppose la culture française à l'impérialisme culturel américain.

I. Répondez aux questions suivantes.

1. Quelles sont les langues régionales qu'on parle en France?
2. Où ces langues sont-elles parlées?
3. Lesquelles ne sont pas d'origine latine?
4. Pour quelles raisons les langues régionales ont-elles survécu?
5. Comment s'appelle l'ensemble des dialectes qui se parlaient dans le nord de la France au début de l'époque féodale?
6. Comment s'appelle l'ensemble des dialectes qui se parlaient dans le sud à la même époque?
7. En quoi l'Ordonnance de Villers-Cotterêts a-t-elle eu une importance linguistique? Expliquez.
8. Quelle a été l'attitude de la Ière République vis-à-vis des langues régionales? Expliquez.
9. En quoi consistait la loi Deixonne? Sous quelle République a-t-elle été promulguée?
10. Quel rapport y a-t-il entre les mouvements autonomistes et les langues régionales?
11. En quoi les médias et l'éducation contribuent-ils à la renaissance des langues régionales?
12. Quelle a été l'importance linguistique du Félibrige?
13. En quoi le français est-il une langue internationale? Pour quelles raisons?
14. Qu'est-ce que le terme «francophonie» représente?
15. Quelle est l'attitude de la France vis-à-vis des autres pays francophones? Expliquez.
16. Citez quelques pays d'Afrique ou d'Asie où le français a un statut privilégié dans l'enseignement.
17. Qu'est-ce que le Sommet de la Francophonie?
18. Pourquoi les Etats-Unis représentent-ils une menace vis-à-vis de la culture française?
19. Quelles tensions ont existé entre la France et les Etats-Unis dans le cadre du GATT?
20. En quoi consistait la loi Toubon? Pourquoi a-t-elle été un sujet controversé?

II. Etes-vous d'accord? Sinon, justifiez votre réponse.

1. L'occitan est un dialecte du français.
2. Le corse est un dialecte de l'espagnol.
3. Le français est la langue officielle de la Belgique.
4. La Corse est une des dernières provinces à être devenue française.
5. Les mots *bouc* et *charrue* sont d'origine celtique.

6. Aujourd'hui, on parle français sur cinq continents.
7. La langue parlée dans le nord de la France pendant l'époque franque s'appelle le roman.
8. Le francien est devenu le français standard.
9. La IIIe République a permis l'enseignement des langues régionales dans les écoles.
10. L'écrivain Frédéric Mistral a contribué à la renaissance de l'occitan.
11. Afin d'affirmer leurs différences culturelles, les régionalistes ont tendance à être violents.
12. Le français était une langue internationale au XIXe siècle.
13. Le français est une des langues officielles de l'ONU.
14. Le français est la langue officielle de 22 pays situés au sud du Sahara.
15. Les jeunes Français ne s'intéressent pas vraiment à la culture américaine.

III. A part le français, quelle langue se parle dans les villes suivantes?

1. Bayonne
2. Strasbourg
3. Ajaccio
4. Brest
5. Dunkerque
6. Toulouse
7. Perpignan

IV. Discussion.

1. Pour quelles raisons un dialecte peut-il avoir plus de prestige qu'un autre?
2. Pensez-vous qu'il y a plusieurs dialectes dans votre pays? Lesquels? Certains sont-ils plus prestigieux que d'autres? Pourquoi (pas)?
3. D'après vous, une «anglophonie» serait-elle possible? Serait-elle semblable à la francophonie?

V. Vos recherches sur Internet.

Afin de faciliter vos recherches et de répondre à ces questions, consultez le site du livre: http://lafrance.heinle.com.

1. Faites des recherches sur une des langues parlées en France, par exemple le breton, le gascon, l'alsacien, etc. Où cette langue est-elle parlée exactement? Qui la parle? Quelle est son histoire? Si vous le désirez, vous pouvez écouter des extraits de quelques-unes de ces langues.
2. En 1999, le délégué général à la langue française et aux langues de France a fait un rapport sur les langues de la France. Faites un résumé de ce rapport et dites, par exemple, combien de langues sont pratiquées en France, dans les DOM, les TOM et les collectivités territoriales.

3. Le 20 mars est la Journée Internationale de la Francophonie. Cette fête a lieu dans le cadre de la semaine de la langue française et de la Francophonie. Pour fêter cette journée, dix mots de la langue française sont choisis et les francophones sont invités à faire des activités ludiques—des jeux de langue—avec ces dix mots. Faites des recherches sur les mots qui ont été choisis dans les années précédentes, le type de jeux proposés, ou si vous le préférez, faites des recherches qui portent sur la semaine de la langue française et de la francophonie.

4. Des études ont été faites et continuent de se faire sur les pratiques linguistiques en France, par exemple, si le français est utilisé dans tous les domaines ou si l'anglais est utilisé dans quelques secteurs. Cherchez quelques exemples de ces études et faites-en un résumé.

5. Le Gouvernement s'intéresse au patrimoine linguistique des langues de France et certaines institutions se préoccupent de la sauvegarde de la langue française, en particulier l'usage des mots nouveaux dans la langue et la féminisation des noms de métiers. Trouvez quelques exemples de ces préoccupations linguistiques.

L'Union européenne

La France est une nation souveraine depuis le Moyen Age. C'est un des premiers grands pays européens à avoir acquis le statut de nation, plusieurs siècles avant l'Espagne, l'Allemagne et l'Italie. Aujourd'hui, pourtant, la France fait partie d'une plus grande association supranationale et d'une plus grande souveraineté à certains égards, l'Union européenne.

L'Union européenne est une association de 25 démocraties de l'Europe qui cherchent à harmoniser leurs structures économiques et politiques, afin d'établir un règne de coopération internationale. Contrairement à toutes les tentatives historiques d'unification de l'Europe par la force militaire, depuis Napoléon jusqu'à Hitler, l'Union européenne vise à une union fondée sur le consentement et la collaboration des pays membres. L'Union européenne n'est pas un nouvel Etat qui se substitue aux Etats existants. Chaque pays membre délègue une partie de sa souveraineté aux institutions communes, qui défendent les intérêts communs de l'Union. D'un point de vue pratique, l'Union européenne permet aux citoyens des pays membres de résider, de circuler librement, de travailler, de vendre et d'acheter des produits et des services, et de les payer avec une monnaie unique, utilisée dans presque tous les pays de l'Union.

● Un peu d'histoire

La France est non seulement un des 25 pays membres, mais elle a joué un rôle décisif dans l'histoire de la coopération européenne depuis la fin de la Deuxième Guerre mondiale. L'idée d'une Europe unifiée comme seul moyen d'éviter une troisième guerre mondiale sur le territoire européen et dont la souveraineté nationale serait partagée par tous les pays, a été élaborée par Jean Monnet (1888–1979), économiste et homme politique français. En 1950, Monnet a proposé l'initiative de placer sous une autorité commune les productions françaises et allemandes de charbon et d'acier, afin de promouvoir le développement économique de ces deux pays appauvris par la guerre.

Le symbole de l'euro et le drapeau de l'Union européenne

Il s'agissait d'accords douaniers entre la France et l'Allemagne. En 1951, au traité de Paris, d'autres pays (l'Italie, la Belgique, les Pays-Bas et le Luxembourg) ont décidé d'adhérer à cette organisation. En 1957, le traité de Rome a été signé par les Six, et le «Marché commun» est né, celui-ci permettant d'éliminer peu à peu les tarifs douaniers entre les six pays membres. En 1973, le Royaume-Uni, l'Irlande et le Danemark ont signé le traité de Bruxelles qui a marqué leur entrée dans le Marché commun, appelé alors la Communauté économique européenne (la CEE) ou l'Europe des Neuf. En 1981, la Grèce est devenue membre (les Dix) et en 1986, la CEE a accueilli deux nouveaux partenaires, l'Espagne et le Portugal (les Douze). En 1995, la Suède, la Finlande et l'Autriche sont devenues membres de la Communauté (les Quinze), nouvellement baptisée l'Union européenne (l'UE). Le premier janvier 2002 a marqué la mise en place de la monnaie unique, l'euro, dans les 12 états de la zone euro (le Danemark, la Suède et le Royaume-Uni ayant décidé de ne pas faire partie de cette zone). Les francs français, les marks allemands, les lires italiennes et les autres monnaies nationales ont disparu cette même année.

En 2003, le traité de Nice a ouvert la voie à l'élargissement de l'Union vers les anciens pays communistes de l'Est. La même année, le Parlement européen a donné le feu vert à l'adhésion de dix nouveaux membres de l'Europe de l'Est. Pourquoi une expansion si ambitieuse? La réunification de l'Allemagne, l'échec des régimes communistes dans l'Europe de l'Est en 1989 et 1990 et la désintégration de l'Union soviétique en 1991 ont introduit de nouvelles dimensions dans le programme de l'Union. Face à ces événements historiques, l'Europe devait s'adresser à la question de l'avenir de ces nouvelles démocraties. D'après le traité de l'Union européenne, tout état européen qui respecte les principes de la liberté, de la démocratie, des droits de l'homme et des libertés fondamentales, peut poser sa candidature pour devenir membre de l'UE. En plus, les candidats doivent avoir une économie basée sur un marché de libre échange et doivent avoir la capacité de remplir les règlements de l'UE. Depuis 1998, les pays candidats ont dû s'adapter pour satisfaire certains critères politiques et économiques avant leur entrée dans l'UE. Dix nouveaux pays membres ont adhéré à l'Union en 2004 (Chypre, l'Estonie, la Hongrie, la Lettonie, la Lithuanie, Malte, la Pologne, la République tchèque, la Slovaquie et la Slovénie). Cet élargissement a augmenté la superficie de l'Union de 23% et a ajouté 75 millions de citoyens

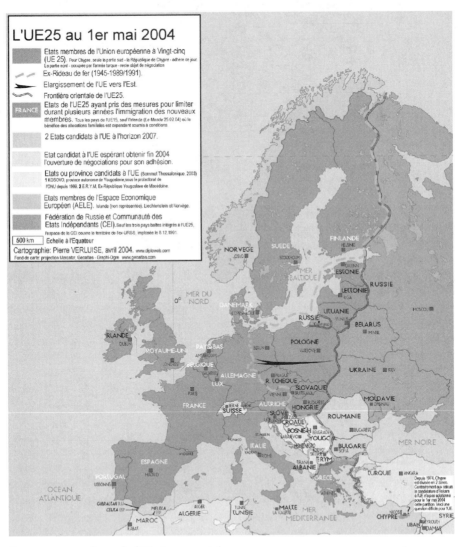

Les pays membres de l'Union européenne

à sa population. Plusieurs autres pays encore (la Bulgarie la Roumanie, et la Turquie) ont postulé leur candidature. (Il est à noter que ni la Suisse ni la Norvège n'a choisi d'en devenir membre.) L'Union pouvait-elle fonctionner avec 25 ou 30 membres selon les mêmes formules qu'avaient suivies les Dix ou les Quinze? Bien sûr que non, et voilà pourquoi les institutions ont dû être réformées et une nouvelle Constitution européenne a été élaborée en 2003, avant l'entrée des dix nouveaux membres.

Le Parlement européen, à Strasbourg

● Les institutions

L'Union européenne a évolué de plus en plus vers le statut d'un état unifié avec ses propres institutions politiques. Parmi les institutions les plus importantes de l'Union, on peut mentionner les suivantes:

1. **La Commission européenne:** c'est la branche exécutive de l'Union, composée de 25 membres désignés par les états de l'Union. La Commission propose des lois, qui sont soumises au Parlement européen et au Conseil des ministres. Son siège est à Bruxelles, en Belgique.

2. **Le Conseil des ministres:** c'est le Gouvernement de l'Union. Le Conseil des ministres est un organe qui représente les Gouvernements de tous les pays membres et qui siège également à Bruxelles. Chaque premier ministre assure la présidence du Conseil à tour de rôle pendant six mois. Le Conseil décide de la plus grande partie de la législation européenne et joue un rôle primordial dans la définition de la politique étrangère de l'UE.

3. **Le Parlement européen:** c'est une assemblée élue par les électeurs des pays membres, tous les cinq ans. Le Parlement représente le caractère démocratique de l'Union et il siège au Palais de l'Europe, à Strasbourg. Depuis 1979, les «eurodéputés» sont élus directement au suffrage universel. Dans les élections européennes de 1979, les Européens ont exprimé le premier vote transnational organisé dans l'histoire de la démocratie. La première présidente du Parlement européen était une Française, Simone Veil (1979–82). Les pays membres élisent les eurodéputés en proportion de leur population. Les pays les plus peuplés ont le plus de représentants: l'Allemagne en a 99, la France, l'Italie et le Royaume-Uni en ont 87 chacun. Le Parlement est composé de 730 eurodéputés élus par un mode de scrutin proportionnel. Chaque parti politique français présente une liste de 87 candidats. Le nombre d'élus est en fonction du pourcentage de voix obtenues. Si un tel parti obtient par exemple cinq pour cent des voix, les quatre premiers candidats de la liste de ce parti (5% des 87) seront élus. Le scrutin proportionnel favorise la participation des partis minoritaires. La mission principale du Parlement est de voter les lois européennes. Le Parlement adopte ou rejette le budget préparé par la Commission, mais il ne dispose pas encore d'un pouvoir législatif souverain: toutes ses décisions doivent être ratifiées par les parlements nationaux. Comme nous allons le voir plus loin, il existe des domaines dans lesquels certains pays membres choisissent de ne pas participer en ce qui concerne une politique particulière (l'espace Schengen, la monnaie unique) et ils ne sont donc pas concernés par les lois européennes relatives à celle-ci.

Il existe aussi d'autres organes tels que la Cour de justice (à Luxembourg), qui garantit le respect du droit, la Banque centrale européenne (à Francfort), qui est responsable de la politique monétaire, et ainsi de suite.

● Les buts

Le but ultérieur de l'UE est de réaliser, entre les pays membres, une union douanière, monétaire et sociale (qui aurait des conséquences économiques), ainsi qu'une union politique (qui aurait des dimensions diplomatiques et militaires). Les accords de Maastricht (Pays-Bas) en 1991 ont également prévu une juridiction européenne dans les domaines de l'environnement, des transports, des télécommunications, de l'énergie et de la recherche.

1. En 1985, la convention Schengen (Luxembourg) a été signée par cinq pays (la France, l'Allemagne, la Belgique, les Pays-Bas et le Luxembourg) pour adopter le principe de la suppression des formalités de douane et de police pour les personnes circulant à l'intérieur de «l'espace Schengen». Cette union douanière a été réalisée en 1995: l'élimination des derniers obstacles douaniers est destinée à créer une «Europe sans frontières». En 1997, le traité d'Amsterdam a intégré la convention de Schengen dans l'UE, mais l'Irlande et le Royaume-Uni ont choisi de ne pas faire partie de l'espace Schengen. En revanche, deux pays qui ne sont pas membres de l'Union—l'Islande et la Norvège—ont opté de faire partie de l'espace Schengen. Cette suppression des barrières douanières a créé une zone de libre échange, permettant la libre circulation des produits, des services et des citoyens entre les pays membres. Un tarif douanier commun a été fixé pour les importations venant d'autres pays non-membres. Le résultat de cette union a été l'établissement d'un «marché unique» pour 340 millions d'Européens, un marché bien plus vaste que celui des Etats-Unis, pour favoriser la croissance économique de l'Europe. L'union douanière facilite le passage aux frontières des ressortissants de l'UE, qui n'ont plus besoin de passeport pour passer d'un pays à l'autre. L'union douanière implique donc une citoyenneté européenne qui a certaines dimensions politiques: le citoyen européen a le droit de circuler, travailler, faire des études et résider dans tous les pays de l'Union. Le traité de Maastricht a donné le droit de vote et l'éligibilité aux élections municipales et aux élections européennes à tout citoyen de l'Union résidant dans un pays membre. Le traité d'Amsterdam a précisé: «Est citoyen de l'Union toute personne ayant la nationalité d'un Etat membre. La citoyenneté de l'Union complète la citoyenneté nationale et ne la remplace pas.» Ces nouveaux droits posent certaines questions relatives à l'identité nationale.

2. L'union monétaire s'est réalisée en 2002 dans les pays de la zone euro. La création du système monétaire européen en 1979 avait pour but de réduire les fluctuations entre les cours des diverses monnaies des pays membres. Le sommet de Maastricht a prévu une monnaie unique pour toute l'Europe—l'euro—qui remplacerait les monnaies nationales avant l'an 2000. Ces accords sur une monnaie unique ont dû être ratifiés par les parlements nationaux des pays membres, et il y avait une grande résistance à cette notion dans certains pays, y compris en France. Pour passer à l'union monétaire, il

a fallu que les pays membres coordonnent leurs politiques économiques et monétaires et réduisent leur déficit budgétaire. En 1999, 11 pays membres ont adopté l'euro comme monnaie unique (la Grèce a été admise à la zone euro en 2001). Le premier janvier 2002, les euros ont fait leur apparition en France, en billets et en pièces, à côté des francs français. En quelques mois, les euros ont remplacé les monnaies nationales dans les 12 états de la zone euro. Une monnaie unique présente certains avantages: l'euro facilite la comparaison et l'harmonisation des prix des produits européens et permet l'élimination des taux de change entre les pays européens.

L'euro, monnaie unique de la zone euro

3. Le but de l'union sociale est de rapprocher les politiques sociales des pays membres, de rendre uniformes les conditions de travail et les droits à la protection sociale, et de développer un espace de liberté, de sécurité et de justice. L'idéal serait que les travailleurs belges, portugais ou allemands, par exemple, aient tous les mêmes conditions de travail, tandis que les mères de famille espagnoles, danoises ou italiennes auraient toutes droit aux mêmes allocations familiales, et ainsi de suite. L'Union envisage aussi de mettre en place des mesures communes et uniformes pour la protection de l'environnement et une politique énergétique. A Maastricht, le Royaume-Uni a choisi de ne pas adopter les mesures de politique sociale. Le traité d'Amsterdam a renforcé le respect des droits fondamentaux, imposant des sanctions sur un pays membre qui violerait les droits fondamentaux de ces citoyens. Le principe de non-discrimination vis-à-vis de la nationalité a été étendu au sexe, à la race, à la religion, à l'âge et à l'orientation sexuelle.

4. L'union politique va peut-être poser les plus grands obstacles à l'Europe, parce que c'est celle qui remet surtout en question la notion de la souveraineté nationale de chaque pays membre. L'union politique concernera les relations extérieures avec d'autres pays (une diplomatie commune) et l'intégration des forces militaires (une défense commune). Bref, elle va exiger que les pays membres acceptent une sorte de gouvernement fédéral et supranational, et qu'ils sacrifient une bonne partie de leur souveraineté. L'Union a déjà conclu de nombreux accords avec d'autres pays, y compris les Etats-Unis et certains pays en voie de développement. Mais les pays membres sont loin d'être d'accord lorsqu'il s'agit de construire une union militaire. Cette dernière question est rendue plus compliquée par la présence de l'OTAN (l'Organisation du traité de l'Atlantique Nord), à laquelle participent les Etats-Unis et le Canada. Un désaccord s'est manifesté en 1991, quand l'Allemagne a refusé sa participation militaire aux pays alliés lors de la première guerre du Golfe persique. Au cours des années 1990, pendant les guerres en Bosnie et au Kosovo, l'Europe s'est montrée incapable de parler d'une seule voix. En 2003, la guerre contre l'Irak a divisé plus que jamais les pays de l'Union: l'Espagne et le Royaume-Uni ont soutenu la guerre, tandis que la France et l'Allemagne s'y sont opposées. L'opinion publique en Europe reste très divisée en ce qui concerne une véritable union politique. Certains préconisent l'adoption d'un système fédéral et la réalisation d'une politique étrangère commune ainsi que d'une défense commune. D'autres pensent qu'un système fédéral serait impossible en Europe parce que la plupart des pays membres refusent d'abandonner leur indépendance et leur souveraineté. Le Royaume-Uni, par exemple, voit l'Europe simplement comme une zone de libre échange, et rien de plus. La majorité des Allemands et des Français, bien que favorables à la construction européenne, restent encore hésitants face à la notion d'une Europe fédérale.

● Le passage à l'euro en France

L'euro est la monnaie nationale et officielle de la France depuis 1999. (Les départements d'outre-mer ont adopté l'euro en même temps que la France, mais les territoires d'outre-mer et les collectivités territoriales ne sont pas membres de l'UE.) Son symbole graphique (€) s'inspire de la lettre grecque epsilon et rappelle à la fois le berceau de la civilisation européenne (la Grèce) et la première lettre du mot Europe. Le nom «euro» a été choisi en partie parce qu'il est facile à prononcer dans toutes les langues de l'Union.

Il existe huit pièces, d'une valeur de 1 et 2 euros, ainsi que de 1, 2, 5, 10, 20 et 50 centimes. Elles comportent une face européenne et une face nationale. Sur la face européenne figure une carte de l'UE liée au drapeau européen. Sur la face nationale figure un décor unique relatif à chaque pays membre. Pour les pièces de 1 et 2 euros émises en France, il y a un arbre et les initiales RF (République française) dans un hexagone. Sur celles de 10, 20 et 50 centimes, il y a la Semeuse (symbole qui figurait sur les anciennes pièces et timbres-poste français) et les initiales RF. Sur celles de 1, 2 et 5 centimes, il y a la tête de Marianne (symbole de la République) et les initiales RF. Chaque état a donc un motif qui caractérise sa culture, mais quel que soit le motif figurant sur les pièces, celles-ci sont valables dans toute la zone euro. Un Français peut, par exemple, acheter une boisson à Berlin, à Dublin ou à Athènes et payer avec une pièce euro représentant le roi d'Espagne. Il existe sept billets, qui sont identiques d'un pays à l'autre, et qui sont libellés en 5, 10, 20, 50, 100, 200 et 500 euros. Ils sont de taille et de couleurs différentes. L'un des côtés représente l'héritage architectural européen: des images de fenêtre et de portail, qui symbolisent l'esprit d'ouverture et de coopération, et le drapeau européen. L'autre côté représente la carte de l'Europe et un pont qui symbolise la communication entre les diverses cultures européennes.

L'Etat français s'est mobilisé de bonne heure pour prendre des décisions relatives à la monnaie unique et pour faciliter le passage à l'euro. Dès le premier janvier 1999 une période de trois ans a été mise en place pour permettre aux Français de se familiariser avec leur nouvelle monnaie. Pendant la période transitoire (1999–2002), l'euro a existé de façon scripturale—pour les chèques, les virements et les cartes bancaires. Les billets et les pièces ont été mis en circulation seulement en 2002, et à ce moment-là l'euro est entré dans la vie quotidienne des Français. Afin de les préparer pour cet événement, le Ministère de l'Emploi et de la Solidarité a élaboré tout un programme d'actions pour familiariser progressivement tous les acteurs économiques—entreprises, administrations, citoyens—à l'arrivée définitive et complète de l'euro en janvier 2002. La rapide mobilisation des principaux acteurs, comme les banques et les entreprises, a permis au peuple français de s'adapter plus rapidement. Des cours et des ateliers sur l'euro ont été organisés pour des groupes divers—les commerçants, les élèves à l'école, les personnes âgées, et ainsi de suite. En juin 2001, un guide pratique du passage à l'euro a été déposé dans les boîtes aux lettres des Français. L'Etat a lancé une campagne publicitaire en décembre 2001 et en janvier 2002 pour mobiliser l'opinion publique autour de cet événement. Des spots publicitaires ont été diffusés sur toutes les chaînes de télévision en métropole et dans les départements d'outre-mer. Un film court-métrage a été diffusé dans toutes les salles de cinéma de Paris et d'Ile-de-France ainsi que dans les principales villes de province. Des affiches sont apparues dans les rues, dans les transports publics et dans les médias. Le message principal: «L'euro, c'est plus facile ensemble.»

L'arrivée de l'euro en France doit être considérée comme une réussite. D'après un sondage organisé à la fin janvier 2002, 93% des Français estimaient que le passage à l'euro réussissait bien depuis le premier janvier. Ils sont aujourd'hui 75% à estimer que l'euro est quelque chose de positif pour la France.

Un petit détail sur le premier janvier 2002: comme les départements d'outre-mer français s'étendent depuis l'océan Indien (à l'est) jusqu'aux Antilles dans la mer des Caraïbes (à l'ouest), à travers plusieurs fuseaux horaires, les médias ont proclamé que la France était chronologiquement le premier pays à passer à l'euro (la Réunion) ainsi que le dernier (la Guadeloupe).

Les Français et l'Europe

La France et l'Allemagne peuvent être considérées comme les locomotives de l'Union européenne, tandis que le Royaume-Uni est souvent hostile aux directives de celle-ci, au nom de la souveraineté britannique. Les événements les plus importants qui ont contribué à l'intégration européenne se sont passés dans les années 1980 et 1990, surtout pendant le long mandat présidentiel de François Mitterrand. Mitterrand était un pro-européen fervent. Il a compris que la construction européenne pouvait avoir de grandes conséquences avantageuses pour l'économie de la France, notamment dans le secteur agricole: la France est de loin la première puissance agricole de l'Europe.

Le président Mitterrand avait décidé de soumettre le traité de Maastricht, avec son programme d'Union européenne et d'union monétaire, à un référendum en France. Il n'était pas obligé de le faire, puisque l'Assemblée nationale avait déjà approuvé le traité. En 1992, les Français ont voté et les oui l'ont emporté de peu (51% contre 49%). D'après les sondages, une majorité des citoyens urbains, instruits, professionnels et jeunes ont voté pour. Les citoyens ruraux, non-instruits, petits commerçants, et âgés s'y sont opposés en grand nombre. De façon générale, les conservateurs voulaient une vieille France traditionnelle, tandis que les progressistes voulaient une France européenne et libérale.

Les Français grognent parfois contre la bureaucratie de Bruxelles, comme ils grognent contre celle de Paris. Certains ont protesté, voire manifesté, contre les nouveaux règlements et standards imposés par la Commission européenne dans les domaines de la santé, de la sécurité et de l'environnement (par exemple, le règlement de la pêche des coquillages en Bretagne et de la chasse dans les Pyrénées). La directive de Bruxelles qui aurait obligé l'emploi du lait pasteurisé dans le Camembert a provoqué une si grande résistance que la Commission a décidé de faire une exception pour certains fromages français. Toujours est-il qu'en général les Français se sentent très engagés dans l'initiative européenne. De tous les pays membres, c'est la France qui a le plus préconisé la monnaie unique.

L'Europe et les Etats-Unis

L'Union européenne est aujourd'hui la première puissance commerciale du monde. L'Union européenne et les Etats-Unis d'Amérique possèdent les deux économies les plus importantes et les plus développées du monde. La population de l'Union est de 450 millions, celle des Etats-Unis est de 280 millions. Les deux constituent ensemble à peu près la moitié de l'économie mondiale entière. L'Union européenne est le partenaire commercial le plus significatif des Etats-Unis et l'inverse est également vrai. Depuis 1990, l'Union européenne et les Etats-Unis ont signé des accords en faveur d'une plus grande coopération. Dans la Déclaration de Bonn (1999), les deux se sont engagés à créer un partenariat égal dans les affaires économiques, politiques et dans celles concernant la sécurité.

La montée en force économique de l'UE a créé une concurrence commerciale entre ces deux blocs sur de nombreux marchés: l'aéronautique, l'agriculture, l'armement, les télécommunications. Il était inévitable qu'un certain nombre de conflits commerciaux arrivent à faire s'affronter l'UE et les Etats-Unis. Les Américains et les Européens s'accusent mutuellement de «protectionnisme», de protéger leur propre marché. Un exemple est la querelle qui a éclaté au sujet de la viande bovine. L'Europe et les Etats-Unis sont les deux premiers producteurs mondiaux de viande bovine. Depuis plusieurs années, l'Europe limite l'importation de bœuf américain qui est élevé aux hormones. Les autorités américaines affirment que leur viande n'est pas dangereuse pour la santé, mais les experts européens contestent cette affirmation. Les Etats-Unis ont porté plainte devant l'Organisation mondiale du commerce (l'OMC). L'OMC a d'abord condamné l'embargo européen, mais quand l'UE a fait appel, l'OMC a renversé sa décision en attendant des études scientifiques qui cherchent à déterminer si les hormones sont cancérigènes. La question est toujours en litige. Une autre question épineuse est celle des organismes génétiquement modifiés (OGM). Il s'agit des techniques qui permettent de transférer dans le patrimoine génétique d'un organisme, animal ou végétal, un ou plusieurs gènes apportant une caractéristique nouvelle (par exemple, pour retarder la maturité des fruits, ou pour diminuer le caractère allergène d'un aliment). Les Européens sont, en général, assez hostiles aux OGM, tandis que ceux-ci sont plus acceptables chez les Américains, les Canadiens et les peuples de l'Amérique du Sud. Pendant longtemps l'Union européenne a mis un moratoire sur l'importation des OGM (voir le chapitre 16). Malgré ces difficultés et d'autres à l'horizon, l'Union européenne représente l'effort d'unification internationale le plus ambitieux de l'histoire et elle constitue le plus grand marché unifié du monde. Son avenir va certainement influencer celui de tous les pays membres.

TABLEAU: Quelques dates concernant l'intégration européenne

1950	Jean Monnet propose une coopération franco-allemande pour la production du charbon et de l'acier.
1951	Traité signé à Paris (les Six).
1957	Traité signé à Rome permettant d'éliminer petit à petit les tarifs douaniers (le «Marché Commun»).
1973	Adhésion du Danemark, de l'Irlande et du Royaume-Uni (la CEE, les Neuf)
1979	La France et l'Allemagne proposent la création d'un Système monétaire européen (SME); première élection du Parlement européen.
1981	Adhésion de la Grèce (les Dix).
1985	Mise en usage du passeport européen.
1986	Adhésion de l'Espagne et du Portugal (les Douze).
1989	Ouverture du mur de Berlin, début de la désintégration du bloc soviétique.
1990	Réunification de l'Allemagne, l'ancienne Allemagne de l'Est entre dans la CEE.
1991	Le Traité de Maastricht crée l'Union européenne et fixe le programme de l'union monétaire et de la citoyenneté européenne.
1995	Adhésion de l'Autriche, de la Finlande, et de la Suède (les Quinze); entrée en vigueur de la convention de Schengen
1996	Mise en usage du permis de conduire européen.
1997	Le Traité d'Amsterdam fixe les politiques de l'Union, notamment dans les domaines de la coopération judiciaire et de la politique étrangère.
1999	Onze pays membres lancent l'euro (la Grèce s'y ajoute plus tard).
2002	L'euro (billets et pièces) est mis en place dans 12 états de la zone euro, remplaçant la monnaie nationale de ces états.
2003	Le Parlement européen approuve l'adhésion de dix pays de l'Europe de l'Est; le traité de Nice ouvre la voie à l'élargissement de l'Union.
2004	Adhésion de dix nouveaux pays membres.

I. Répondez aux questions suivantes:

1. Pourquoi la France et l'Allemagne ont-elles passé des accords douaniers en 1950?
2. Quels pays faisaient partie du Marché commun?
3. Comment le Marché commun a-t-il évolué?
4. Quels sont les critères exigés pour qu'un état européen puisse faire partie de l'Union européenne?
5. Quel est le rôle de la Commission européenne?
6. Qu'est-ce que le Conseil des Ministres représente au sein de l'Union?
7. Où siègent les eurodéputés? Quel est leur rôle?
8. Quels sont les buts de l'Union européenne?
9. Qu'est-ce que la convention Schengen signifie?
10. Quelles sont les ramifications du traité de Maastricht?
11. Qu'est-ce que les pays membres de l'union monétaire ont dû faire pour adhérer à une monnaie unique?
12. Quels sont les buts sociaux envisagés par l'Union européenne?
13. Qu'est-ce que l'union politique va remettre en question?
14. Quels problèmes la possibilité d'une union militaire a-t-elle déjà posés?
15. Qu'est-ce que l'Etat français a fait pour aider les Français vis-à-vis du passage à l'euro comme monnaie unique en 2002?

II. Etes-vous d'accord? Sinon, justifiez votre réponse.

1. Le premier président du Parlement européen était français.
2. Seuls les partis majoritaires de chaque état participent au Parlement européen.
3. Le ministre des Affaires étrangères de chaque Etat membre siège au Conseil des Ministres.
4. La Suisse est un des premiers pays à avoir adhéré à l'Union européenne.
5. Seuls les pays de l'Europe de l'Ouest font partie de l'Union européenne.
6. Pour faire partie de l'espace Schengen, il faut être membre de l'Union européenne.
7. Le président Mitterrand n'était pas pro-européen.
8. L'Union européenne représente la première puissance commerciale du monde.
9. La population de l'Union est presque égale à celle des Etats-Unis.
10. Depuis les accords commerciaux entre l'Union européenne et les Etats-Unis, ces derniers ont pu accroître leur exportation de viande bovine sur le marché européen.

III. Choisissez la meilleure réponse.

1. Quel traité a servi de précurseur à l'Union européenne?
   - **a.** Le traité de Paris
   - **b.** Le traité de Maastricht
   - **c.** Le traité de Rome
   - **d.** Le traité de Nice

2. Lequel des pays suivants fait partie de la zone euro?
   - **a.** Le Danemark
   - **b.** L'Espagne
   - **c.** Le Royaume-Uni
   - **d.** La Suède

3. Quelle est l'institution européenne dont la présidence change tous les six mois?
   - **a.** La Commission européenne
   - **b.** Le Parlement européen
   - **c.** La Banque centrale d'Europe
   - **d.** Le Conseil des Ministres

4. Les Français ne sont pas toujours satisfaits des règlements proposés par la Commission européenne. Ceux qui s'en méfient le plus sont:
   - **a.** Les fonctionnaires
   - **b.** Les agriculteurs
   - **c.** Les banquiers
   - **d.** Les commerçants

IV. Discussion.

1. Que pensez-vous des buts de l'Union européenne? Sont-ils réalistes ou utopiques?
2. En quoi l'Union européenne ressemble-t-elle ou diffère-t-elle de l'union des Etats aux Etats-Unis?

V. Vos recherches sur Internet.

Afin de faciliter vos recherches et de répondre à ces questions, consultez le site du livre: http://lafrance.heinle.com.

1. D'un point de vue historique, Jean Monnet a joué un rôle très important dans l'élaboration de l'Union européenne. Quels ont été les autres principaux responsables de cette unification de l'Europe?
2. Quels sont les pays candidats à l'Union européenne? Choisissez un de ces pays et faites-en une fiche signalétique du point de vue géographique, démographique et économique.
3. Faites une fiche signalétique d'un pays membre de l'Union européenne en ce qui concerne son histoire, sa culture, ses traditions, ses apports scientifiques.
4. Dans le cadre de l'Union européenne, quelles sont les possibilités pour un Français d'étudier ou de travailler dans un pays membre? Trouvez quelques-unes des formalités nécessaires dans un pays de l'Union de votre choix.
5. Est-ce facile pour un Français de voyager au sein de l'Union européenne? Quels documents doit-il emporter? Peut-il voyager avec son chien ou son chat? Quelles marchandises peut-il rapporter? Peut-il acheter une voiture dans un des pays membre de l'Union sans payer la TVA (une taxe: Taxe à la Valeur Ajoutée)?

La vie politique

CHAPITRE

6

La République française

La France, comme les Etats-Unis, est une république. Cela veut dire qu'elle a une forme de gouvernement dans laquelle les citoyens choisissent eux-mêmes ceux qui les gouvernent. Si l'on regarde un timbre-poste ou un passeport français, on remarquera que le nom officiel de cette nation est la «République française». Les élus politiques terminent souvent leurs discours en disant: «Vive la République! Vive la France!» Le symbole de la République est une femme, Marianne, dont l'effigie figure sur certaines pièces de monnaie et dans toutes les mairies de France. Une république peut cependant prendre plusieurs formes en ce qui concerne les rapports qui existent entre le pouvoir exécutif et le pouvoir législatif. Ces rapports sont définis par la Constitution. Une nouvelle constitution établit une nouvelle république, une nouvelle définition des rapports. La Constitution de la Ve République, celle qui définit le système politique de la France contemporaine, date de 1958.

La Ve République est en place depuis environ cinquante ans. La Constitution de 1958 a créé un régime qui est en quelque sorte un compromis entre les deux systèmes politiques les plus typiques des démocraties occidentales. Ainsi, la Ve République n'est ni un régime présidentiel, comme celui des Etats-Unis, ni un système parlementaire, comme ceux qu'on trouve au Canada et dans la plupart des pays européens. Pour bien comprendre la raison de ce compromis, il faut examiner brièvement l'histoire de la République française.

● Un peu d'histoire

La Révolution avait un idéal démocratique, exprimé dans la *Déclaration des droits de l'homme et du citoyen*. En 1792, une assemblée qui s'appelait la Convention a été élue au suffrage universel masculin (c'est-à-dire une élection dans

Marianne, symbole de la République française

laquelle tous les hommes avaient le droit de vote). Un des premiers actes de la Convention a été l'abolition de la monarchie et la déclaration de la République. Un nouveau calendrier républicain a été adopté pour marquer le début de la République (le 22 septembre 1792 a été décrété le premier Vendémiaire, premier jour de l'An I). La Convention s'est laissé dominer par les Jacobins, un groupe ultra-républicain, dont le chef était Maximilien Robespierre et dont la politique a entraîné un épisode sanglant connu sous le nom de «Terreur». Enfin, après l'arrestation et l'exécution de Robespierre, la Constitution de l'An III (1795) s'est détournée de la démocratie, en instaurant le suffrage censitaire: pour avoir le droit de vote il fallait avoir assez de propriété pour pouvoir payer

La Déclaration des droits de l'homme et du citoyen exprime un idéal démocratique.

le cens, une taxe. La Terreur (dictature d'un groupe) a été remplacée par le Directoire (dictature de cinq hommes), puis par le Consulat (trois hommes). La Ière République était donc en somme une république sans démocratie et une république qui a cessé d'exister après le coup d'état de Napoléon Bonaparte en l'An VIII (1799). Napoléon a fini par se faire proclamer empereur et l'Empire a duré jusqu'à la défaite des forces françaises à Waterloo, en Belgique, en 1815. Suite à la chute de l'Empire, la monarchie a été restaurée en France.

L'histoire du XIXe siècle français est marquée par une longue série de conflits entre républicains et monarchistes. La révolution de 1848 a mis fin à la monarchie constitutionnelle (la Restauration des rois après l'exil de Napoléon), et la IIe République a été proclamée. La Constitution de 1848 a inauguré un régime présidentiel, avec un Président et un Parlement à une seule chambre. Cette chambre, l'Assemblée nationale, a été élue au suffrage universel masculin, et les Français ont élu directement leur premier Président de la République, Louis-Napoléon (neveu de Bonaparte). Dans ce régime dit «présidentiel», c'est

TABLEAU SYNOPTIQUE: L'histoire des Républiques

Evénements historiques	Républiques	Type de régime
Abolition de la monarchie (1792); la Terreur (1793–94); le coup d'état de Napoléon Bonaparte établit le Consulat (1799); Napoléon se proclame empereur (1804).	Ière République (1792–99)	La Convention (1792–95); le Directoire (1795–99); en somme, une république sans démocratie.
Premier Empire (1804–14).		
Restauration de la monarchie (1814–48); révolution de 1848.		
Election de Louis-Napoléon Bonaparte à la présidence (1848); coup d'état de Louis-Napoléon (1851); proclamation de l'empereur Napoléon III (1852).	IIe République (1848–52)	Régime présidentiel (Président élu au suffrage universel masculin; le Président détient le pouvoir exécutif et n'est pas responsable devant le Parlement).
Second Empire (1852–70); guerre franco-prussienne (1870).		
Deuxième Guerre mondiale: occupation allemande et le régime de Vichy (1940–44); après la Libération, un gouvernement provisoire élabore une nouvelle constitution (1944–46).	IIIe République (1870–1940)	Régime parlementaire (Président élu indirectement; Gouvernement responsable devant le Parlement).
Guerre d'Indochine (1945–54); guerre d'Algérie (1954–61); crise ministérielle (1958).	IVe République (1946–58)	Régime parlementaire (Président élu indirectement; Gouvernement responsable devant le Parlement; députés élus par les Français et les Françaises).
De Gaulle élu Président au suffrage indirect (1958), puis au suffrage universel direct (1965); Pompidou (1969–74); Giscard d'Estaing (1974–81); Mitterrand (1981–95); Chirac (1995–présent).	Ve République (1958–présent)	Régime présidentiel-parlementaire (Président élu au suffrage universel; Gouvernement responsable devant le Parlement mais le Président détient le pouvoir exécutif).

le Président qui nommait et révoquait les ministres (les ministres sont les chefs des ministères, tels que la Défense, la Justice, la Santé, l'Education nationale, etc.; l'ensemble des ministres s'appelle le Gouvernement). Les ministres n'étaient pas responsables devant l'Assemblée nationale, c'est-à-dire qu'ils n'étaient pas obligés de rendre compte de leurs décisions ou de les faire approuver par les députés (les représentants élus à l'Assemblée nationale). Le Président avait donc beaucoup de pouvoir, ce qui a facilité son coup d'état quand il a annoncé, en 1851, la dissolution de l'Assemblée nationale et en 1852, la déclaration du Second Empire. La IIe République n'a duré que quatre ans. L'empereur Napoléon III est resté au pouvoir jusqu'en 1870, lorsque la guerre entre la France et la Prusse a mis fin au Second Empire.

La IIIe République a été proclamée en 1870, en pleine défaite face aux armées prussiennes. Cette fois-ci, la Constitution a créé un régime dit «parlementaire», dans lequel le Parlement avait tout le pouvoir, et non pas le Président, qui aurait pu en abuser. Le Parlement consistait en deux chambres, le Sénat (dont les membres étaient élus indirectement) et la Chambre des députés, élue directement par les Français au suffrage universel masculin. Le Président de la République, élu par les deux chambres, occupait un poste qui était essentiellement honorifique et cérémonial. Il symbolisait la République et l'Etat, mais il ne participait pas au Gouvernement. Il était au-dessus de la politique et son seul pouvoir était de nommer le Premier ministre. Le Premier ministre, chef du Gouvernement, avait le pouvoir exécutif et administratif, mais il devait toujours avoir la confiance de la majorité des deux chambres du Parlement. C'est-à-dire que le Gouvernement était responsable devant le Parlement: il fallait toujours que ses décisions soient approuvées. Sinon, le Parlement votait une motion de censure, les ministres démissionnaient et le Président de la République était obligé de nommer un nouveau Gouvernement. Cela explique pourquoi la IIIe République, la plus longue jusqu'à présent (1870–1940), a vu une succession de 109 gouvernements et de nombreuses crises ministérielles. Avec plus de trente partis politiques représentés à la Chambre des députés, il était extrêmement difficile pour chaque gouvernement de garder une majorité. Le régime parlementaire a cessé d'exister au moment de l'invasion de la France par les Allemands en 1940. En pleine défaite par les Nazis, le Président de la République a demandé au maréchal Philippe Pétain, ancien héros militaire de la Première Guerre mondiale, de former un gouvernement. La première décision du nouveau gouvernement Pétain a été de demander à Adolf Hitler ses conditions d'armistice. Pendant l'Occupation (1940–44), la France a été divisée en deux parties. La moitié nord de la France et la côte sud-ouest étaient occupées par les Nazis, et la moitié sud, sauf la côte atlantique, était gouverné par «le régime de Vichy», une dictature fasciste qui a collaboré avec les Nazis. Un autre homme militaire, le général Charles de Gaulle, s'était réfugié en Angleterre en 1940. A la radio de Londres, le 18 juin, De Gaulle a lancé un appel aux Français pour qu'ils continuent la guerre. «Quoi qu'il arrive», disait-il, «la flamme de la résistance française ne doit pas s'éteindre et ne s'éteindra pas!» Par les discours qu'il a prononcés à la BBC le 18 juin et les jours suivants, De Gaulle a fait naître les

Forces françaises libres, qui allaient faire partie des alliés et combattre jusqu'à la Libération, mais aussi une partie importante de la Résistance intérieure, qui allait lutter contre les Nazis à l'intérieur de la France.

Après la libération de la France en 1944, il a fallu rétablir la République. Le général de Gaulle était le chef du gouvernement provisoire, mais il a donné sa démission en 1946, parce qu'il s'opposait au régime parlementaire qu'on voulait réinstaurer dans la IVe République. La Constitution de la IVe République a été élaborée en 1946 et adoptée par les Français *et les Françaises* (pour la première fois en 1946 les femmes faisaient partie de l'électorat français). C'est donc la IVe République qui a inauguré le suffrage véritablement universel. Cette République avait le même système que la IIIe République, c'est-à-dire un régime parlementaire, avec cette différence importante: le pouvoir du Sénat était diminué et la Chambre des députés était bien plus puissante. La IVe République a donc connu la même instabilité ministérielle que la IIIe: 21 gouvernements successifs en douze ans (1946–58). La dernière crise a été provoquée par la guerre d'Algérie dont la situation devenait de plus en plus désastreuse, compliquée par des conflits entre l'armée et le Gouvernement. En 1958, le président René Coty a invité Charles de Gaulle, «le plus illustre des Français», à former un nouveau gouvernement. L'Assemblée nationale a accordé à De Gaulle les pleins pouvoirs pour six mois afin d'élaborer une nouvelle constitution. Celle-ci a été approuvée par référendum la même année. Ainsi, tout comme la démission de De Gaulle avait marqué la naissance de la IVe République en 1946, son retour au pouvoir en 1958 a signalé la fin de celle-ci et le début de la Ve République.

● Un régime présidentiel-parlementaire

La Constitution de 1958 a considérablement augmenté les pouvoirs du chef de l'Etat, tandis que ceux de l'Assemblée nationale ont été réduits au rôle législatif. C'est le Président de la République qui joue le rôle exécutif et qui participe activement au Gouvernement. C'est lui qui nomme le Premier ministre et son Gouvernement, et il peut dissoudre l'Assemblée et annoncer une nouvelle élection pour essayer de changer la composition de celle-ci. Le Premier ministre a un pouvoir réglementaire, et c'est lui qui décide de l'ordre du jour à l'Assemblée: c'est-à-dire, il décide quelles propositions seront discutées et votées par les députés. Par contre, le Gouvernement est responsable devant l'Assemblée et doit toujours garder sa confiance. On peut donc dire que la Ve République est un régime présidentiel-parlementaire. Il est présidentiel dans la mesure où le Président de la République dispose du pouvoir exécutif et n'est pas responsable devant l'Assemblée. Il est parlementaire dans la mesure où les députés doivent approuver les décisions du Gouvernement; ils peuvent renverser celui-ci par une motion de censure, mais ils ne peuvent pas renverser le Président.

La Ve République est donc un compromis entre ces deux systèmes, mais en fin de compte le Président a davantage de pouvoir que l'Assemblée.

La Constitution de 1958 avait prévu une élection présidentielle indirecte, par un collège électoral composé des députés et des sénateurs. C'est de cette manière que Charles de Gaulle a été élu en 1958, pour un mandat de sept ans, ou «septennat». Mais en 1962, De Gaulle a demandé aux Français de modifier la Constitution pour élire leur président directement au suffrage universel (un système qui n'existe pas aux Etats-Unis). Par voie de référendum, les électeurs français ont voté en faveur de cette modification. Le Président peut se succéder

Portrait officiel de Charles de Gaulle, *La Documentation française, Photo Jean-Marie Marcel*

à lui-même, selon la Constitution: donc, à la fin de son septennat en 1965, Charles de Gaulle a été réélu Président de la République, mais cette fois-ci directement par le peuple français. Ce changement dans la Constitution de la Ve République a effectivement renforcé le pouvoir exécutif et a mis l'accent sur l'aspect présidentiel du régime. L'aspect parlementaire, en revanche, sera plus évident en 1986, lors de la première «cohabitation» (voir le chapitre 8).

Fondateur et premier Président de la Ve République, De Gaulle n'a pas terminé son second mandat. En mai 1968, une manifestation estudiantine s'est transformée en une grève générale et nationale, avec dix millions de grévistes réclamant des réformes sociales. De Gaulle a réussi à surmonter cette crise, mais l'année suivante il a proposé un référendum populaire sur la création

Portrait officiel de François Mitterrand, *La Documentation française, Photo Gisèle Freund*

des Régions, et les électeurs ont voté contre. Le vote négatif des Français a été interprété par le président de Gaulle comme un manque de confiance en sa politique et il a démissioné (1969). Georges Pompidou, membre du parti «gaulliste» (c'est-à-dire de droite, conservateur), a été élu à la Présidence. Pompidou est mort en 1974 et un centriste, Valéry Giscard d'Estaing, a été élu en 1974. A la fin de son septennat, en 1981, Giscard s'est représenté aux élections présidentielles, mais il a été battu par François Mitterrand (un socialiste, de gauche). Avec Mitterrand, la gauche est arrivée au pouvoir pour la première fois depuis 1956. Mitterrand est le seul président à avoir terminé deux septennats consécutifs (1981–1988 et 1988–1995). Jacques Chirac a été élu Président de la République en 1995. Il a été réélu en 2002, mais pour cinq ans seulement (2002–2007).

Portrait officiel de Jacques Chirac, *La Documentation française, Photo Bettina Rheims*

● Du septennat au quinquennat

La question de la durée du mandat présidentiel est débattue en France depuis les années 1970. En 2000, pendant le premier septennat de Chirac, cette question est devenue médiatisée (c'est-à-dire, discutée dans les médias) quand le député et ancien président Valéry Giscard d'Estaing a proposé une initiative à l'Assemblée nationale en faveur du quinquennat, c'est-à-dire la réduction du mandat présidentiel de sept à cinq ans. Le quinquennat a été jugé souhaitable par presque tous les partis politiques. Certains soutenaient qu'un mandat présidentiel de cinq ans, égal au mandat législatif, réduirait la possibilité d'une cohabitation à venir. Le président Jacques Chirac (représentant la droite, les conservateurs) et le Premier ministre Lionel Jospin (représentant la gauche, les réformateurs) se sont prononcés en faveur de cette initiative. La question a été posée aux électeurs français par voie de référendum en 2000, après avoir été approuvée par les deux chambres du Parlement. Le peuple français s'est prononcé pour limiter le mandat présidentiel à cinq ans. Bien que le référendum ait été marqué par une forte abstention, près de 73% des suffrages exprimés étaient en faveur du quinquennat. Celui-ci est entré en vigueur pour l'élection présidentielle de 2002.

Le Palais Bourbon, siège de l'Assemblée nationale

● Les institutions de la Ve République

1. **L'Assemblée nationale** C'est la chambre la plus importante du Parlement, celle qui décide d'approuver ou de rejeter les projets de loi proposés par le Premier ministre. Pour des raisons électorales, la France est divisée en 577 circonscriptions législatives (dont 555 dans la Métropole et 22 dans les DOM-TOM). Chaque circonscription élit un député à l'Assemblée nationale, dont le siège est au Palais Bourbon, à Paris. Les députés sont élus en bloc (c'est-à-dire tous en même temps), au suffrage universel, tous les cinq ans (ou plus souvent, si le Président dissout l'Assemblée nationale et annonce une nouvelle élection). A la différence des Etats-Unis, un député n'est pas obligé de résider dans sa circonscription. Une fois élu, il est censé représenter non pas sa circonscription, mais la nation. Pour être député il faut avoir au moins 23 ans. Normalement, l'Assemblée nationale est divisée en deux grands groupes, «la Majorité» et «l'Opposition». La Majorité est la coalition des partis politiques qui détiennent plus de 50% des sièges et qui soutiennent le Gouvernement. L'Opposition est la coalition des partis qui se trouvent dans la minorité et qui s'opposent à la politique du Gouvernement. Ainsi, par exemple, depuis la création de la Ve République et jusqu'en 1981, la Majorité signifiait la droite et l'Opposition la gauche. En revanche, entre 1981 et 1986, la Majorité était de gauche et l'Opposition de droite. La droite représente les conservateurs, la gauche les réformateurs.

2. **Le Sénat** Les sénateurs ne sont pas élus par les électeurs français, mais indirectement, par un collège électoral composé des députés et des représentants des collectivités locales. Il y a 321 sénateurs dont le nombre par département dépend de la population. Ils sont élus pour un mandat de neuf ans, mais renouvelés par tiers tous les trois ans. Pour être sénateur, il faut avoir au moins 35 ans. Les sénateurs élisent leur président, qui est le second personnage de l'Etat: c'est-à-dire que le président du Sénat assure la Présidence de la République en cas de vacance du pouvoir (car il n'existe pas de Vice-président). Le Sénat ne peut pas censurer le Gouvernement. Les sénateurs débattent aussi des projets de loi, mais en cas de désaccord entre les deux chambres, c'est le vote de l'Assemblée nationale qui l'emporte. Le siège du Sénat est le Palais du Luxembourg.

3. **Le Président de la République** Depuis le référendum de 1962, le Président de la République est élu directement au suffrage universel et depuis celui de 2000, il est élu pour cinq ans. En tant que chef de l'Etat, le Président a les pouvoirs suivants: (1) il nomme le Premier ministre et son Gouvernement, (2) il préside le Conseil des ministres, (3) il promulgue les lois, (4) il est le chef des armées, (5) il dispose du droit de grâce, c'est-à-dire qu'il peut pardonner un accusé, (6) il peut appeler un référendum, (7) il peut dissoudre l'Assemblée nationale et (8) il peut gouverner seul, avec la permission des deux chambres du Parlement, si l'indépendance de la nation ou l'intégrité de son territoire est menacée. Le Président réside officiellement au Palais de l'Elysée. Pour être candidat à la Présidence, il faut avoir au moins 23 ans.

4. **Le Premier ministre** Celui-ci, ainsi que tous les ministres qui composent le Gouvernement, est nommé par le Président. Le Premier ministre présente les projets de loi devant l'Assemblée nationale et coordonne l'action du Gouvernement. Ce sont les ministres qui dirigent l'administration, c'est-à-dire l'ensemble des fonctionnaires (ceux qui exercent des fonctions publiques). A la différence du Président, le Gouvernement est responsable devant l'Assemblée nationale: si celle-ci adopte une motion de censure, le Premier ministre doit remettre sa démission, et le Président doit nommer un nouveau Gouvernement (c'est là l'aspect parlementaire de la Ve République). La résidence officielle du Premier ministre est l'Hôtel Matignon.

5. **Le Conseil constitutionnel** Celui-ci est composé de neuf conseillers, nommés par tiers pour neuf ans. Trois d'entre eux sont nommés par le Président de la République, trois par l'Assemblée nationale et trois par le Sénat. Ce conseil veille à la constitutionnalité des lois et à la régularité des élections. Son siège est au Palais Royal. Les conseillers ne peuvent pas se succéder et ils ne peuvent pas être titulaires d'une fonction publique pendant qu'ils font partie du Conseil.

I. Répondez aux questions suivantes.

1. Peut-on dire que la Ière République était un régime démocratique? Pourquoi (pas)?
2. Expliquez comment le coup d'état de Louis-Napoléon Bonaparte a été facilité par la constitution de la IIe République?
3. Quel rôle un Président jouait-il sous la IIIe République?
4. Pourquoi y a-t-il eu beaucoup de crises ministérielles sous la IIIe République?
5. Quand la IIIe République a-t-elle cessé d'exister?
6. Comparez les IIIe et IVe Républiques. Qu'avaient-elles en commun? En quoi différaient-elles?
7. En quoi la Ve République est-elle à la fois un régime présidentiel et un régime parlementaire?
8. Qu'est-ce que le référendum de 1962 a changé à la Constitution de 1958?
9. Citez les institutions principales de la Ve République.
10. En quoi le pouvoir du Sénat diffère-t-il de celui de l'Assemblée nationale?

II. Etes-vous d'accord? Sinon, justifiez votre réponse.

1. La Ière République a été créée en 1792.
2. La IIe République a été créée en 1799.
3. La IIe République était un régime présidentiel.
4. Sous la IIe République, le Gouvernement n'était pas responsable devant l'Assemblée nationale.
5. La IIIe République était un régime parlementaire.
6. Le Sénat est une des chambres du Parlement depuis la IIIe République.
7. Sous la IIIe République, le Président était élu directement au suffrage universel masculin.
8. La IVe République a été créée pendant la Deuxième Guerre mondiale.
9. Le suffrage universel (masculin et féminin) existait sous la IVe République.
10. Jusqu'à maintenant, la France a vécu plus longtemps sous un régime présidentiel que sous un régime parlementaire.

III. Parmi les affirmations suivantes, éliminez celles qui sont fausses.

1. Les députés
   a. sont élus en bloc et au suffrage universel direct
   b. représentent chacun leur circonscription à l'Assemblée nationale
   c. votent pour ou contre les projets de loi
   d. peuvent résider en dehors de leur circonscription
2. Les sénateurs
   a. sont élus pour un mandat de neuf ans
   b. ont le droit d'élire le président du Sénat

  c. débattent des projets de loi

  d. peuvent censurer le Gouvernement

3. Le Président de la République

  a. peut dissoudre le Sénat

  b. est élu au suffrage universel direct

  c. détient le pouvoir exécutif

  d. peut être réélu

4. Le Premier ministre

  a. présente les projets de loi devant l'Assemblée nationale

  b. a un pouvoir réglementaire

  c. remplace le Président en cas de décès

  d. doit démissionner s'il n'a pas la confiance de l'Assemblée nationale

5. Le Conseil constitutionnel

  a. a son siège au Palais Royal

  b. veille à la régularité des élections

  c. est composé de neuf membres du Sénat

  d. vérifie la constitutionnalité des lois

IV. Discussion.

1. Décrivez la Constitution de la Ve République. Quel est le rôle de chaque institution de cette République?
2. En quoi le régime de la République française diffère-t-il du système américain? Expliquez. Quel système préférez-vous? Pourquoi?
3. Essayez d'expliquer à un Français le fonctionnement du Congrès américain et le rôle du Président des Etats-Unis. En quoi ceux-ci sont-ils différents de leurs contreparties en France?
4. Quand on parle de la politique en France, certains termes ont une signification spéciale. Que signifient les termes suivants: gouvernement, administration, responsable, confiance, majorité, cohabitation?

 ## V. Vos Recherches sur Internet.

Afin de faciliter vos recherches et de répondre à ces questions, consultez le site du livre: http://lafrance.heinle.com.

1. Pourquoi Marianne est-elle le symbole de la République française? Quels sont les autres symboles de la République? Comment ont-ils été choisis?
2. Faites des recherches sur le nombre et le type de ministères en France. Lesquels ont un équivalent aux Etats-Unis? Lesquels n'en ont pas?
3. Quel est le rôle du Sénat? Comment est-il organisé? Que fait le Président du Sénat? Par qui est-il assisté?
4. Quel est l'âge moyen des députés à l'Assemblée nationale? A quelle catégorie socio-professionnelle appartiennent-ils? Combien de femmes y a-t-il?
5. Faites des recherches sur la Constitution. Quels droits celle-ci garantit-elle?

L'Etat

● Qu'est-ce que l'Etat?

L'Etat français existait longtemps avant la Révolution et même avant que la nation française ne soit constituée dans sa forme actuelle. Au XVIIe siècle, le roi Louis XIV a voulu attacher la notion de l'Etat à sa propre personne: «L'Etat, c'est moi.» Louis XIV et son ministre Colbert ont mis en place une bureaucratie dont les fonctionnaires étaient directement responsables devant le roi. A l'époque de la Révolution cette tendance centralisatrice a été renforcée par les Jacobins, qui exigeaient que toutes les décisions concernant la France et les Français soient prises par la Convention à Paris. Napoléon Bonaparte n'a pas changé cette tradition, bien au contraire: il a établi l'administration préfectorale, dans laquelle le préfet de chaque département était personnellement responsable devant lui. La centralisation étatique a continué jusqu'à nos jours, malgré certaines tentatives de la part des gouvernements récents visant à inverser cette longue tradition. Mais depuis Napoléon, l'Etat est devenu impersonnel et aujourd'hui, personne ne peut dire «L'Etat, c'est moi». Le Président de la République s'appelle aussi le chef de l'Etat, mais il n'est pas l'Etat. Les présidents et les gouvernements se succèdent les uns aux autres, tandis que l'Etat existe de façon continue.

Qu'est-ce que l'Etat? Il n'est pas facile de définir cette entité dont il existe plusieurs conceptions dans l'esprit des Français. En voici une liste partielle:

1. **L'Etat-nation** L'Etat est d'abord la nation, la France. Cette conception relève de la beauté géographique du pays, de sa grandeur historique et de son patrimoine culturel. Dans ce sens l'Etat fait l'objet de fierté nationale.

2. **L'Etat-patron** Pour 20% des travailleurs français—fonctionnaires et employés des entreprises nationales—l'Etat existe en tant qu'employeur (voir le chapitre 10).

3. **L'Etat-providence**   Tous les problèmes concernant le bien-être des Français, du berceau jusqu'à la tombe, doivent être pris en charge par l'Etat qui est responsable de tous ses citoyens (voir le chapitre 11).

4. **L'Etat justicier**   Le maintien de l'ordre public et de la sécurité doivent être garantis par l'Etat, qui a la responsabilité de protéger les citoyens et de punir ceux qui troublent l'ordre.

5. **L'Etat autoritaire**   L'unification du pays est assurée par le pouvoir centralisé de l'Etat. Pour assurer ses services, il lui faut de l'argent, et cet argent est fourni obligatoirement par les citoyens et les entreprises. L'Etat représente donc le fisc, la taxation et les impôts.

6. **L'Etat diplomatique et militaire**   L'Etat représente la France dans ses rapports avec les autres pays du monde.

Dans ce chapitre nous allons analyser certaines fonctions de l'Etat—la justice, la police, la défense—ainsi que les rapports entre l'Etat et les collectivités locales.

● La justice: la magistrature et la police

Une autorité judiciaire, indépendante des pouvoirs exécutif et législatif, est un des piliers de toute société démocratique. Le principe de la séparation des pouvoirs a été élaboré par Montesquieu au XVIIIe siècle. Il a été repris dans la Déclaration des droits de l'homme et du citoyen, et réaffirmé dans la Constitution de 1958. La fonction de l'autorité judiciaire est de maintenir l'ordre public tout en garantissant les droits civiques et en protégeant les libertés individuelles. Le premier système judiciaire uniforme en France date de Napoléon, qui a fait codifier toutes les lois de France, jusqu'alors très disparates de province en province et parfois contradictoires. Le Code civil, dit «Code Napoléon», a été mis en place en 1804, et le Code pénal en 1810. Napoléon disait que sa vraie gloire n'était pas d'avoir gagné 40 batailles mais d'avoir mis en place le Code civil, une institution durable. Aujourd'hui, le Code Napoléon est la base des lois dans la plupart des pays européens.

La justice est une institution qui comprend la magistrature et la police. Le ministre de la Justice, appelé «Garde des Sceaux», est nommé par le Président de la République. Le ministre de la Justice est le chef des procureurs de la République (qui ne jugent pas mais qui demandent l'application de la loi devant les tribunaux) et aussi le chef de l'administration pénitentiaire (les prisons). Les juges ne sont pas élus en France: ils sont nommés par le Président de la République sur la recommandation du ministre de la Justice, mais ils restent indépendants des pouvoirs publics. Une fois nommés, les magistrats ne peuvent pas être suspendus ou révoqués par les autorités politiques.

La justice a deux branches: la branche civile et la branche pénale. La justice civile traite des disputes entre personnes ou des litiges entre un particulier et une société anonyme (par exemple, un divorce ou un héritage). Dans ces cas, les parties passent devant un tribunal (un ou trois magistrats, selon l'importance de l'affaire), et elles sont soutenues par des avocats. La justice pénale traite des infractions et des cas criminels. Les contraventions de la police et les délits passent devant un tribunal, tandis que les crimes plus graves sont jugés par une cour d'assises, composée de trois juges et neuf jurés, tirés au sort, qui délibèrent ensemble. En cour d'assises, le procureur de la République cherche à appliquer la loi contre l'accusé, qui est défendu par un avocat. Le concept anglo-saxon du «jugement par ses pairs», qui est l'origine de notre «jury» aux Etats-Unis, n'existe pas en France. La justice est toujours rendue par des magistrats professionnels, nommés par le chef de l'Etat, mais elle est toujours rendue «au nom du peuple français». Celui-ci est représenté par la présence des jurés. Une majorité dite «qualifiée» de huit voix est nécessaire pour toute décision défavorable à l'accusé. Si sept voix seulement se prononcent pour la condamnation, l'accusé est acquitté. L'accord unanime n'est pas indispensable. Dans la délibération sur la peine, il faut également huit voix au moins pour que la peine maximum soit prononcée.

Il existe des cours d'appel (35 en France), pour ceux qui décident de contester les décisions des tribunaux. Enfin, il y a la Cour de cassation, qui sert à contrôler la légalité des jugements rendus par les tribunaux inférieurs. Seule la Cour de cassation peut invalider les décisions d'une cour d'assises, mais seulement pour des défauts de procédure. La Cour de cassation se trouve dans les locaux du Palais de Justice à Paris. C'est la seule cour à juridiction nationale.

La magistrature est aidée dans son maintien de l'ordre public par la police. Celle-ci peut dépendre d'un ministère, donc du pouvoir exécutif au niveau national, ou bien d'une mairie au niveau local. La Police nationale, qui dépend du Ministère de l'Intérieur, comprend la police judiciaire, qui est chargée des cas criminels, les polices urbaines et enfin les Compagnies républicaines de sécurité (les redoutables CRS), des réserves mobiles qui sont envoyées par le ministre dans telle région lors d'un désastre naturel (inondations, incendies), mais qui sont spécialisées dans les émeutes. En plus, la France rurale est surveillée par les gendarmes, qui vivent dans des casernes militaires. Ils s'occupent de la circulation routière et ont des fonctions de police judiciaire. Les gendarmes sont en fait des soldats et la Gendarmerie nationale dépend du Ministère de la Défense. En plus, il y a les polices municipales qui existent dans les villes, sous l'autorité du maire.

Les Français s'intéressent beaucoup aux grandes affaires de justice, les «causes célèbres» qui sont souvent très médiatisées. Ils font preuve d'une certaine méfiance, voire de cynisme, vis-à-vis de la justice, une des institutions les plus critiquées dans les sondages. Seulement 45% des Français disent qu'on peut avoir confiance en la justice: «La justice est d'un côté», dit-on, «et les juges de l'autre» (voir Tableau I: Les valeurs des Français, page 104). En un mot, ils trouvent le système injuste. En ce qui concerne la police, l'opinion publique est bien plus positive. En général, la police est jugée efficace. Dans un sondage récent, 72% des Français disent avoir confiance en la police. Mais les agents de police—les «flics»—sont souvent critiqués pour leur violence, leur brutalité ou leur racisme. Il est vrai que les droits civiques de l'accusé sont un peu moins bien protégés par la loi en France qu'aux Etats-Unis. Toutefois, les Français semblent

La police aide à maintenir l'ordre public.

croire que le pouvoir judiciaire doit être le seul responsable de la justice: selon un sondage récent, seulement 30% des Français considèrent que posséder une arme pour se défendre est une bonne chose.

En 1981, le premier Gouvernement de François Mitterrand a fait voter l'abolition de la peine de mort en France. La France était le dernier pays membre de l'Union européenne à faire disparaître cette peine capitale. En 1981, 62% des Français étaient en faveur de la peine capitale. Aujourd'hui, seulement une minorité la favorise encore et le Front National (extrême-droite) est le seul parti politique qui réclame le rétablissement de cette peine. Plus de 110 pays

La Cour de cassation, à Paris

du monde ont aboli la peine de mort mais elle existe encore dans 38 états des Etats-Unis. Pourtant, le taux de criminalité violente est bien plus élevé aux Etats-Unis qu'en France: plus de 12 000 meurtres aux Etats-Unis en 1999, dont plus de huit mille à main armée, contre 1 000 meurtres en France en 2000 (voir Tableau II: La criminalité en France et aux Etats-Unis, page 105). De même,

TABLEAU I: Les valeurs des Français
SONDAGE 2001: Avez-vous confiance dans les institutions suivantes?

Institution	Réponses positives
la science	90%
les hôpitaux	86%
les écoles	82%
la police	72%
le Parlement	53%
l'Eglise	45%
la justice	45%
les syndicats	42%
les médias	27%

(Source: *Sofres*)

le pourcentage de la population qui est incarcérée est nettement inférieur en France. En 2000, on comptait plus de 51 000 prisonniers en France (soit 0,86 pour 1 000 habitants) contre environ 1,8 million aux Etats-Unis (soit 6,41 pour 1 000 habitants).

SONDAGE 2002: Etes-vous d'accord avec les phrases suivantes?

Phrase	Réponses positives
1. La justice n'est pas assez sévère avec les petits délinquants.	86%
2. Il faut donner beaucoup plus de pouvoir à la police.	76%
3. Il y a trop d'immigrés en France.	59%
4. Il faut rétablir la peine de mort.	36%
5. La construction de l'Europe est une menace pour l'identité de la France.	28%

TABLEAU II: La criminalité en France et aux Etats-Unis

Crime	France (2000)	pour 1 000 habitants	Etats-Unis (1999)	pour 1 000 habitants
Agressions	106 484	1,78	2 238 480	7,98
Cambriolages	370 993	6,21	2 099 700	7,48
Homicides	1 051	0,02	12 658	0,05
Viols	8 458	0,14	89 110	0,32
Vols	24 304	0,41	409 670	1,46

(Source: Organisation des Nations Unies)

● L'Etat et le terrorisme

Depuis plusieurs décennies, la France se voit la victime d'actes terroristes. Dès 1986, à la suite d'une série d'attentats par des groupes terroristes, le ministre de l'Intérieur, Charles Pasqua, a renforcé les pouvoirs de la police et de la justice et en même temps a inauguré la surveillance et la poursuite des immigrés jugés menaçants vis-à-vis de l'ordre public. Certains événements inquiétants en

France et à l'étranger ont mené le Gouvernement à développer le plan anti-terrorisme «Vigipirate» pour augmenter la vigilance des autorités et pour assurer la sécurité des citoyens. Le plan Vigipirate, c'est un ensemble de mesures qui permettent un renforcement des pouvoirs des forces de l'ordre (fouilles, contrôles d'identité, contrôles systématiques dans certains lieux publics) aussi bien qu'un renforcement quantitatif de la présence de ces forces. La gestion du plan Vigipirate est partagée par trois ministères. Il est coordonné par la Police nationale (l'Intérieur), la Justice et la Défense. Quand il est activé, on constate plus de fouilles et de contrôles dans les gares et les aéroports, par exemple, et on remarque plus de policiers et de soldats armés dans les rues des grandes villes et devant certains monuments à Paris. Le plan Vigipirate a été mis en place pour la première fois en 1991 à l'occasion de la guerre du Golfe persique (on craignait des actes terroristes parce que la France participait à cette guerre). En 1995, une voiture a explosé devant une école juive à Paris et il y a eu un attentat dans une station parisienne du RER. Ces actes ont été revendiqués par des islamistes algériens et le Gouvernement français a réactivé le plan Vigipirate. En 1996, une bombe a explosé dans la mairie de Bordeaux (le Premier ministre à l'époque, Alain Juppé, était aussi maire de Bordeaux), et cet acte a été revendiqué par des terroristes corses. La même année, un autre attentat dans le RER parisien a incité le Gouvernement à remettre en place le plan Vigipirate. Le plan a été réactivé en 1998, à l'occasion de la Coupe du Monde (championnat de football) à Paris, et de nouveau en 2000, suite à des attentats en Corse. Tous ces événements ont précédé les attaques du 11 septembre 2001 contre les Etats-Unis, des attaques qui ont provoqué à leur tour la remise en place du plan

Un contrôle d'identité par la police

Vigipirate en France. En 2002, il y a eu un attentat contre un paquebot français revendiqué par le groupe Al Qaeda. Le terrorisme est un problème auquel l'Etat français fait face depuis un certain temps.

● Le service militaire

Une autre fonction de l'Etat est la défense du territoire national contre les pays agresseurs. Le Ministère de la Défense, qui gère les branches de l'armée, de l'armée de l'air, de la marine et de la gendarmerie, emploie plus de 400 000 personnes et constitue le deuxième ministère, après l'Education nationale. Etabli en 1905 sous la IIIe République, le service militaire masculin était universel et obligatoire. Pendant longtemps, les garçons de 18 ans ont été appelés «sous les drapeaux» pour faire leur service militaire, ou bien une autre forme de service national. Plus maintenant. En 1996, le président Chirac a supprimé le service national, à partir de 2000. Il a réduit le nombre des forces françaises et a créé une armée professionnelle de métier. Depuis 1997, garçons et filles peuvent effectuer un service volontaire dans l'armée, dans la police ou dans l'aide humanitaire en France ou à l'étranger. Depuis 2000, les jeunes de nationalité française, garçons et filles, sont obligés de s'inscrire à l'âge de 16 ans et de participer à une Journée d'appel de préparation à la défense (JAPD). Cette obligation renforce la notion que tous les citoyens doivent être prêts à défendre la patrie.

RÉPUBLIQUE   FRANÇAISE

ATTESTATION DE RECENSEMENT

N° d'ordre : 310

Le Consul Général de France à Atlanta
atteste que
né(e) le   à
Domicilié(e)

a demandé son inscription sur les listes de recensement,

a été informé(e) des conditions dans lesquelles il (elle) participera à l'appel de la préparation à la défense.

Le titulaire

le 06 mars 2000
(Titre du signataire)

N. Saadé

Nicole SAADE
Vice-Consul
Chef de chancellerie

La détention de ce document ne préjuge pas de la nationalité française.
Avant l'âge de 25 ans, il est nécessaire pour être autorisé(e) à s'inscrire aux examens et concours soumis au contrôle de l'autorité publique (art L.113-4 du code du service national)

Appel de préparation à la défense

● Les collectivités locales et territoriales

Dans le chapitre précédent nous avons analysé le système politique national, les institutions qui gouvernent toute la France. Il y a aussi une administration locale qui gouverne les divisions administratives. De même que les Etats-Unis sont divisés en états, en comtés et en municipalités, la France est divisée en régions, en départements et en communes: ce sont les collectivités locales et territoriales. La France métropolitaine est divisée en 22 régions et en 96 départements (sans compter les départements d'outre-mer). Chaque département est divisé en plusieurs arrondissements et en plusieurs cantons. Au niveau municipal, il y a les communes. Dans l'administration locale on peut voir deux tendances: (1) la démocratie locale, dans la mesure où chaque collectivité locale est administrée en partie par des représentants élus par la population; (2) le «jacobinisme» ou l'autorité centralisée, dans la mesure où l'administration préfectorale, représentant l'Etat, existe toujours. Il y a parfois des conflits entre ces deux tendances.

● La commune

C'est la plus petite division administrative. Les communes sont les villes, grandes et petites. Chaque commune est administrée par un Conseil municipal. Le nombre de conseillers municipaux varie selon la population de la commune (neuf pour les plus petites, 163 pour la ville de Paris). Ils sont élus au suffrage universel pour six ans et ils siègent à la mairie de la commune (dans les grandes villes la mairie s'appelle l'Hôtel de Ville). Le chef du Conseil municipal est le maire, qui est élu par les conseillers municipaux. Le maire est représentant à la fois de la commune et de l'administration préfectorale, c'est-à-dire qu'il est responsable devant ses électeurs locaux et en même temps devant le Gouvernement à Paris. Comme représentant de la commune, il est chef du personnel municipal et chargé des services municipaux: la police municipale et judiciaire, les éboueurs, les pompiers, les pompes funèbres, etc. Comme représentant de l'Etat, le maire est responsable d'exécuter toutes les lois transmises de Paris par le préfet. Il est officier d'état civil, c'est-à-dire qu'il maintient le registre de tous les mariages, naissances, divorces et décès qui ont lieu dans la commune. Dans les communes importantes, le maire est aidé dans ses fonctions par des adjoints.

● Le département

Cette collectivité territoriale date de la Révolution, au moment où les anciennes provinces, vestiges de la noblesse, ont été abolies et remplacées par ces nouvelles divisions administratives. Les noms des départements ont été choisis

Le maire et le Conseil municipal siègent à la mairie.

en fonction de leur géographie, notamment les fleuves et les rivières (Seine-et-Marne, Loire-et-Cher), les montagnes et les mers (Pyrénées-Atlantiques, Alpes-Maritimes). Du point de vue de leur superficie, les départements sont plus ou moins uniformes (si l'on excepte les nouveaux départements de l'Ile-de-France, créés en 1964). En ce qui concerne leur population, certains sont ruraux et d'autres très urbains (il y en a une dizaine qui ont plus d'un million d'habitants). Dans chaque département il y a une ville principale qui s'appelle le chef-lieu, ou préfecture. Chaque département est divisé en plusieurs arrondissements, avec une ville qui sert de sous-préfecture. A la tête du département il y a un représentant de l'Etat, le préfet. Cette fonction a été créée en 1800 par Napoléon. Le préfet est nommé par le Président de la République, sur la recommandation du ministre de l'Intérieur. Il a une responsabilité considérable: chef de tous les fonctionnaires du département (sauf les magistrats et les gendarmes), le préfet est chargé de l'exécution des lois et des décisions du Conseil des Ministres. Il est aidé par des sous-préfets, un pour chaque arrondissement. Le département est géré également par une assemblée administrative, élue démocratiquement: le Conseil général. Les conseillers généraux sont élus au suffrage universel pour six ans. Le nombre de conseillers généraux (entre 20 et 60) est égal au nombre de cantons qui composent le département et ce nombre dépend de la population. Dans les régions rurales, un canton peut se composer de plusieurs communes, tandis que les grandes villes sont divisées en plusieurs cantons. Les cantons n'ont aucun rôle administratif: chaque

Les départements de la Métropole

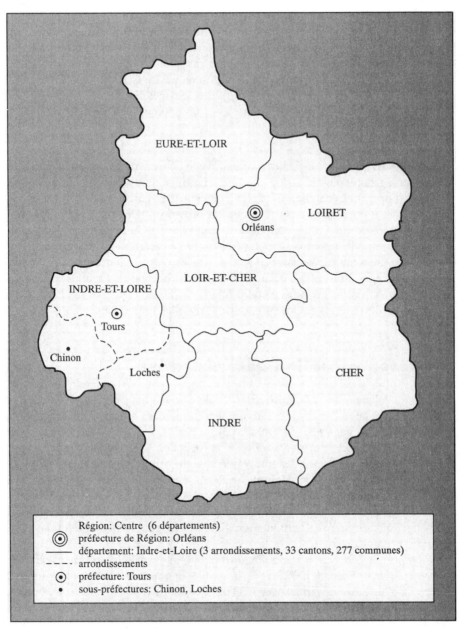

Région: Centre (6 départements)
prefécture de Région: Orléans
département: Indre-et-Loire (3 arrondissements, 33 cantons, 277 communes)
arrondissements
préfecture: Tours
sous-préfectures: Chinon, Loches

Les collectivités locales: le Centre et l'Indre-et-Loire (à titre d'exemple)

canton est une circonscription électorale qui élit un membre du Conseil général. Le Conseil général siège à la préfecture du département. Il s'occupe des services départementaux, tels que l'entretien des routes, le transport des élèves, les hôpitaux et les activités culturelles et sportives.

● La Région

Depuis 1973, il y a une nouvelle collectivité territoriale, la Région, qui regroupe plusieurs départements. La Région a été créée pour contribuer au développement économique de la France «extra-parisienne», pour faire atténuer l'opposition entre Paris et «la province». Chaque Région est gérée par un préfet de Région, qui applique la politique du Gouvernement concernant le développement économique de la Région et l'aménagement du territoire. Depuis 1986, il y a aussi un Conseil régional, une assemblée dont les membres sont élus au suffrage universel. Le Conseil régional s'occupe des grands travaux qui dépassent les limites départementales (chemins de fer, centrales nucléaires, barrages, autoroutes, etc.). Sa fonction devient de plus en plus importante.

● La décentralisation administrative

A chaque niveau de l'administration locale—municipal, départemental et régional—il y a donc des conseils élus, démocratiquement, qui sont censés représenter les intérêts locaux des électeurs. Mais en réalité, jusqu'en 1982, le vrai pouvoir était toujours exercé par le préfet, représentant de l'Etat. Les pouvoirs contrôlés par l'Etat étaient donc énormes. Le budget de chaque commune devait être approuvé par le préfet et même la décision locale de changer le nom d'une rue devait recevoir l'approbation de l'Etat, d'où la frustration des autorités locales. Certaines décisions prises par l'Etat—telle que la construction d'une ligne du chemin de fer qui risquait de détruire certains vignobles en Provence—provoquait des manifestations populaires.

Depuis le début de la Ve République, il existe le sentiment qu'il faut décentraliser la France, d'abord sur le plan économique et culturel, pour combattre la réalité du «désert français». Dans les années 1960, le Gouvernement a institué un projet pour «l'aménagement du territoire», pour raviver l'économie régionale et pour attirer l'industrie dans les villes autres que Paris. Ce projet, très populaire, a eu un grand succès. Ce mouvement a donné naissance à la création des Régions en 1973, sous le président Pompidou. Le but des Régions était de ranimer l'identité culturelle des habitants de chaque Région sans nuire à leur attachement à l'Etat français. C'est surtout le Parti Socialiste et le président Mitterrand qui ont adopté, en 1982, un programme nettement anti-jacobin. Non contents d'une décentralisation économique et culturelle, les socialistes cherchaient à mettre en place une décentralisation de l'administration de la France, c'est-à-dire donner plus d'autonomie aux collectivités locales vis-à-vis de Paris. Il s'agit, en somme, d'un transfert de pouvoir administratif. La loi sur la décentralisation de 1982 (dite «loi Defferre», d'après le ministre de l'Intérieur de l'époque, Gaston Defferre) a réduit l'intervention de l'Etat dans la gestion des collectivités locales. Elle a accordé plus d'autonomie budgétaire aux communes, par rapport au préfet, et elle a diminué le pouvoir de celui-ci. Une grande partie du pouvoir du préfet a été transférée aux Conseils municipaux et généraux. Le maire d'une commune est maintenant responsable de sa propre gestion. Il peut délivrer lui-même les permis de construire, par exemple. Les Conseils municipaux, généraux et régionaux, qui sont des assemblées élues, ont maintenant plus d'importance et plus de pouvoir qu'avant. Puisque les préfets, représentants de l'Etat, sont toujours là, le jacobinisme est toujours présent. En effet, l'Etat retient toujours le contrôle de l'éducation, de l'assurance-santé et de l'administration de la justice et de la police. Toujours est-il que la démocratie locale commence à prendre le dessus. Il est clair que les réformes de Mitterrand ont constitué une tentative radicale pour diminuer la centralisation étatique.

Le président Chirac a continué cette initiative. La réforme constitutionnelle de 2003 a effectué un transfert de compétences dans les domaines de l'agriculture, de l'environnement, de la culture et du tourisme, entre autres. Ce transfert de compétences a été accompagné d'un transfert de ressources. Inscrire dans la Constitution, la réforme proclame l'organisation décentralisée de la République et le transfert des compétences aux collectivités locales, qui auront désormais une autonomie budgétaire. Celles-ci pourront organiser des référendums «décisionnels», qui seront automatiquement suivis d'effet. Le référendum d'initiative locale est ainsi introduit dans le droit français et permet une participation accrue des citoyens aux décisions locales.

● L'Etat, c'est nous

Les Français sont assez sceptiques envers les autorités et se dressent facilement contre toute autorité. L'autorité implique qu'il n'y a pas d'égalité mais plutôt une hiérarchie. Face à l'autorité et à la hiérarchie, les citoyens égalitaires deviennent souvent contestataires. Cette attitude peut se voir dans la distinction très nette que font les Français entre l'Etat et le Gouvernement. Ils trouvent parfois l'autorité gouvernementale suspecte, et ils refusent souvent de reconnaître la légitimité de ceux qui sont au pouvoir. Certains recherchent une solidarité d'opposition avec d'autres citoyens. Le citoyen contestataire voit quelquefois dans le Gouvernement un voleur qui prend l'argent des familles, un menteur, un tricheur qui donne la préférence aux riches et qui contrôle la justice et les médias. Il voit le fonctionnaire, assis derrière un guichet, comme un agresseur, une source de frustration et un symbole de la vaste administration contre lequel il doit défendre ses droits menacés. Cette passion contre le Gouvernement est souvent accompagnée d'une forte prévention en faveur de l'Etat français. Le citoyen accorde toute légitimité et toute dignité à l'Etat, cet idéal dépourvu des vices du Gouvernement. L'Etat, après tout, c'est la France: «L'Etat, c'est nous.»

I. Répondez aux questions suivantes.

1. Quelles sont les différentes conceptions de l'Etat pour les Français?
2. Qui a instauré le premier système judiciaire uniforme? Pourquoi?
3. Quelles sont les différences entre un tribunal et une cour d'assises?
4. A quoi sert la Cour de cassation?
5. Que pensent les Français de la justice et de la police?
6. Qu'est-ce que le plan Vigipirate? Que se passe-t-il quand celui-ci est activé?
7. Le service militaire est-il obligatoire en France? Expliquez.
8. Quelles sont les divisions administratives de la France? Sous quel nom sont-elles regroupées?
9. Quelles sont les responsabilités d'un maire? Citez-en quelques-unes.
10. En quoi consiste le rôle d'un préfet?
11. Pourquoi les Régions ont-elles été créées?
12. Comparez le rôle du Conseil général avec celui du Conseil régional.
13. Quel était le but de la «loi Defferre»? Quels changements cette loi a-t-elle apportés?
14. Quel contrôle l'Etat exerce-t-il ou n'exerce-t-il pas sur les collectivités locales?
15. Décrivez l'attitude des Français envers le Gouvernement en général.

II. Etes-vous d'accord? Sinon, justifiez votre réponse.

1. Napoléon a été le premier à centraliser l'Etat.
2. L'autorité judiciaire en France dépend du pouvoir exécutif.
3. Les juges sont nommés par le Président de la République.
4. Dans des cas très graves, douze jurés délibèrent ensemble du sort d'un criminel.
5. Les CRS et la Gendarmerie nationale dépendent du Ministère de l'Intérieur.
6. Depuis l'abolition de la peine de mort en France, le taux de criminalité y est plus élevé qu'aux Etats-Unis.
7. Un maire n'est responsable que devant ses électeurs.
8. Une commune est administrée par un conseil municipal.
9. Le nombre de conseillers généraux dépend du nombre de cantons dans un département.
10. Les Régions sont gérées par un préfet et un Conseil régional.

III. Définissez les termes suivants.

1. la Journée d'appel de préparation à la défense (JAPD)
2. le jacobinisme
3. un canton
4. une Région
5. la décentralisation

IV. Associez les fonctions ou institutions à gauche avec les responsabilités correspondantes à droite. (Attention, certaines fonctions peuvent impliquer plusieurs responsabilités).

1. les CRS
2. le Garde des Sceaux
3. la Gendarmerie nationale
4. le maire
5. le préfet
6. le Conseil général
7. le Conseil régional

a. exécution des lois et des décisions du Conseil des ministres
b. services départementaux
c. chef de l'administration pénitentiaire
d. maintien de l'ordre public
e. officier de l'état civil
f. services interdépartementaux
g. maintien de la circulation routière
h. services municipaux

V. Discussion.

1. Expliquez l'attitude des Français vis-à-vis de l'Etat.
2. Essayez de caractériser l'attitude des Américains envers le «Federal Government».
   a. Quelle sorte de propriété celui-ci possède-t-il?
   b. Quelle sorte de services assure-t-il?
   c. De quelle réputation les fonctionnaires jouissent-ils?
3. Les Américains ont-ils la même attitude que les Français envers la justice et la police?
4. Quelles sont les collectivités locales aux Etats-Unis? Comment celles-ci sont-elles administrées?

VI. Vos recherches sur Internet.

Afin de faciliter vos recherches et de répondre à ces questions, consultez le site du livre: http://lafrance.heinle.com.

1. En quoi consiste le fonctionnement des Conseils généraux? Qu'est-ce que l'Assemblée des départements de France (ADF)?
2. L'Etat encourage la décentralisation. En quoi celle-ci a-t-elle une influence sur la vie des Français?
3. En quoi consiste l'organisation de la justice? Que fait-elle pour protéger les jeunes?
4. Le langage de la justice est-il facile à comprendre? Par exemple, savez-vous quelle est la différence entre un notaire et un avocat? Un tribunal d'instance et un tribunal de grande instance?
5. Quelles sont les différents types de missions remplies par la gendarmerie? Quelle est l'histoire de celle-ci?

Les partis politiques et les élections

● La droite et la gauche

La notion de partis politiques est née en France à l'époque de la Révolution. Cela ne doit pas surprendre, car c'est l'époque où les citoyens ont commencé à participer au gouvernement du pays, dans le cadre de l'Assemblée nationale. A cette époque-là, les conservateurs (c'est-à-dire les monarchistes, ceux qui voulaient une monarchie constitutionnelle) étaient assis à droite dans l'hémicycle de l'Assemblée. Par contre, les réformateurs (c'est-à-dire les révolutionnaires les plus radicaux, ceux qui voulaient une république) étaient assis à gauche. Depuis cette époque (et non seulement en France mais dans le monde entier), les termes «droite» et «gauche» signifient respectivement une tendance conservatrice et une tendance réformatrice et progressiste. Ces deux tendances dominent la scène politique contemporaine en France.

On a tendance à baser l'opposition droite-gauche sur le statut socio-économique des électeurs: la droite attire les dominants et ceux qui s'identifient aux économiquement forts, tandis que la gauche attire les dominés et ceux qui s'identifient aux économiquement faibles (les riches contre les moins riches). Mais la réalité est plus complexe que cela, parce qu'il y a plusieurs polarités qui divisent les Français: leur statut socio-économique, il est vrai, mais aussi leur attitude envers le rôle de l'Etat dans la vie économique. Il y a ceux qui préconisent l'intervention de l'Etat dans l'économie pour la régler: ce sont les dirigistes, qui s'alignent parfois à droite et parfois à gauche. Les dirigistes de droite préconisent l'intervention de l'Etat pour favoriser les entreprises et le commerce. Les dirigistes de gauche préconisent un Etat qui protège les petits commerçants et les travailleurs. D'autres réclament une économie libérale, libre de l'intervention de l'Etat. Ce libéralisme (une attitude pro-capitaliste) est normalement une caractéristique du centre-droit mais depuis quelque temps, il commence à attirer certains politiciens de centre-gauche aussi. L'opposition dominants-dominés ne correspond donc pas à l'opposition dirigistes-libéraux. D'autres polarités concernent l'attitude envers le rôle de l'Eglise, ou bien le rôle de la police dans la société. Ces polarités ne coïncident pas avec les deux premières. L'opposition droite-gauche n'est donc pas si nette qu'on pourrait le croire. La non-coïncidence de ces polarités explique en partie pourquoi il y a plusieurs partis politiques importants en France, et non pas seulement deux comme aux Etats-Unis. En général, la religion ne joue pas de rôle important dans la politique en France.

En termes généraux, la droite est conservatrice et favorise le maintien du statu quo. Elle prend souvent position pour l'Eglise, mais elle est essentiellement laïque. La droite symbolise la hiérarchie sociale, et elle fait appel aux classes sociales supérieures. Elle symbolise les valeurs de la vieille France, de la famille et des traditions. La gauche, en revanche, représente les réformateurs, ceux qui préconisent le changement de la structure sociale. La gauche symbolise la laïcité, c'est-à-dire la séparation de l'Eglise et de l'Etat. Elle préconise les droits de tous, y compris ceux des minorités et des femmes. Elle favorise une meilleure répartition des revenus dans toutes les classes sociales.

Les emblèmes des grands partis politiques (Source: http://www.vie-publique. fr/sites_references/sitereference_politiques.htm)

● Les partis politiques

A droite il y a actuellement trois partis importants. Deux de ceux-ci—l'UMP et l'UDF—s'unissent souvent contre la gauche, mais leurs programmes et leurs bases électorales sont très éloignés de ceux du troisième parti de droite, le FN.

1. **L'Union pour un mouvement populaire** (UMP) est le parti de Jacques Chirac et l'héritier du groupe gaulliste, ceux qui avaient soutenu le programme du président Charles de Gaulle. Ce parti a changé de noms plusieurs fois depuis la présidence de De Gaulle. A partir de 1976 et jusqu'en 2002, il s'appelait le Rassemblement pour la République, ou RPR. En 2002, le RPR s'est fusionné avec d'autres partis de droite pour créer l'Union pour la majorité présidentielle (UMP). Après la réélection de Chirac, l'UMP a été rebaptisée Union pour un mouvement populaire. Ce parti, le plus grand à droite, est laïque et nationaliste. Défenseur de la famille traditionnelle, il est conservateur et partisan d'un Etat fort pour faire respecter la loi et l'ordre. Dans les affaires économiques, l'UMP est en général un parti caractérisé par un libéralisme conservateur, mais aussi un parti dirigiste dans la mesure où il prône l'intervention de l'Etat pour aider les entreprises. En même temps, il se prononce ouvertement en faveur de l'économie de marché.

2. **L' Union pour la démocratie française** (UDF) a été créée en 1976 par la fusion de plusieurs partis de centre-droite et de centre-gauche. C'est le parti qui soutenait le président Valéry Giscard d'Estaing. Depuis la défaite de Giscard en 1981, l'UDF lutte pour réconcilier ses deux courants idéologiques assez divergents. Le courant libéral (conservateur) s'oppose à la gauche et prône un système économique libéral et anti-interventionniste (contre une trop grande intervention de l'Etat). Le courant social-démocrate est plus modéré vis-à-vis de la gauche, et il préconise des réformes sociales. L'UDF fait souvent cause commune avec l'UMP, mais il lui arrive aussi de former des coalitions avec la gauche. Moins nationaliste que l'UMP, l'UDF est pour la coopération européenne et atlantiste (avec l'OTAN).

3. **Le Front National** (FN) a été créé en 1972 par Jean-Marie Le Pen, mais son émergence sur la scène politique date de son succès électoral dans les élections européennes de 1984. C'est un parti d'extrême-droite qui est réactionnaire et xénophobe et qui déplore la décadence des mœurs. Le programme de ce parti est de renvoyer les immigrés chez eux et de rendre «la France aux Français». Il s'oppose au droit à l'avortement, et il préconise le rétablissement de la peine de mort. Comme le Parti Communiste à gauche, le FN fait surtout appel à la classe ouvrière. Il proclame que l'identité nationale française est menacée: à cause des immigrés surtout, mais aussi à cause des instances de coopération internationale telles que l'Organisation des Nations Unies et l'Union européenne. Les grands partis de droite refusent de former une coalition avec le FN.

A gauche il y a deux partis principaux, les communistes et les socialistes. Les divergences entre ceux-ci sont profondes en ce qui concerne leur programme aussi bien que leur base électorale. On pourrait y ajouter un troisième parti, celui des Verts.

1. **Le Parti Socialiste** (PS) est le grand parti de gauche. Avec une base très large et très diversifiée, le Parti Socialiste fait appel aux gens de toutes les classes sociales. A la base, la philosophie socialiste préconise une répartition égalitaire des richesses pour réduire les inégalités sociales. Depuis son arrivée au pouvoir en 1981, le PS a évolué vers une politique sociale-démocrate, vers un programme en faveur de la justice sociale et de l'amélioration des conditions de travail. Le PS refuse l'idéologie communiste. Il respecte la propriété privée, mais il favorise la puissance de l'Etat et l'intervention de celui-ci dans certains secteurs de la vie sociale et économique de la France.

2. **Le Parti Communiste** (PC) est basé sur l'idéologie marxiste de la lutte des classes. Les communistes étaient très populaires après la guerre de 1940 et recevaient régulièrement 20% des voix exprimées dans les élections. Cette popularité était due d'abord à leur participation dans la Résistance contre les Nazis (le communisme représentait l'antithèse de l'extrême-droite nazie) et ensuite à leur idéologie (le PC défendait la classe ouvrière, qui constituait une grande partie de la population active). Le PC a toujours favorisé la nationalisation des entreprises et une économie contrôlée par l'Etat, mais de nos jours il préconise une lutte électorale qui privilégie les réformes dans une société capitaliste. La popularité du PC ne cesse d'être en déclin depuis l'arrivée de la gauche au pouvoir en 1981. La diminution de la classe ouvrière est sûrement un facteur important dans la baisse de popularité du parti. A cela, il faut ajouter que la classe ouvrière comprend aujourd'hui de plus en plus de travailleurs étrangers qui n'ont pas le droit de vote. En plus, le conflit idéologique gauche-droite, basé sur la division des classes sociales, ne mobilise plus la classe moyenne qui s'est développée au cours des années 1970 et 1980.

3. **Les Verts.** La création des Verts en 1984 reflète à la fois une préoccupation croissante envers l'environnement et un désenchantement populaire vis-à-vis des vieux partis politiques et leurs idéologies. Les Verts s'opposent souvent aux projets de l'Etat, au nom de l'environnement. Ils affirment que le Gouvernement donne trop souvent la priorité à la croissance industrielle et économique, aux dépens de l'écologie. Le président Mitterrand a toujours essayé de s'attirer l'électorat écologiste. Malgré leur refus initial de s'aligner avec la droite ou la gauche, la plupart des Verts ont tendance à se rallier à la gauche au second tour des élections. Cette orientation vers la gauche ne les a pourtant pas empêchés de critiquer la politique des ministres de l'Environnement quand la gauche est au pouvoir. Dans les élections législatives de 1997, sept députés du parti Vert ont été élus (la première représentation de ce parti dans l'Assemblée nationale). Pour cette raison, Dominique Voynet, qui était à la tête des Verts, a été nommée ministre de l'Environnement dans le gouvernement Jospin. C'était la première personne de son parti à avoir un poste important dans le Gouvernement. Depuis la décentralisation administrative, les Verts ont la possibilité d'influencer les

conseils municipaux et généraux, c'est-à-dire la politique locale. Regroupés dans le contexte européen avec d'autres partis écologistes, comme les Grünen en Allemagne, les Verts constituent une force politique relativement importante. Dans les élections présidentielles de 2002, le candidat des Verts a reçu plus de cinq pour cent des voix, devant le candidat du Parti Communiste.

On pourrait schématiser les six grands partis comme suit:

FN extrême-droite catholique, conservateur, nationaliste, anti-européen
UMP droite laïque, libéral/dirigiste, conservateur, nationaliste
UDF centre-droite laïque, libéral, réformateur, pro-européen et atlantiste
Verts tendance gauche, dirigiste, réformateur, écologiste, pro-européen
PS gauche laïque, dirigiste, réformateur, social-démocrate, pro-européen
PC gauche laïque, dirigiste, réformateur, marxiste, anti-européen

La scène politique française a bien changé au cours des années 1980. Le communisme a cessé d'être une force importante. L'extrême-droite est apparue et l'idéologie xénophobe de celle-ci fait appel aux couches sociales les moins favorisées. Le parti des Verts est apparu et ses préoccupations écologiques ont attiré des voix de droite et de gauche. Le Parti Socialiste a changé de nature depuis son arrivée au pouvoir en 1981. Il a évolué vers le centre, vers la social-démocratie et il a bénéficié de tous les changements dans la société française. La France est, semble-t-il, de plus en plus dominée par les classes moyennes sans

Les Français participent directement à plusieurs sortes d'élections.

attachement idéologique. Les Français—et surtout les jeunes—ne croient plus tellement au conflit entre la droite et la gauche.

Les élections en France

Comme la France est une république démocratique, les élections y jouent un rôle très important. La Constitution de 1848 a accordé le droit de vote aux hommes, de toutes les conditions sociales, âgés de 21 ans au moins. Un siècle plus tard, en 1946, la Constitution de la IVe République a accordé le droit de vote aux femmes et aux hommes âgés d'au moins 21 ans. En 1974, le droit de vote a été accordé à tous ceux qui avaient au moins 18 ans.

Quelles sont les conditions requises pour pouvoir voter? (1) Il faut être citoyen français. (2) Il faut avoir 18 ans. (3) Il faut être inscrit sur la liste électorale et avoir une carte d'électeur afin de prouver qu'on est domicilié dans la commune. Les Français résidant à l'étranger peuvent également voter, soit par correspondance, soit à l'ambassade ou aux consulats de France. Les élections ont toujours lieu le dimanche, jour où la plupart des gens ne travaillent pas.

REMARQUE IMPORTANTE

Les électeurs des communes de plus de 5 000 habitants doivent présenter, au moment du vote, un titre d'identité.

SCRUTIN N° 1	SCRUTIN N° 2
SCRUTIN N° 3	SCRUTIN N° 4
SCRUTIN N° 5	SCRUTIN N° 6
SCRUTIN N° 7	SCRUTIN N° 8
SCRUTIN N° 9	SCRUTIN N° 10
SCRUTIN N° 11	SCRUTIN N° 12

La présente carte :
— remplace la carte précédemment délivrée qui devra être détruite;
— devra être conservée par l'électeur jusqu'à réception d'une nouvelle carte.

RÉPUBLIQUE FRANÇAISE
Liberté - Égalité - Fraternité

CARTE ÉLECTORALE

« Voter est un droit,
c'est aussi
un devoir civique »

MINISTÈRE DE L'INTÉRIEUR

Carte électorale

Les électeurs français participent directement à cinq sortes d'élections nationales, sans compter les élections européennes:

1. **Les présidentielles** Depuis 2002, elles ont lieu tous les cinq ans *au moins.* Il arrive parfois que le Président ne termine pas son mandat (De Gaulle

a démissionné en 1969, Pompidou est mort en 1974). Dans ce cas, il y a une nouvelle élection sous peu de temps. Voilà donc une différence entre le système français et le système américain: aux Etats-Unis, les élections présidentielles ont lieu plus régulièrement, tous les quatre ans. Si le Président ne peut pas terminer son mandat, le Vice-Président devient Président jusqu'aux élections suivantes. En France, il n'y a pas de Vice-Président. C'est le président du Sénat qui gouverne pendant la période, toujours brève, entre un mandat présidentiel et le suivant.

2. **Les législatives** Elles ont lieu tous les cinq ans, ou plus souvent si le Président de la République dissout l'Assemblée nationale. Chaque électeur français vote pour un député de la circonscription dans laquelle il habite.

3. **Les cantonales** Elles ont lieu régulièrement tous les trois ans. Elles servent à élire le Conseil général de chaque département, et chaque canton élit un conseiller général à cette assemblée. Les conseillers généraux sont élus par moitié, tous les trois ans. Avant de passer à la quatrième sorte d'élections, il faut expliquer comment les trois précédentes diffèrent des autres. Dans les élections présidentielles, législatives et cantonales, le mode de scrutin est uninominal et majoritaire. Uninominal, cela signifie qu'on vote pour un nom, une personne: un président, un député ou un conseiller général. Majoritaire, cela veut dire que pour gagner il faut obtenir une majorité absolue des suffrages exprimés (50% plus une voix).

4. **Les municipales** Elles ont lieu régulièrement, tous les six ans, et elles servent à élire les conseils municipaux pour toutes les communes de France. Les conseillers municipaux sont élus en bloc, tous en même temps. A la différence des élections déjà mentionnées, celles-ci ont un mode de scrutin par liste: c'est-à-dire qu'on ne vote pas pour une personne mais pour toute une liste de conseillers. Dans les petites communes (celles qui ont moins de 3 500 habitants), le scrutin de liste est majoritaire, c'est-à-dire que la liste qui obtient une majorité des voix exprimées est élue. Dans les grandes communes, le scrutin de liste est à représentation proportionnelle, c'est-à-dire que les sièges du conseil municipal sont répartis proportionnellement aux résultats obtenus pour chaque liste. De cette manière, le Conseil municipal d'une petite commune se compose de membres qui sont de la même tendance politique, ce qui n'est pas le cas pour les grandes communes.

5. **Les régionales** Depuis 1986, les membres du Conseil régional sont élus au suffrage universel direct par les habitants de la Région. Les conseillers régionaux sont aussi élus par scrutin de liste, à représentation proportionnelle, pour six ans.

6. **Les européennes** Depuis 1979, les électeurs français, ainsi que tous les autres électeurs de l'Union européenne, choisissent les députés européens (les membres du Parlement européen, dont le siège est à Strasbourg). Ces élections ont lieu tous les cinq ans (voir le chapitre 5).

On peut représenter schématiquement les modes de scrutin comme suit:

Elections	Mode de scrutin	Fréquence
présidentielles	uninominal, majoritaire	5 ans (normalement)
législatives	uninominal, majoritaire	5 ans (normalement)
cantonales	uninominal, majoritaire	3 ans
municipales		
(petites communes)	liste, majoritaire	6 ans
(grandes communes)	liste, proportionnelle	6 ans
régionales	liste, proportionnelle	6 ans
européennes	liste, proportionnelle	5 ans

Le mode de scrutin utilisé aux Etats-Unis est uninominal et majoritaire à un tour. Celui-ci établit une majorité claire, mais il favorise la bipolarisation. Il prive les partis minoritaires de toute représentation. En France, les grands partis préfèrent le mode de scrutin majoritaire, pour des raisons évidentes; la représentation proportionnelle est dans l'intérêt des partis minoritaires.

Finalement, il faut mentionner un autre phénomène électoral qui est une caractéristique particulière de la Ve République: le référendum populaire. La Constitution de 1958 accorde au Président de la République le droit de recourir à un référendum, c'est-à-dire de demander aux électeurs français de se prononcer directement sur une question importante. Le président Charles de Gaulle, par exemple, a eu recours à cette procédure pour changer le mode d'élection du Président de la République et pour trancher la question de l'indépendance de l'Algérie dans les années 1960. En 2002, le président Jacques Chirac a demandé aux électeurs français de se prononcer en faveur du quinquennat présidentiel.

Puisque la France a un système multipartisan et non pas bipartisan comme aux Etats-Unis, il est très difficile pour un candidat d'obtenir une majorité absolue au premier tour. Voilà pourquoi il y a presque toujours un second tour. Le premier tour élimine tous les candidats sauf les deux qui ont obtenu le plus grand nombre de voix. Ces deux candidats se présentent au second tour et l'un des deux obtiendra forcément une majorité des voix. A titre d'exemple, nous pouvons regarder les résultats des élections présidentielles de 2002.

Le premier tour a eu lieu le 21 avril, et seize candidats se sont présentés. Le tableau à la page 124 indique les dix candidats qui ont obtenu le plus grand nombre de suffrages.

Evidemment, aucun candidat n'a obtenu une majorité, alors les deux qui ont reçu le plus grand nombre de voix (Chirac et Le Pen) se sont présentés au second tour, quinze jours plus tard (le 5 mai). Cette fois-ci, Chirac a obtenu 82,2% des suffrages exprimés et Le Pen 17,8%, ainsi Chirac a été élu.

Le premier tour remplit la même fonction que les élections «primaires» aux Etats-Unis, dans la mesure où il élimine tous les candidats sauf les deux plus importants, qui sont normalement d'opposition droite-gauche. Le scrutin majoritaire favorise la dualité droite-gauche, parce que le premier tour élimine en général les candidats des partis minoritaires, qui sont donc amenés à se rallier aux deux candidats majoritaires au second tour.

TABLEAU I: Résultats des élections présidentielles de 2002, premier tour

Jacques Chirac	(UMP)	19,9%
Jean-Marie Le Pen	(FN)	16,9%
Lionel Jospin	(PS)	16,2%
François Bayrou	(UDF)	6,8%
Arlette Laguiller	(extrême-gauche)	5,8%
Jean-Pierre Chevènement	(gauche)	5,3%
Noël Mamère	(Verts)	5,3%
Olivier Besancenot	(gauche)	4,3%
Jean Saint-Josse	(droite)	4,2%
Alain Madelin	(centre)	3,9%
Robert Hue	(PC)	3,4%

Si l'on compare les élections présidentielles en France et aux Etats-Unis, on voit plusieurs grandes différences, en ce qui concerne (1) la durée de la campagne, (2) le coût, (3) la participation de l'électorat et (4) la méthode utilisée.

1. En France, la campagne électorale commence officiellement quinze jours avant le premier tour, tandis qu'aux Etats-Unis, avec le système d'élections «primaires», la campagne dure bien plus longtemps. Les sondages d'opinion en France sont interdits 48 heures avant le scrutin.

2. En France, la campagne électorale coûte bien moins cher. Chaque candidat dispose de deux heures d'émissions à la télévision publique et deux heures à la radio publique, gratuitement. Ni le Gouvernement ni aucune organisation publique ou privée ne peut utiliser la télé ou la radio en faveur d'un candidat: cela veut dire, pas de publicité politique. Evidemment, la presse peut consacrer à la campagne toute la place qu'elle veut, mais les candidats n'ont pas besoin d'énormes sommes d'argent pour acheter de la publicité.

3. Le fait que les Français se passionnent pour la politique se révèle dans leur participation aux élections: 70% de l'électorat français a participé aux élections présidentielles de 2002, tandis qu'aux Etats-Unis la participation habituelle aux élections présidentielles est de 50% à 60%. Dans les élections législatives, le taux d'abstention est de 20% en moyenne, c'est-à-dire, un électeur sur cinq ne vote pas. Comme aux Etats-Unis, l'abstentionnisme est plus élevé dans les élections locales.

4. Enfin, il convient de noter encore une fois que les Français élisent leur président directement, tandis qu'aux Etats-Unis il y a un collège électoral à cet effet.

Répartition des sièges par parti politique
Elections législatives 1997

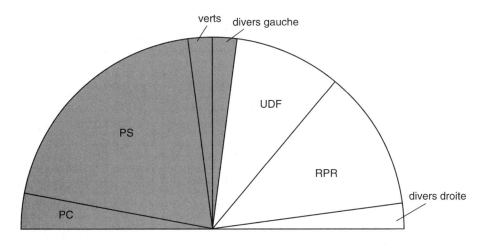

Elections législatives 2002

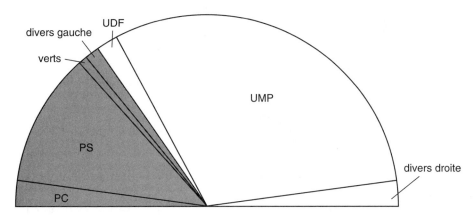

La composition de l'Assemblée nationale en 1997 et en 2000

● Les «cohabitations»

Le décalage entre le mandat des députés (cinq ans) et le septennat du Président (un décalage qui a été supprimé en 2001) pouvait résulter en une «cohabitation» de deux tendances politiques différentes, ce qui est arrivé trois fois dans les années 1980 et 1990 en France. Quand François Mitterrand (le candidat du PS, de gauche) a été élu Président de la République en 1981, il voulait avoir une majorité de gauche dans l'Assemblée nationale, afin de pouvoir mieux appliquer ses programmes. Peu de temps après son élection en 1981, il a dissout l'Assemblée nationale et a annoncé de nouvelles élections législatives. La gauche l'a emporté, et la nouvelle Assemblée nationale était donc dominée par le parti de Mitterrand. Tandis que le septennat du Président ne devait se terminer qu'en 1988 (sept ans), le mandat des députés s'est terminé en 1986 (cinq ans). Aux élections législatives de 1986, la droite a obtenu la majorité dans l'Assemblée nationale, ce qui fait que celle-ci était dominée par la tendance opposée à celle du président Mitterrand. Celui-ci a donc été obligé de nommer un Premier ministre de droite, pour que ce dernier soit approuvé par la nouvelle Assemblée nationale. Il a nommé Jacques Chirac, du RPR. Ainsi, pour la première fois sous la Ve République, un Président d'une tendance politique et un Premier ministre d'une autre devaient «vivre ensemble», d'où le terme «cohabitation» (voir le Tableau II: Les cohabitations, page 128). Un grand nombre de Français craignaient une crise ministérielle et même la chute de la Ve République. Mais cette nouvelle situation a très bien réussi, Mitterrand s'occupant de la politique extérieure et Chirac de la politique intérieure. En 1988, à la fin de son septennat, Mitterrand s'est présenté de nouveau aux élections présidentielles. Extrêmement populaire, il a gagné. Il a tout de suite dissout l'Assemblée nationale pour la seconde fois. Aux élections législatives de 1988, la gauche n'a pas obtenu la majorité, mais les socialistes ont réussi à former une coalition avec les centristes pour réunir assez de sièges pour dominer l'Assemblée nationale. Chirac a donc démissionné et en 1988, Mitterrand a nommé Michel Rocard, un socialiste, au poste de Premier ministre. La cohabitation s'est donc terminée en 1988 et le Président et le Premier ministre étaient de nouveau du même parti politique. La cohabitation, qui n'était pas prévue dans la Constitution de la Ve République, a pourtant montré que celle-ci était viable. En 1991, à la suite de plusieurs désaccords entre le Président et son Premier ministre, Mitterrand a révoqué Rocard et a nommé un nouveau Premier ministre, Edith Cresson, mais sans faire de grands changements dans la composition du Gouvernement. En 1992, Cresson a été remplacée à son tour par Pierre Bérégovoy.

Au cours du deuxième septennat de Mitterrand, il s'est produit une deuxième cohabitation. Le mandat des députés qui avaient été élus en 1988 s'est terminé cinq ans plus tard, en 1993. En 1993, il y a donc eu des élections législatives et la droite a obtenu la majorité des sièges à l'Assemblée nationale. Bérégovoy a dû démissionner, et Mitterrand a nommé Edouard Balladur (du RPR, de droite) au poste du Premier ministre. Ce nouveau Gouvernement de droite a «cohabité» avec un Président de gauche pendant deux ans.

En 1995, le deuxième septennat de Mitterrand s'est terminé et il a choisi de ne pas se présenter une troisième fois. Une dizaine de candidats se sont présentés aux élections présidentielles. Les deux candidats qui se sont affrontés au second tour étaient Jacques Chirac et Lionel Jospin. C'est Chirac qui a été élu et qui est devenu le cinquième Président de la Ve République.

A la différence de Mitterrand lors de ses deux élections présidentielles, Chirac avait déjà une majorité de droite à l'Assemblée nationale quand il a assumé la Présidence de la République. Il était donc libre de nommer un Premier ministre de son parti (Alain Juppé) et un Gouvernement de droite. Le gouvernement Juppé s'est pourtant avéré peu populaire, ayant tenté de mettre en œuvre une série de mesures d'austérité budgétaire qui ont provoqué en 1995 de grandes manifestations et des grèves générales dans toute la France—les plus massives depuis mai 1968. En 1997, devant la nécessité d'imposer de nouvelles mesures d'austérité afin de qualifier la France pour l'euro, Chirac a surpris tout le pays en annonçant sa décision de dissoudre l'Assemblée nationale, précipitant des élections législatives anticipées, alors qu'il avait une majorité et qu'il aurait pu simplement nommer un nouveau Gouvernement. Aux élections législatives de 1997, le parti de Chirac a perdu et la gauche a gagné une majorité des sièges. Le président Chirac a donc été obligé de nommer un Premier ministre de gauche. Il a nommé Lionel Jospin, qui a formé un nouveau Gouvernement de gauche. Voilà l'occasion de la troisième cohabitation, qui a duré jusqu'en 2002. Cette troisième cohabitation était différente des deux premières de trois façons: (1) Dans la troisième cohabitation, le Président de la République était de droite, tandis que le Gouvernement et la Majorité étaient de gauche. Dans les deux premières, c'était le contraire. (2) Les deux premières cohabitations n'ont duré que deux ans, c'est-à-dire le temps du décalage entre le mandat du Président (sept ans) et celui des députés (cinq ans). La troisième a duré cinq ans, c'est-à-dire pendant la plus grande partie du premier septennat de Jacques Chirac. (3) Les deux premières cohabitations ont résulté de la tentative du Président de la République (Mitterrand) de changer la composition de l'Assemblée pour obtenir une majorité, tandis que la troisième a été effectuée par la décision de Chirac quand il avait déjà une majorité dans l'Assemblée. En 2000, le mandat présidentiel a été réduit de sept à cinq ans (voir le chapitre 6). Certains soutenaient qu'un mandat présidentiel de cinq ans (un quinquennat), égal au mandat législatif, réduirait l'éventualité d'une cohabitation à l'avenir.

La longue cohabitation de Chirac et Jospin s'est terminée avec les élections présidentielles de 2002. Il était à prévoir que les deux hommes, le chef de l'Etat et le chef du Gouvernement, seraient candidats à la Présidence, ce qui a été le cas. Il était à prévoir aussi qu'il y aurait un grand nombre de candidats, comme à l'habitude. Ce qui était tout à fait imprévisible et surprenant, c'était le succès du candidat de l'extrême-droite, Jean-Marie Le Pen, au premier tour des élections (revoir le Tableau I: Résultats des élections présidentielles de 2004, premier tour, page 124). Le succès inattendu de Le Pen au premier tour a barré Jospin du second tour et a donc éliminé tout candidat de gauche du scrutin. C'est la première fois que le Parti Socialiste n'était pas présent au second tour d'une élection présidentielle, depuis sa création sous Mitterand en 1971. Le scrutin du second tour, au lieu de proposer un choix traditionnel entre un candidat de gauche et un candidat de droite, proposait aux électeurs français un choix entre la droite traditionnelle, dite «républicaine», et l'extrême-droite, raciste et xénophobe. Cette situation, qui a profondément choqué la France, a mobilisé la gauche et la droite républicaine contre Le Pen, ce qui a permis la réélection de Chirac par une énorme majorité de voix (82%). Chirac a donc été réélu, mais pour cinq ans cette fois-ci. La même année (2002), la droite a obtenu une grande majorité à l'Assemblée nationale (399 sièges, mais aucun pour le FN).

Cette victoire de la droite a permis à Chirac de nommer un Gouvernement de droite, avec Jean-Pierre Raffarin comme Premier ministre. A cause de l'adoption du quinquennat présidentiel à partir de 2002, on peut prévoir un contrôle par la droite jusqu'en 2007, année où auront lieu les élections présidentielles et législatives. Mais une nouvelle cohabitation est toujours possible. Même si les électeurs français choisissent leur Président et leurs députés la même année, ils peuvent très bien élire, par exemple, un Président de gauche et une Assemblée nationale dominée par la droite, ou le contraire.

TABLEAU II: Les cohabitations

	1981	1986	1988	1993	1995	1997	2002	2007
PRESIDENCE	Premier septennat de Mitterrand			Second Septennat de Mitterrand		Septennat de Chirac		Quinquennat de Chirac
ASSEMBLEE NATIONALE	mandat de 5 ans	Coha-bitation (2 ans)	mandat de 5 ans		Cohabita-tion (2 ans)	mandat interrompu (2 ans)	Coha-bitation (5 ans)	mandat de 5 ans

Noter:

gauche
droite

Deux réformes électorales

Le gouvernement Jospin a effectué deux grandes réformes électorales pendant la troisième cohabitation: la loi sur la limitation du cumul des mandats électoraux et la loi sur la parité entre hommes et femmes dans la vie politique. Les deux lois ont été approuvées par le Parlement en 2000.

Le cumul des mandats électoraux signifie la possibilité d'accumuler un nombre de postes électoraux aux niveaux national et local en même temps. En général, les fonctions locales (maire, conseiller municipal) servent de première étape aux personnes qui envisagent une carrière politique. Certains se font élire par la suite à un poste national (le cumul le plus fréquent est celui de député-maire). Le but de la réforme a été de limiter ce cumul des mandats pour permettre aux élus de se consacrer pleinement à leurs fonctions. Par exemple, le cumul des mandats de député et de sénateur est interdit. Depuis 2000, un député ou un sénateur ne peut plus cumuler son mandat parlementaire avec celui de représentant au Parlement européen. L'exercice d'un mandat parlementaire est incompatible avec l'exercice de plus d'un mandat local (conseiller régional, général ou municipal). Cela veut dire qu'un parlementaire national peut toujours exécuter une seule fonction exécutive locale (président de conseil régional ou général, ou maire d'une commune). Un élu local ne peut pas être titulaire de plus de deux mandats locaux.

La France est le premier pays qui a adopté une loi en faveur de l'égalité dans la représentation des hommes et des femmes au niveau politique. Parmi les pays membres de l'Union européenne, la France figurait vers le bas de l'échelle en ce qui concerne le pourcentage des femmes dans la législature nationale. Les débats sur la parité ont commencé en 1999. Ceux qui soutiennent la parité pensent que les femmes, surtout en France, sont sous-représentées dans la vie politique et que la loi devrait obliger les partis politiques à instituer un quota, ou un pourcentage déterminé. Ceux qui s'y opposent considèrent la parité comme une discrimination qui va à l'encontre de l'idéal républicain de l'égalité, sans distinction à l'égard du sexe, de la race ou d'autres caractéristiques. La loi sur la parité a été votée en 2000 et a été appliquée pour la première fois aux élections municipales de 2001. Cette loi a rendu obligatoire le principe de la parité pour les scrutins de liste et pour la représentation proportionnelle, c'est-à-dire dans les élections européennes, les régionales et les municipales (sauf dans les petites communes). Ainsi, chaque liste doit être composée d'un nombre égal d'hommes et de femmes.

Le résultat de cette loi a été l'entrée massive des femmes dans les conseils municipaux en 2001. La proportion de femmes élues aux conseils municipaux est passée de 22% (élections de 1995) à 33% en 2001. Dans les grandes communes, celles qui ont plus de 3 500 habitants (et les seules qui sont concernées par la loi), le pourcentage est passé à 48%. D'après un décret de la Commission européenne, le seuil de 30% de femmes est considéré comme minimal. Ce seuil est donc dépassé dans toutes les communes de France. Alors que 8% des maires élus en 1995 étaient des femmes, en 2002 les femmes représentaient 11% des maires élus.

Les élections législatives de 2002 n'ont pas vu de tels résultats. Dans cette élection, au scrutin uninominal et majoritaire, la parité n'était pas une obligation stricte mais une incitation, un encouragement. Pour les législatives, les partis politiques devaient présenter un nombre égal de candidats et de candidates, avec un écart maximal de 2%, sous peine de sanction financière: ceux qui ne suivaient pas ce règlement devaient subir une pénalité financière sur l'aide publique de l'Etat aux partis politiques. Par conséquent, les femmes candidates aux législatives ont représenté 39% de l'ensemble des candidats, par rapport à 23% en 1997. Les deux partis les plus importants n'ont pas atteint le pourcentage requis et ont préféré subir la pénalité: l'UMP a présenté un pourcentage de candidates de 20%, le PS en a présenté un de 36%. Ce mode d'application de la loi sur la parité a donc démontré son inefficacité: le pourcentage de femmes élues à l'Assemblée nationale en 2002 est passé de 11% à 12% seulement. Pourtant, il convient de souligner l'augmentation importante du nombre de candidates aux élections législatives en 2002, par rapport à 1997.

● La classe politique

En France on parle de la «classe politique» pour désigner les personnages (hommes et femmes) qui tiennent les premières places dans la vie politique nationale. La plupart de ces personnages très connus forment une «classe» dans la mesure où ils ont reçu une certaine formation politique et économique dans les Grandes Ecoles, notamment l'Institut d'Etudes Politiques (dit «Sciences Po») et surtout l'Ecole Nationale d'Administration (l'ENA). Autrement dit, ce sont des professionnels qui se sont préparés pour une carrière dans la fonction publique. Les Français s'étonnent d'apprendre qu'un agriculteur ou un acteur de cinéma peut devenir président des Etats-Unis, un aspect de la démocratie américaine qu'ils trouvent parfois admirable et parfois scandaleux. En France, il n'en est pas ainsi. L'ENA a été créée en 1945. C'est une institution très élitiste et l'accès y est très rigoureux. Les diplômés de cette école (les «énarques») font carrière dans la vie publique en tant que préfets, diplomates et ambassadeurs, hauts fonctionnaires et peut-être ministres ou même Président de la République. En un mot, ce sont les «mandarins» de la fonction publique. Jacques Chirac et Lionel Jospin, les deux candidats au second tour des élections présidentielles de 1995, sont des «énarques». L'ENA permet à une personne brillante et énergique de mettre tous ses talents au service de l'Etat.

I. Répondez aux questions suivantes.

1. Quelle est l'origine politique des termes «droite» et «gauche»?
2. L'opposition idéologique droite-gauche est-elle nettement marquée? Expliquez.
3. Qu'est-ce que la droite représente et préconise plus particulièrement?
4. Qu'est-ce que la gauche représente et préconise plus particulièrement?
5. En quoi les trois grands partis de droite diffèrent-ils?
6. En quoi les partis de gauche diffèrent-ils?
7. Comment la scène politique française a-t-elle changé depuis les années 1980?
8. Qui a le droit de vote en France? Quelles sont les conditions requises pour pouvoir voter?
9. Combien de types d'élections y a-t-il en France? Nommez-les.
10. Quelles élections ne sont pas nécessairement régulières? Pourquoi?
11. Qu'est-ce que les termes «uninominal» et «majoritaire» signifient?
12. En quoi les élections municipales, régionales et européennes diffèrent-elles des autres?
13. Pourquoi les élections présidentielles ont-elles généralement deux tours?
14. Quelles sont les grandes différences entre les élections présidentielles en France et aux Etats-Unis?
15. Deux cohabitations ont eu lieu sous Mitterrand. Pourquoi?
16. Pourquoi la troisième cohabitation, sous Chirac, s'est-elle terminée en 2002?
17. Comment cette troisième cohabitation a-t-elle été différente des deux premières?
18. Une des réformes électorales sous le gouvernement Jospin a concerné une loi sur le cumul des mandats. Expliquez cette loi.
19. Quelles ont été les raisons de la loi sur la parité qui a été votée en 2000? En quoi cette loi consiste-t-elle?
20. En quoi des Grandes Ecoles telles que Sciences Po et l'ENA contribuent-elles à la vie politique?

II. Etes-vous d'accord? Sinon, justifiez votre réponse.

1. Le rôle de l'Eglise est important dans la vie politique en France.
2. Le FN s'adresse surtout à la classe ouvrière et préconise le droit de vote aux immigrés.
3. Les divergences entre les partis politiques de gauche sont moins profondes qu'entre les partis de droite.
4. Le PC favorise la nationalisation des entreprises.

5. Le PS évolue vers l'extrême gauche depuis les années 1980.

6. Si le Président ne peut pas terminer son mandat, c'est le président du Sénat qui le remplace jusqu'aux élections suivantes.

7. Les élections en France ont lieu le mardi.

8. Dans les grandes communes, le scrutin de liste est majoritaire.

9. Les conseillers généraux sont élus au scrutin uninominal et majoritaire.

10. Les conseillers municipaux sont souvent de la même tendance politique.

11. Le scrutin majoritaire favorise un système multipartisan.

12. L'idéologie du parti des Verts se rapproche de celle du FN.

13. Un référendum est un type d'élection.

14. Les deux candidats au second tour des élections présidentielles de 2002 étaient de droite.

15. Un député à l'Assemblée nationale peut également siéger au Parlement européen.

III. Discussion.

1. Quelle sorte de campagne électorale vous paraît préférable: celle en France ou aux Etats-Unis? Pourquoi?

2. Y a-t-il des partis aux Etats-Unis qui correspondent à certains partis de droite ou de gauche en France?

3. Quelles sont les caractéristiques générales des partis Républicain et Démocrate aux Etats-Unis? Donnez plusieurs exemples pour montrer qu'ils s'opposent l'un à l'autre.

4. Quelles sortes d'élections y a-t-il aux Etats-Unis? Quand ont-elles lieu? Qui a le droit de vote?

5. Depuis quand ceux qui ont 18 ans peuvent-ils voter aux Etats-Unis? Quand les femmes ont-elles obtenu le droit de vote? Celles-ci sont-elles suffisamment représentées dans la vie politique aux Etats-Unis?

 ## IV. Vos recherches sur Internet.

Afin de faciliter vos recherches et de répondre à ces questions, consultez le site du livre: http://lafrance.heinle.com.

1. Faites des recherches sur un parti politique de votre choix: son histoire, son idéologie, ses préoccupations, etc.

2. Comparez le taux d'abstention des votes dans les élections présidentielles de 1965 à 2002. Ce taux est-il resté constant?

3. Comment les partis politiques sont-ils financés? Comment les élections sont-elles réglementées?

4. Les ressortissants d'un pays membre de l'Union européenne qui vivent en France ont-ils le droit de vote? Peuvent-ils eux-mêmes se présenter comme candidats à des élections?

5. Depuis 1999, plusieurs débats en France concernent la parité. En plus des lois sur l'égalité de la représentation des hommes et des femmes dans les élections, quelles autres lois ont été votées?

La vie sociale

La famille

La famille, en France comme ailleurs, est l'unité la plus ancienne et la plus fondamentale de la société. Les rapports sociaux quotidiens ont toujours été dominés par les liens familiaux, qui sont très étroits chez les Français. Traditionnellement, la famille se composait d'un couple marié (le père et la mère) et de leurs enfants. Le père, qui exerçait une profession, était le chef de famille, et la mère était femme au foyer et s'occupait des enfants et de la maison. Selon le Code civil, établi par Napoléon, la femme était soumise à son mari, qui administrait tous les biens (la propriété) du ménage. Tout cela a beaucoup changé au cours des années. Les rapports entre hommes et femmes sont bien différents de ceux de l'époque napoléonienne, mais le modèle traditionnel, fondé sur le mariage, reste la forme familiale dominante. Pourtant, au cours des dernières décennies du XXe siècle et en ce début du XXIe siècle, de nouvelles formes familiales se sont développées.

● Le mariage et les enfants

Jusqu'à la Révolution, le mariage en France était avant tout un sacrement religieux et une cérémonie ecclésiastique. Un prêtre avait l'autorité légale de marier un couple et comme le mariage est un sacrement, la présence du prêtre était obligatoire. Les registres de mariages et de naissances étaient maintenus dans les paroisses. La Ière République a changé tout cela en abolissant le mariage à l'Eglise et en instituant le mariage civil sous le contrôle de l'Etat. En 1801, Napoléon a signé un Concordat avec le Vatican qui restituait à l'Eglise certains droits et en réservait d'autres pour l'Etat. Ainsi le mariage civil devait précéder le mariage religieux, devenu facultatif. Aujourd'hui, les prêtres ont le droit de marier un couple à l'église, mais uniquement après le mariage civil à la mairie. (Aux Etats-Unis, par contraste, le clergé de toutes les religions a l'autorité légale de marier un couple, mais au préalable il faut obtenir un permis de l'état.) En revanche, tous les enfants devaient avoir un prénom catholique, choisi sur le

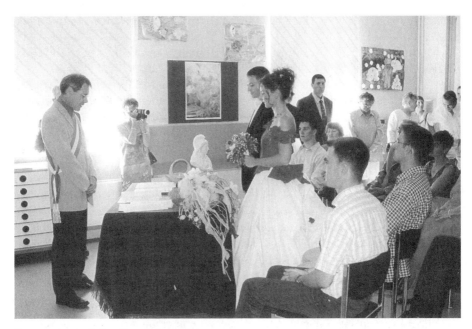

Le mariage civil a lieu à la mairie.

calendrier des saints. Aujourd'hui le mariage civil reste la seule forme juridique en France. Sur tous les mariages aujourd'hui, il y en a 44% qui sont des mariages catholiques, célébrés à l'église.

Comme le mariage est une affaire civile, il y a un certain nombre de règles à suivre et de formalités à remplir. Dans chaque commune de France, il existe à la mairie un registre de tous les mariages, toutes les naissances et tous les décès des habitants. Ce registre s'appelle l'état civil. Il y a une fiche d'état civil pour chacun des deux futurs conjoints (c'est-à-dire, une pour le fiancé et une pour la fiancée). Pour chaque futur conjoint la fiche d'état civil indique la date de naissance, l'identité des parents, le domicile et éventuellement toute information sur un mariage précédent. Ces informations sont nécessaires pour la célébration du mariage civil par le maire. Le mariage doit être célébré à la mairie du domicile de l'un des futurs époux. Si les deux époux n'habitent pas la même commune, ils peuvent décider dans laquelle des deux communes se marier, mais en général ils choisissent celle de la fiancée. Dans tous les cas la fiche d'état civil de l'un doit être envoyée à la mairie de l'autre. Normalement les fiancés ne peuvent pas se marier ailleurs. Il faut publier les bans (l'annonce du mariage) dans les deux communes dix jours à l'avance. Cette publication empêche le mariage d'être une affaire privée. Comme formalités, il faut fournir une attestation de domicile et un certificat d'examen prénuptial, délivré par un médecin. Le mariage doit être célébré à la mairie, par le maire (ou par un de ses adjoints), qui porte un bandeau tricolore pour la cérémonie, et devant deux témoins. Si les fiancés ont choisi de se marier religieusement, ils doivent se marier d'abord à la mairie, devant les témoins, et puis le mariage religieux a lieu à l'église. Après le mariage, civil ou religieux, il y a souvent un grand dîner avec la famille et les amis.

A la mairie, après la cérémonie matrimoniale, on présente aux nouveaux mariés un livret de famille, c'est-à-dire un petit registre personnel dans lequel l'acte de mariage est inscrit. Au moment de la naissance d'un enfant, l'acte de naissance y est inscrit aussi. Un des parents, normalement le père, doit faire inscrire l'enfant sur le livret de famille dans les trois jours qui suivent la naissance. A ce moment-là, il faut choisir un prénom pour l'enfant. Traditionnellement, on choisissait le prénom d'un saint ou d'une sainte. Il y a plus de 300 saints et saintes qui figurent sur le calendrier des fêtes, mais l'Eglise en compte plus de 6 000. De plus, de nombreux prénoms de saints masculins ont été mis au féminin (tels que Michèle et Nicole). Napoléon avait fait dresser une liste de prénoms autorisés. La plupart de ceux-ci figurent sur le calendrier catholique et les autres étaient les noms de personnages connus dans l'histoire ancienne (comme Achille ou Dorothée). Jusqu'au début de la Ve République, la grande majorité des Français donnaient des prénoms catholiques à leurs enfants. Pendant longtemps, les officiers d'état civil étaient très rigides sur le choix des prénoms, et certains prénoms ont été refusés comme étant ridicules (par exemple, Vanille et Fleur de Marie dans les années 1980). L'admission des prénoms a été libéralisée en 1993. Depuis, les officiers d'état civil ne peuvent plus refuser un prénom. Mais un maire qui trouve qu'un prénom n'est pas conforme à l'intérêt de l'enfant peut en aviser le procureur de la République et la question sera jugée par un tribunal. En ce qui concerne le nom de famille, l'enfant peut avoir le nom du père, le nom de la mère, ou bien les noms accolés du père et de la mère.

Dans une société où les mères de famille travaillent de plus en plus, la garde des enfants pendant la journée devient un problème préoccupant. En ce qui concerne la garde des enfants, les mères de famille françaises disposent de plusieurs options. Elles peuvent confier leurs enfants à:

1. une gardienne privée;

2. une école maternelle, publique ou privée (mais ces écoles ne fonctionnent que six heures par jour et seulement pendant la période scolaire);

3. une crèche ou une garderie municipale, financée par l'Etat et par les collectivités locales (les parents paient en fonction de leurs revenus et du nombre de leurs enfants).

Dès la naissance, un enfant a sa propre fiche d'état civil et son propre statut en tant que citoyen. Au fur et à mesure qu'il grandit, ses droits sont prescrits par le Code civil. Jusqu'à l'âge de 18 ans, l'enfant est sujet à l'autorité parentale. A l'âge de deux ans, un enfant peut entrer à l'école maternelle. A 13 ans, il peut voir certains films qui sont interdits aux moins de 13 ans. A 15 ans, les relations sexuelles sont autorisées par la loi. A cet âge-là, les filles peuvent se marier avec l'autorisation des parents, mais les garçons doivent attendre l'âge de 18 ans (en réalité, il y a très peu de Français qui se marient si jeunes). A 16 ans, un enfant peut conduire une moto (pour la voiture, il y a la conduite accompagnée), et il peut abandonner ses études et exercer une profession. A 18 ans, l'enfant devient majeur: il échappe à l'autorité parentale, il peut voter et il peut conduire une voiture tout seul.

● Les jeunes et la sexualité

En général, la culture française est plus ouverte envers la sexualité que la culture américaine. Il existe en France, depuis une vingtaine d'années, une campagne nationale très médiatisée pour réduire le nombre de grossesses involontaires, le nombre d'avortements, le nombre de victimes atteintes par les maladies sexuellement transmises (surtout le SIDA, ou syndrome immunodéficitaire acquis), ainsi que pour préconiser les méthodes contraceptives. Cette campagne n'a pas trouvé une grande opposition. Le nombre proportionnel de grossesses, de naissances et d'avortements chez les jeunes est bien moins élevé qu'aux Etats-Unis, ce qui n'empêche pas l'Etat français de poursuivre la campagne. On estime que le nombre d'avortements en France demeure trop élevé et tout particulièrement chez les mineures. Ce taux est pourtant un tiers de celui des Etats-Unis (voir Tableau: Les jeunes).

TABLEAU: Les jeunes et la sexualité (pour mille femmes âgées de 15 à 19 ans)

	grossesses	naissances	avortements
FRANCE	20,2	10,0	10,2
USA	79,8	48,7	27,5

(Source: U.S. Centers for Disease Control and Prevention)

En 2000, la ministre de l'Emploi et de la Solidarité, Martine Aubry, a lancé une initiative nationale d'information appelée «La Contraception, à vous de choisir la vôtre». Le but principal de cette initiative était de fournir des informations sur la gamme de méthodes contraceptives disponibles au public français. Ces informations ont été diffusées à la télévision et distribuées dans les lycées, dans les universités, dans les centres sociaux de santé et dans les pharmacies. Le gouvernement Jospin a encouragé l'intégration de ces informations dans les programmes d'éducation sexuelle dans les lycées (programmes qui sont obligatoires dans les écoles publiques et privées). La même année, la Ministre déléguée à l'Enseignement scolaire, Ségolène Royal, a annoncé une nouvelle politique pour permettre la distribution de la pilule contraceptive d'urgence—la PCU, qui s'appelle aussi la «pilule du lendemain»—dans toutes les écoles publiques et privées (la contraception d'urgence est disponible sans ordonnance en France depuis 1999). Cette politique qui consiste à renseigner les jeunes sur les relations sexuelles est largement acceptée par les Français, qui considèrent le problème des grossesses involontaires, chez les jeunes comme chez les adultes, comme une question de santé publique et non pas comme une question morale ou religieuse.

● L'union libre et le PACS

Le concubinage est le terme qui désigne deux personnes qui vivent ensemble en couple, mais qui ne sont pas mariés. Ce genre de couple, sans formalités légales, s'appelle une «union libre». Au cours des années 1970 et 1980, les tribunaux français avaient peu à peu reconnu l'existence des concubins hétérosexuels, mais ceux-ci n'avaient aucun statut officiel. Avant 1981, le Code civil contenait toujours des discriminations juridiques à l'égard des individus homosexuels. Le gouvernement Mauroy et le président Mitterrand ont fait abroger ces discriminations en 1981. Le droit français était désormais neutre à l'égard de la sexualité des individus, mais pas encore pour les couples. En 1999, le gouvernement Jospin a proposé d'attribuer un statut juridique à tous les couples non mariés, avec le Pacte civil de solidarité (PACS). Ce projet a été très controversé. Les représentants des grandes religions de France—catholique, musulmane, juive—ont contesté le projet du PACS. Il y avait une sorte de front commun des religions contre le PACS. Toujours est-il que la loi sur le PACS a été adoptée par l'Assemblée nationale en 1999. Cette loi stipule une définition du PACS et, pour la première fois, du concubinage dans le Code civil. Le concubinage est explicitement défini comme «une union de fait, caractérisée par une vie commune . . . entre deux personnes de sexe différent ou de même sexe, qui vivent en couple». Le Pacte civil de solidarité est «un contrat conclu entre deux personnes physiques majeures, de sexes différents ou de même sexe, pour organiser la vie commune». Il crée des droits et des obligations pour les partenaires, notamment une aide mutuelle et matérielle. Dans le Code civil, après les mots «les époux», sont insérés désormais les mots «et les partenaires liés par un pacte civil de solidarité». Pour les couples gays et lesbiens, le PACS marque une reconnaissance égale à celle des couples hétérosexuels. Il y a pourtant certaines discriminations qui demeurent par rapport au mariage: par exemple, les partenaires «pacsés» n'héritent pas automatiquement l'un de l'autre. De plus, l'imposition commune n'est possible qu'au bout de trois ans.

Quels sont les effets juridiques du PACS?

1. Les partenaires doivent s'aider mutuellement et matériellement. Ils sont tenus solidairement des dettes de l'un d'eux pour les besoins de la vie courante et les dépenses liées à leur logement.

2. Les partenaires peuvent indiquer dans leur contrat la séparation des biens acquis après la conclusion du PACS, ou bien accepter la communauté des biens. A défaut de précision, les biens sont considérés comme divisés par moitié.

3. En cas de décès de l'un des partenaires, à défaut de testament, le survivant n'est pas bénéficiaire des biens de celui-ci. Si le partenaire décédé avait légué ses biens au survivant, le legs est taxé.

4. Les partenaires peuvent faire une déclaration d'impôts ensemble (une imposition commune), à partir du 3e anniversaire de l'enregistrement du PACS.

5. Le partenaire qui n'est pas couvert à titre personnel par l'assurance maladie, maternité, et décès bénéficie sans délai de la protection sociale si son partenaire est assuré.

6. Les partenaires ont le droit de prendre leurs congés ensemble et de bénéficier de congés exceptionnels en cas de décès de l'un d'eux.

7. Les partenaires qui travaillent pour l'Etat dans la fonction publique (y compris les écoles, les hôpitaux, la poste) peuvent bénéficier du rapprochement géographique, en cas d'éloignement.

Certains croyaient que le PACS serait réservé aux homosexuels, pour qui c'est une reconnaissance légale de leur union. Mais ce n'est pas du tout le cas. La nouvelle loi concerne des milliers de couples hétérosexuels dans toute la France. Avec le PACS, les hétérosexuels qui refusent le mariage obtiennent des droits supérieurs à ceux offerts par l'union libre et formalisent un peu leur relation. Plus de 25 000 PACS ont été signés en 2002, soit 30% de plus qu'en 2001, et 21 000 autres PACS ont été conclus dans les neuf premiers mois de 2003. Depuis son instauration en 1999 jusqu'à la fin de l'année 2002, le PACS a attiré près de 73 000 couples, homosexuels et hétérosexuels. Lorsque les partenaires décident d'un accord commun de mettre fin au Pacte civil de solidarité, ils remettent une déclaration conjointe au tribunal. La plus belle réussite du PACS est dans le faible nombre de ruptures: en trois ans, seuls 7,8% des contrats ont été dissous (un taux bien moins élevé que celui des divorces, qui est de 40%).

Selon un sondage Sofres (Société française d'enquêtes par sondages) de 2000, 70% des Français sont favorables au PACS, 66% pensent qu'il ne constitue pas un danger pour la famille, près de la moitié acceptent l'idée du mariage

TABLEAU: Trois Statuts de couples

Statut	Mariage	PACS (Union civile)	Union libre
Propriété	commune	commune	séparée
Imposition	déclaration commune	déclaration commune (au bout de 3 ans)	déclarations séparées
Couverture sociale	époux couverts	pacsés couverts	concubins couverts
Héritage	époux héritiers	pacsés non héritiers	concubins non héritiers
Adoption des enfants	possible	impossible	impossible

homosexuel. Bref, les Français estiment que la sexualité est une affaire de vie privée. Selon la Sofres, les Français sont prêts à aller encore plus loin: 68% se disent favorables à une loi punissant les actes et les propos homophobes. Le PACS a changé le regard de la société sur le couple, et il semble être entré dans les mœurs (voir Tableau: Trois Statuts de couples, page 139).

Il n'y a pas que le sexe dans la vie.

LA FRANCE A BESOIN D'ENFANTS.

CAMPAGNE RÉALISÉE PAR AVENIR. DAUPHIN. GIRAUDY.

● La politique familiale

L'institution de la famille n'est pas un sujet indifférent à l'Etat français, dont la politique familiale est très développée. Inaugurée dans les années 1930 et maintenue depuis par tous les gouvernements successifs, la politique familiale a deux objectifs. Le premier est de compenser la charge financière que représentent les enfants: la présence d'un enfant augmente les dépenses pour l'alimentation, pour l'habillement et pour la santé. A cet effet, l'Etat compense les familles au moyen d'allocations familiales des sommes payées mensuellement à chaque femme en fonction du nombre d'enfants qu'elle a.

A partir du deuxième enfant, une allocation est payée à toutes les femmes, françaises ou résidentes étrangères, qui ont à charge des enfants âgés de moins de 20 ans, sans égard pour leurs revenus. En 2004, les prestations mensuelles étaient les suivantes:

pour deux enfants 112,59 €
pour trois enfants 256,83 €
pour chaque enfant de plus 144,25 €

Il y a une augmentation de la somme au moment où chaque enfant (sauf le premier) atteint l'âge de 10 ans (31,67 € par enfant) et encore une autre à l'âge de 16 ans (56,29 € par enfant). Ces allocations sont versées jusqu'à l'âge de 20 ans.

Le deuxième objectif de la politique familiale, très controversé, est d'avoir un impact démographique sur la population de la France. C'est donc une

TABLEAU: Législation concernant la famille et les rapports sexuels en France

1801	Napoléon signe un Concordat avec le pape, mais le mariage reste surtout une affaire civile.
1881	Les femmes célibataires peuvent avoir un compte en banque.
1907	Les femmes mariées qui travaillent peuvent garder leur salaire.
1920	L'avortement et la contraception sont interdits.
1932	Les allocations familiales sont versées pour la première fois (début de la politique nataliste).
1938	La femme ne doit plus obéissance à son mari.
1945	Les femmes obtiennent le droit de vote.
1965	Le Code civil accorde l'égalité aux conjoints: époux et épouse sont égaux devant la loi.
1967	La contraception est légalisée (avec certaines restrictions).
1970	Création du Mouvement de Libération de la Femme. Substitution de «l'autorité parentale» à la place de «l'autorité paternelle» dans le Code civil.
1973	L'éducation sexuelle est introduite à l'école par le ministre de l'Education nationale.
1974	La loi Veil légalise l'IVG (l'interruption volontaire de grossesse). Le Ministère des Droits de la Femme est créé. Il n'y a plus de restrictions sur la contraception. Tous les contraceptifs sont remboursés par la Sécurité sociale et disponibles aux mineurs sans autorisation parentale.
1975	Le divorce par consentement mutuel devient possible.
1978	Le viol est reconnu comme un crime, puni d'emprisonnement.
1982	L'IVG est remboursée par la Sécurité sociale (libre et gratuite). L'âge de l'émancipation sexuelle (homosexuelle comme hétérosexuelle) est fixé à 15 ans.
1988	RU 486, la pilule abortive, est mise en vente.
1999	Le Pacte civil de solidarité (PACS) est créé.

politique nataliste, selon laquelle les allocations constituent le moyen d'encourager les femmes à avoir des enfants (le livret de famille a de l'espace pour inscrire l'acte de naissance de dix enfants). La politique familiale veut influencer les pratiques familiales, notamment le nombre d'enfants, sans porter atteinte à la liberté de choix des individus. Mais il y a des critiques féministes qui voient cette politique comme une tentative peu subtile pour encourager les femmes à rester à la maison, à renoncer à la vie professionnelle et à la notion d'égalité sexuelle. En revanche, l'Etat et les collectivités locales financent un grand nombre de crèches et de garderies qui permettent à la mère de reprendre son travail avant que son enfant entre à l'école maternelle. Il reste pourtant vrai que la politique familiale favorise la famille traditionnelle, tandis que le mouvement contemporain pour l'émancipation des femmes contribue à changer le caractère de la famille. La politique familiale fait partie d'une politique plus large, celle de la protection sociale (voir le chapitre 11).

● Le mouvement féministe

Au XIXe siècle, c'est la culture française qui a créé le mot «féminisme» pour revendiquer les mêmes droits pour les femmes que pour les hommes, surtout le droit de vote. La IIIe République a voté des lois qui ont progressivement accordé plus d'égalité aux femmes: le droit d'une femme célibataire d'avoir un compte en banque (1881), le droit d'une femme mariée de disposer de son salaire (1907), le droit d'une femme mariée de ne pas obéir à son mari (1938). Bien que les Anglaises et les Canadiennes aient obtenu le droit de vote en 1918 et les Américaines en 1920, les Françaises ont dû attendre jusqu'à la fin de la Deuxième Guerre mondiale (1945). La IVe République a été la première république égalitaire en ce qui concerne les femmes. En 1946, la France est devenue le premier pays à reconnaître le principe «à travail égal, salaire égal» (bien qu'il arrive encore aujourd'hui que les femmes soient moins payées que les hommes). La Constitution de 1946 a garanti aux femmes les mêmes droits qu'aux hommes, y compris le droit de vote.

Le Code civil a été modifié progressivement à l'égard du statut de la femme. Au cours du XXe siècle, la femme est devenue l'égale de l'homme sur les plans juridique, financier, professionnel et politique (voir Tableau: Législation concernant la famille et les rapports sexuels en France, page 141). Les dernières Grandes Ecoles qui étaient réservées aux hommes, telles que l'Ecole Polytechnique, ont enfin ouvert leurs portes aux femmes. Les professions qui leur étaient traditionnellement fermées ne le sont plus. Aujourd'hui, les femmes composent 48% des actifs (travailleurs), à peu près le même pourcentage qu'aux Etats-Unis. Le taux de natalité—1,9 enfants par femme—signifie le refus d'une famille nombreuse et le désir de concilier une vie familiale avec une vie professionnelle.

L'année 1970 marque une date importante dans l'histoire du féminisme en France avec la fondation du Mouvement de Libération de la Femme (MLF), une organisation qui a milité pour changer certaines lois ayant rapport aux droits des femmes. «Un homme sur deux», disait le MLF, «est une femme». Le MLF a été fondé par des femmes qui avaient une orientation politique de gauche. La droite est normalement conservatrice envers le mouvement féministe. Une exception remarquable était le président Valéry Giscard d'Estaing (centre-droite). Champion des causes féministes, Giscard a voulu montrer que les femmes pouvaient jouer un rôle efficace dans la politique. En 1974, Giscard a nommé Françoise Giroud au poste de ministre des Droits de la Femme. Ce nouveau ministère, soutenu par le MLF, a aidé à mobiliser l'opinion française pour faire voter de nouvelles lois concernant l'avortement, la contraception, le viol et le divorce.

L'avortement et la contraception étaient interdits en France depuis 1920. Le but de ces interdictions n'était pas religieux mais démographique: c'était une tentative, de la part des pouvoirs publics, de remédier aux pertes provoquées par la Première Guerre mondiale. A partir de 1920, des milliers de femmes sont mortes à la suite d'avortements clandestins, tandis qu'un grand nombre de Françaises qui avaient les moyens financiers nécessaires partaient en Suisse, aux Pays-Bas ou en Angleterre, pays où l'avortement était toujours légal. En 1974, Simone Veil, ministre de la Santé sous Giscard d'Estaing, a introduit devant l'Assemblée nationale un projet de loi légalisant l'avortement. La première campagne importante du MLF a été consacrée à l'avortement, rebaptisé IVG (interruption volontaire de grossesse). Ce mouvement n'a pas suscité les mêmes passions qu'aux Etats-Unis. L'Eglise en France, se trouvant à l'opposé de l'opinion publique sur cette question, a dû se résigner à ce que la loi civile s'écarte parfois de ses valeurs. En 1974, pendant le débat sur la législation de l'IVG, l'Eglise a condamné celle-ci, mais elle n'a pas exercé de pression sur les députés et n'a pas entrepris de campagne anti-avortement, à la différence des évêques à l'étranger. La plupart des députés de la Majorité (la droite) ont voté contre la «loi Veil», mais celle-ci a été soutenue par la gauche et elle est passée. A partir de 1974, l'IVG est donc autorisée mais non gratuite et elle coûtait assez cher. Le remboursement de l'IVG par la Sécurité sociale, accordé en 1982 par le gouvernement Mauroy, a fait de ce phénomène, si controversé aux Etats-Unis, un acte médical libre et gratuit. Le remboursement de l'IVG n'a pas entraîné une augmentation du nombre d'avortements en France. L'Eglise s'est opposée à cette loi de remboursement mais en 1986, Jacques Chirac a annoncé qu'elle serait maintenue par son gouvernement. L'explication de ce phénomène est peut-être que les catholiques français ont pris le parti de vivre dans une société pluraliste. En tout cas, ce mouvement a tellement changé la façon dont les Français considèrent l'IVG que seule l'extrême-droite réclame encore son abolition. Aujourd'hui, l'IVG est placée dans le domaine de la conscience individuelle, et elle est largement reconnue comme un choix personnel et privé. C'est la femme enceinte qui décide, mais le consentement parental est nécessaire si elle est mineure.

Dans les années 1980, un médicament qui interrompt la grossesse a été développé par les chercheurs de la société pharmaceutique Roussel-Uclaf. Personne dans ces laboratoires ne travaillait à la création d'une pilule abortive, mais celle-ci a été découverte par hasard. Elle a été baptisée RU 486. Depuis 1975, le seul avortement pratiqué dans les hôpitaux français consistait en une intervention chirurgicale. RU 486 apportait une solution moins traumatique. Tout de suite, l'Eglise a réagi et a rejeté cette méthode, et le débat est devenu moral. Face à la menace du boycottage de la part des Etats-Unis, Roussel-Uclaf a hésité à commercialiser son produit. Mais en 1988, Claude Evin, ministre de la Santé, a exercé son autorité juridique en faveur de la liberté de choix: le Gouvernement a obligé la distribution et la mise en vente de RU 486. «Cette pilule», disait Evin, «est la propriété morale des femmes». C'est un slogan qui a été répété par les féministes américains, qui ont réclamé la mise en vente de RU 486 aux Etats-Unis. Ce médicament, sous le nom de Mifepristone, a été approuvé pour la vente aux Etats-Unis en 2002 par le gouvernement Clinton.

La contraception, elle aussi, a été libéralisée en 1974. Depuis cette année-là, certaines méthodes contraceptives sont en vente libre en pharmacie, et d'autres, comme la pilule contraceptive, sont en vente sur ordonnance médicale et sont remboursées par la Sécurité sociale. Les centres départementaux de «planning familial» délivrent gratuitement des contraceptifs aux mineurs (à partir de 15 ans) même sans consentement parental, et sans distinction entre les gens mariés et non-mariés. Depuis des années, la pilule est la méthode de contraception préférée, mais plus récemment, suite à la campagne contre le SIDA, le préservatif est devenu très populaire. En 1996, les évêques catholiques français ont accepté l'emploi des préservatifs comme une nécessité pour la lutte contre le SIDA. Le MLF a aussi mené une grande campagne publicitaire contre le viol, une campagne qui a profondément modifié l'attitude des Français envers cette forme de violence. En 1978, la loi a reconnu le viol comme un crime, puni pour la première fois d'emprisonnement. En 1980, la loi a garanti à la victime une protection de sa vie privée, c'est-à-dire que ses expériences sexuelles antérieures ne sont pas prises en considération devant le tribunal. Une autre campagne du MLF cherchait à libéraliser les lois concernant le divorce. Jusqu'en 1975, il était très difficile de divorcer en France, pays en principe catholique. Pour divorcer d'avec son époux ou épouse, il fallait démontrer une «faute» quelconque, ce qui était souvent difficile à prouver. En 1975, une réforme du divorce a détaché celui-ci de la notion de faute et maintenant un couple peut divorcer par consentement mutuel. Sept demandes de divorce sur dix viennent de la part de l'épouse. S'il y a des enfants, l'un des époux (d'habitude le mari) sera peut-être obligé de payer une pension alimentaire à l'autre (en général la femme) qui a la garde des enfants. Le résultat de cette situation est l'existence de familles monoparentales, l'une des nouvelles formes familiales.

Le MLF s'est donc intéressé aux problèmes liés à l'oppression sociale des femmes. Etant donné qu'il avait à affronter des obstacles culturels très puissants, il est vraiment remarquable de voir les changements que le mouvement féministe a pu effectuer, au cours des années 1970 et jusqu'à nos jours. Quand la gauche est venue au pouvoir en 1981, elle a continué dans cette direction: Yvette Roudy a été nommée ministre des Droits de la Femme et elle a continué à travailler pour l'émancipation des femmes. Le gouvernement Mauroy comprenait six femmes ministres et à cette époque-là, il y avait aussi 26 députées, la plupart du Parti Socialiste. La droite était encore plutôt anti-féministe: pendant la première cohabitation, Jacques Chirac a aboli le ministère consacré aux femmes et il n'y avait aucune femme ministre dans son gouvernement. Le Ministère des Droits de la Femme a été restauré en 1988 par le gouvernement Rocard. En 1991, une femme, Edith Cresson, a été nommée Première ministre, la première femme à exercer cette fonction en France. De nos jours la présence des femmes dans le Gouvernement est un phénomène tout à fait attendu. Dans le gouvernement Raffarin il y a neuf femmes ministres, y compris Michèle Alliot-Marie à la tête du Ministère de la Défense.

La politique familiale en France est très développée.

● La famille en crise?

L'émancipation de la femme dans la société française s'accompagne d'une baisse de l'influence catholique. L'Eglise avait toujours réglementé le comportement sexuel et la vie familiale, et elle avait toujours condamné la contraception, l'avortement et le divorce. Il n'est pas surprenant que l'évolution de la vie sexuelle et familiale ait changé le caractère de la famille, et c'est dans le domaine familial que toutes ces transformations sont les plus visibles. Pendant les deux dernières décennies du XXe siècle, certains parlaient d'une crise de la famille. Le nombre de mariages avait baissé, de plus de 400 000 dans les années 1970 à 250 000 dans les années 1980 et 1990. Pourtant en 2000 et 2001, le nombre est remonté, dépassant la barre des 300 000. En revanche, la cohabitation des concubins et des pacsés se développe de plus en plus: 12% de l'ensemble des couples cohabitent sans être mariés. Bien que 90% des couples mariés aient cohabité avant de se marier, l'union libre est vue de plus en plus comme une façon acceptable de vivre en couple plutôt qu'un «mariage à l'essai». Le taux de nuptialité est de 4,9 mariages pour mille habitants (contre 8,9 aux

Etats-Unis). Même l'arrivée prévue d'un enfant ne constitue plus une pression sociale en faveur du mariage. En fait, il y a une augmentation des naissances hors mariage. Aujourd'hui, un enfant sur trois a des parents qui ne sont pas mariés et près de la moitié des naissances d'un premier enfant ont lieu hors mariage. Le taux de divorce ne cesse d'augmenter: quatre mariages sur dix se terminent en divorce (contre un sur deux aux Etats-Unis). Le nombre de familles monoparentales augmente fortement aussi.

Que se passe-t-il donc? La famille est-elle en voie de disparition? Pas du tout. On pourrait dire plutôt que la conception de la famille subit de profondes mutations depuis plusieurs années. C'est l'institution du mariage qui est souvent remise en cause par les jeunes, et non pas l'existence du couple ou de la famille. Si un couple qui habite en union libre décide de «régulariser» leur union par le mariage, c'est souvent pour contenter leurs parents, surtout en province (les vieilles conventions morales sont toujours importantes chez les personnes plus âgées). Un «ménage» ne signifie plus forcément un couple marié, tout comme une «famille» ne signifie plus forcément un homme, une femme et un ou plusieurs enfants. De nouvelles formes de vie familiale coexistent avec la famille traditionnelle.

● La population de la France

Assez régulièrement, la République française compte ses habitants, une procédure qui s'appelle un recensement. D'après le recensement de 1999, il y a 60 millions de Français dans la Métropole, et 2 millions de plus dans les DOM–TOM. La population de la France est un problème qui préoccupe les pouvoirs publics depuis longtemps. En 1800, peu de temps après la Révolution, la France comptait 28 millions d'habitants et était le pays le plus peuplé d'Europe. En 1900, un siècle plus tard, la population française était à 40 millions, et la France était devenue le cinquième pays d'Europe. Ensuite, sont survenues les Première et Deuxième Guerres mondiales dont le résultat a été une grande mortalité. En 1946, après la Libération, la France comptait toujours 40 millions d'habitants. Sa population était donc restée stationnaire pendant la première moitié du siècle. En ce qui concerne la population, la France a la densité la moins élevée d'Europe après celle de l'Espagne.

Le recensement confirme la continuation de l'exode rural. La France devient une grande banlieue: les campagnes continuent à se vider, tandis que les villes étendent de plus en plus leurs tentacules. Certaines Régions très urbanisées, comme l'Ile-de-France, la Région Rhône-Alpes et la Provence-Alpes-Côte d'Azur, attirent de plus en plus d'habitants. Les anciennes zones industrielles, telles que le Nord et la Lorraine, sont sur le déclin et le Massif central est relativement déserté. Le recensement confirme aussi le déséquilibre entre les trois «âges»: les jeunes (ceux qui ont moins de 20 ans) constituent 25% de la population, les adultes (20 à 60 ans) 54% et les personnes âgées (plus de 60 ans) 21%. Puisque l'immigration est restreinte depuis une dizaine d'années, la croissance démographique est due en grande partie aux naissances.

I. Répondez aux questions suivantes.

1. Qui avait l'autorité légale de marier un couple avant la Révolution? Qui possède cette autorité depuis?
2. Quelles sont les formalités nécessaires à un mariage?
3. Qui possède un livret de famille? En quoi ce livret consiste-t-il?
4. Peut-on donner n'importe quel prénom à son enfant? Expliquez.
5. Quelles sont les options dont les mères de famille disposent pour la garde de leurs enfants si elles travaillent?
6. Que fait le Gouvernement pour limiter les grossesses involontaires et les maladies sexuellement transmises chez les jeunes?
7. Qu'est-ce que le PACS? Quelle controverse a-t-il créée au départ?
8. Citez quelques conséquences juridiques du PACS.
9. Quelles sont les différences entre le PACS et l'union libre?
10. Quelles sont les raisons de la politique familiale en France?
11. En quoi consiste le système des allocations familiales? Expliquez en détail.
12. Que pensent certains critiques féministes du système des allocations familiales?
13. Pourquoi l'année 1970 est-elle importante dans l'histoire du féminisme en France?
14. Pourquoi la création du Ministère des Droits de la Femme a-t-elle été remarquable?
15. Citez quelques campagnes menées par le MLF.
16. Quel a été le rôle de l'Eglise vis-à-vis de la loi sur l'IVG?
17. Quelle a été l'attitude du Gouvernement vis-à-vis de la pilule abortive (RU 486)?
18. Quel gouvernement a aboli le Ministère des Droits de la Femme?
19. Quels sont les différents types de vie familiale qui coexistent avec la famille traditionnelle?
20. Quelles sont les tendances principales en ce qui concerne la population de la France?

II. Décrivez brièvement le rôle joué par les personnes suivantes vis-à-vis de la condition féminine en France:

1. Simone Veil
2. Yvette Roudy
3. Valéry Giscard d'Estaing
4. Claude Evin
5. Ségolène Royal

III. Etes-vous d'accord? Sinon, justifiez votre réponse.

1. Un enfant doit être inscrit sur un livret de famille dans un délai de cinq jours après la naissance.
2. Il faut aller voir un médecin avant de pouvoir se marier.
3. Un enfant dont les parents sont mariés porte automatiquement le nom de son père.
4. Les hommes et les femmes qui ont la même profession gagnent le même salaire.
5. Le pourcentage des femmes dans la population active atteint presque 25%.
6. La loi contre le viol garantit le respect de la vie privée de la victime.
7. Le remboursement de l'IVG a contribué à une augmentation du nombre d'avortements.
8. La vente de RU 486 est interdite aux Etats-Unis.
9. Il y a de plus en plus de naissances hors mariage en France.
10. Il y a plus de ruptures de couples dans le cas du PACS que dans celui du mariage.

IV. Eliminez la mauvaise réponse.

1. Une fiche d'état civil indique
   a. le domicile de la personne
   b. si la personne a été emprisonnée
   c. l'identité des parents de la personne
   d. si la personne a été mariée

2. A l'âge de 16 ans, un enfant peut
   a. conduire une moto
   b. abandonner ses études
   c. se marier sans l'autorisation de ses parents
   d. obtenir des contraceptifs gratuitement

3. Les allocations familiales sont versées
   a. uniquement aux mères de famille qui travaillent à la maison
   b. au moins jusqu'à ce que les enfants atteignent l'âge de 20 ans
   c. aux mères de famille qui ont au moins deux enfants
   d. proportionnellement au nombre d'enfants

4. Parmi les tendances actuelles de la vie familiale en France, on peut dire
   a. qu'il y a de plus en plus de divorces
   b. qu'il y a de plus en plus de mariages
   c. qu'il y a de moins en moins de jeunes qui vivent ensemble avant de se marier
   d. qu'il y a de plus en plus de naissances hors mariage

V. Discussion.

1. Peut-on parler d'une crise de la famille en France? Justifiez votre point de vue.
2. Discutez les vues des partis politiques de droite et de gauche sur l'avortement et la contraception. Comparez ces vues avec celles qui existent aux Etats-Unis.
3. Discutez les diverses campagnes du MLF.
4. Comparez la vie des femmes en France et aux Etats-Unis.
5. Que pensez-vous du rôle que l'Etat joue dans la vie familiale?

VI. Vos recherches sur Internet.

Afin de faciliter vos recherches et de répondre à ces questions, consultez le site du livre: http://lafrance.heinle.com.

1. Faites des recherches sur la famille en France: y a-t-il plus ou moins d'enfants dans les familles recomposées (où le père et/ou la mère ont déjà des enfants d'un premier mariage)? Quelle est la moyenne d'âge du départ des jeunes de chez leurs parents?
2. Quelle sera l'évolution de la population dans la France de demain? Quelles sont les projections démographiques pour la France d'ici les trente à cinquante prochaines années?
3. Faites des recherches sur la parité. Les hommes et les femmes sont-ils vraiment égaux dans leur vie professionnelle ou familiale?
4. Que fait le Gouvernement pour lutter contre la violence à l'égard des femmes?
5. Que fait le Gouvernement pour aider la famille, l'enfance, l'adolescence?

Le travail et le temps libre

● La population active

Dans la France contemporaine, le travail représente un élément important de la vie quotidienne. L'ensemble de ceux qui exercent une profession (les travailleurs) et de ceux qui cherchent un emploi (les chômeurs) constitue la population active. Actuellement, la population active comprend 27 millions de Français, soit 44% de la population. Ceux qui ne sont pas actifs sont les jeunes (qui font des études), les retraités (qui ne travaillent plus), les handicapés (qui ne sont pas capables de travailler), ainsi que les personnes qui élèvent leurs enfants à la maison. De nos jours, la durée de la vie professionnelle diminue, c'est-à-dire que les gens consacrent une moins grande partie de leur vie et moins de temps pendant l'année au travail. Beaucoup de jeunes poursuivent leurs études plus longtemps avant d'entrer dans la vie professionnelle. Les salariés français ont maintenant une durée hebdomadaire de travail de 35 heures, et ils bénéficient de cinq semaines de congés payés. Ceci n'est pas le cas pour les travailleurs indépendants, qui n'ont pas de patron (agriculteurs, petits commerçants, professions libérales, etc.). Une minorité des actifs disposent de moins de cinq semaines de congés annuels. Néanmoins, la réduction du temps de travail signifie une augmentation du temps libre dans la vie française, ce qui contribue au développement des loisirs et des vacances. Deux phénomènes ont profondément influencé le caractère de la population active depuis la fin de la Deuxième Guerre mondiale. Le premier est le développement du travail féminin. De plus en plus de femmes, qu'elles soient mères de famille ou non, exercent une profession. Aujourd'hui, la moitié des femmes adultes travaillent en dehors de la maison et les femmes constituent 48% de la population active. Le deuxième phénomène est l'afflux des travailleurs immigrés, qui sont venus occuper les places les moins bien rémunérées. Il y a actuellement plus de deux millions d'immigrés actifs, soit 9% de la population active.

On peut diviser la population active en trois secteurs économiques, selon le genre d'activité exercée par les travailleurs. Le secteur primaire est constitué par ceux qui travaillent dans l'agriculture et la pêche, c'est-à-dire ceux qui nourrissent la nation. La France est la deuxième puissance agricole du monde, après les Etats-Unis. Le secteur secondaire consiste en ceux qui travaillent dans l'industrie et qui fabriquent des produits. La France est la quatrième puissance industrielle du monde, après les Etats-Unis, le Japon et l'Allemagne. Le secteur tertiaire comprend tous ceux qui effectuent des services: les commerçants, les employés de bureau, les professeurs, les médecins, etc. Ce secteur réunit tous ceux qui travaillent dans le commerce, les finances, l'administration, l'éducation, la santé, le tourisme, les transports et l'informatique. Aujourd'hui, malgré leur grande productivité, les secteurs primaire et secondaire ont relativement peu d'effectifs: le secteur primaire représente seulement 6% de la population active de la France et le secteur secondaire seulement 29%. C'est le secteur tertiaire qui montre une croissance spectaculaire dans le pays riche et surdéveloppé qu'est la France. Le secteur tertiaire représente 65% de la population active. La répartition de la population active a changé radicalement en 50 ans, comme le démontrent les statistiques suivantes:

Secteur	1954	1975	2003
primaire	28%	10%	6%
secondaire	37%	39%	29%
tertiaire	35%	51%	65%

Traditionnellement, du point de vue économique, on coupait la France en deux parties, est et ouest, riche et pauvre. On disait que l'Est de la France, les Régions où dominait l'industrie (le Nord, la Lorraine, l'Alsace, la région Rhône-Alpes), constituait la zone riche, tandis que l'Ouest, où dominaient l'agriculture et la pêche (la Bretagne, l'Aquitaine, le Massif central), constituait la zone pauvre. De nos jours on parle de la «tertiarisation» de la France, c'est-à-dire que les zones les plus urbanisées (l'Ile-de-France, la région Rhône-Alpes et la Provence-Alpes-Côte d'Azur) deviennent aussi les plus riches parce que de plus en plus de travailleurs font partie du secteur tertiaire.

● Les catégories socioprofessionnelles

Le genre de travail que fait un individu détermine en grande partie son mode de vie et sa classe sociale. Le Gouvernement a dressé une liste officielle des «catégories socioprofessionnelles» dont la base de classement est l'activité professionnelle. Toute la population française est répartie en huit catégories officielles:

1. *Les agriculteurs* Cette catégorie comprend les fermiers qui exploitent leur propre terre ainsi que les salariés agricoles qui travaillent pour de grandes

entreprises. Il y a de moins en moins d'agriculteurs, ce qui n'empêche pas la France d'être le deuxième pays exportateur mondial de produits agricoles.

2. *Les artisans, les commerçants et les chefs d'entreprise* Cette catégorie comprend les patrons d'entreprise, que ce soit un boulanger ou un propriétaire de café, ou bien le PDG (président-directeur général) d'une grande banque.

3. *Les cadres supérieurs et les professions libérales* C'est une catégorie qui a un mode de vie assez élevé et qui augmente rapidement. Les cadres supérieurs sont ceux qui remplissent des postes élevés dans une entreprise (des directeurs, par exemple), tandis que les professions libérales comprennent les médecins, les avocats, les professeurs, les ingénieurs et les architectes. Ce sont des professions qui exigent une formation intellectuelle.

4. *Les professions intermédiaires* Cette catégorie comprend les cadres moyens, les gérants, les techniciens et les infirmiers—professions qui exigent également une certaine formation.

5. *Les employés* Dans cette catégorie se trouvent le personnel de bureau, le personnel commercial (vendeurs), les secrétaires et les employés de la fonction publique.

6. *Les ouvriers* Cette catégorie diminue avec la «tertiarisation» de la France. Elle comprend les OS (ouvriers spécialisés) aussi bien que les manœuvres (non-spécialisés).

7. *Les retraités* Depuis 1983, on peut prendre la retraite à 60 ans (voir le chapitre 11).

8. *Les personnes sans activité professionnelle* Dans cette catégorie se trouvent les jeunes, les femmes au foyer, les handicapés, etc.

Peut-on sortir de la catégorie socioprofessionnelle de ses parents? Oui, mais il faut avouer que la mobilité sociale en France est difficile et assez rare, surtout pour les agriculteurs et les ouvriers. La majorité des travailleurs restent dans leur catégorie d'origine. La meilleure voie pour en sortir est la réussite scolaire, théoriquement ouverte à tous les enfants.

On peut également diviser la population active en deux grands groupes, ceux qui travaillent pour une entreprise privée (le secteur privé) et ceux qui travaillent dans le secteur public. Ce dernier comprend l'ensemble des fonctionnaires qui exercent des fonctions publiques (les postiers et les facteurs, les enseignants, le personnel hospitalier, les employés des ministères et des collectivités locales). Le secteur public comprend aussi tous ceux qui travaillent pour les entreprises nationales. Les entreprises nationales sont celles dont la majorité des actions appartiennent à l'Etat, et qui sont gérées par l'Etat: l'Electricité de France, le Gaz de France, la SNCF (Société nationale des chemins de fer), France-Télécom (le réseau téléphonique), Radio France, Air France, etc. (voir le chapitre 16). Un Français sur cinq travaille directement ou indirectement pour l'Etat, ce qui fait que l'Etat est le premier patron de France. Dans certains domaines l'Etat a le monopole (le chemin de fer, l'énergie), tandis que dans d'autres il est en concurrence avec le secteur privé (la radio, l'aviation).

● Un peu d'histoire

La révolution industrielle du XIXe siècle a profondément changé non seulement le caractère de la population active, mais aussi celui de la démographie de la France. Jusqu'à cette époque, la France avait été un pays agricole, et la majorité des Français étaient des paysans qui travaillaient dans le secteur primaire. A partir du milieu du XIXe siècle, la prolifération d'usines industrielles dans les grandes villes a créé un besoin de main-d'œuvre, et la promesse du travail a inauguré l'exode rural. La révolution industrielle a donc contribué à l'urbanisation de la France et au développement d'une nouvelle classe urbaine, la classe ouvrière. Les ouvriers (anciens paysans qui travaillaient désormais dans les mines et dans les usines) étaient exploités par les grands patrons propriétaires. Les hommes, les femmes et même les enfants étaient obligés de travailler de longues journées, jusqu'à 12 heures par jour, et souvent dans des conditions insalubres. Cette époque a vu l'élaboration des doctrines socialistes et marxistes. Selon ces doctrines, devenues très populaires chez les intellectuels et plus tard chez les ouvriers aussi, la classe ouvrière (le «prolétariat») était exploitée par le patronat «capitaliste», car ce dernier n'avait de capital que grâce à ces ouvriers. Dans les premières années de la IIIe République, à mesure que la classe ouvrière grandissait et au moment où elle avait obtenu le droit de vote, les doctrines socialistes ont commencé à exercer une influence sur les partis politiques et à travers ceux-ci, sur la législation. Les ouvriers ont commencé à ressentir le besoin de défendre leurs intérêts en créant des organisations qui puissent négocier avec le patronat: des syndicats. Mais les organisations syndicales restaient illégales depuis la Révolution: la loi Le Chapelier avait interdit les coalitions d'ouvriers en 1791, et cette interdiction avait été reprise par le Code pénal en 1810. En 1884, pourtant, la loi Waldeck-Rousseau a autorisé le regroupement des ouvriers en syndicats. La notion de syndicat a donc obtenu une reconnaissance légale sous la IIIe République et à partir de 1884, le syndicalisme a pris racine en France. La première grande confédération nationale, la Confédération générale du travail (la CGT), a été créée en 1895. Ce n'est pas surprenant que ce grand syndicat soit d'inspiration marxiste. L'idéologie marxiste a d'ailleurs dominé les rapports entre les syndicats et le patronat au cours du XXe siècle. Grâce à l'aide du mouvement syndical, la classe ouvrière a continué à faire des progrès sur le plan social et économique.

En 1936, les pays voisins de la France s'étaient laissé dominer par des régimes fascistes: celui d'Hitler en Allemagne, celui de Mussolini en Italie et celui de Franco en Espagne. Réagissant contre cette montée de l'extrême-droite à l'étranger, les Français ont voté pour la gauche. Une coalition de communistes et de socialistes, appelée le Front Populaire, a gagné une majorité à l'Assemblée nationale et Léon Blum a été nommé Premier Ministre. Ce Gouvernement n'a duré que peu de temps (1936–38), mais il a accompli de grandes choses sur le plan social, de sorte que le Front Populaire est très vénéré dans la France contemporaine. Par les Accords de Matignon, Léon Blum a fixé la semaine de travail à 40 heures, et il a créé, pour la première fois en France, deux semaines de congés payés pour chaque travailleur français. Jusque là, la plupart des travailleurs ne pouvaient pas se permettre, pour des raisons financières, d'arrêter leur travail pour prendre des vacances. Mais à partir de 1936, chaque travailleur a eu le droit de ne pas travailler pendant deux semaines et d'être payé quand même. C'est cette année-là que beaucoup d'ouvriers français ont vu la mer pour la première fois. En 1956, sous la IVe République, les congés payés ont été étendus jusqu'à trois semaines et en 1969 (sous la Ve République) à quatre semaines.

Comme le secteur secondaire a remplacé en importance le secteur primaire pendant la révolution industrielle, les décennies depuis la Deuxième Guerre mondiale ont témoigné d'une «révolution tertiaire» dans le monde du travail en France. A mesure que les mines fermaient et que les grandes entreprises industrielles changeaient d'orientation, la classe ouvrière a diminué en importance, et le Parti Communiste a commencé à être sur le déclin. Le Parti Socialiste, venu au pouvoir en 1981, ne représente plus les ouvriers en particulier mais tous les actifs, c'est-à-dire les travailleurs. En 1982 a été votée une série de lois concernant le travail, dites «lois Auroux» (d'après Jean Auroux, le ministre du Travail sous Mitterrand). Ces lois sont en faveur des salariés. Elles ont établi la semaine de travail de 39 heures sans réduction de salaire (une mesure symbolique en faveur des travailleurs), avec des majorations pour les heures supplémentaires.

Une manifestation en faveur de la semaine de 35 heures

Les lois Auroux ont augmenté la durée des congés payés à cinq semaines pour tous les travailleurs salariés. D'après les lois Auroux, la négociation des salaires est collective, entre les chefs d'entreprises et les syndicats. Ces lois ont prévu une amélioration des conditions de travail, notamment en ce qui concerne l'hygiène et la sécurité, et elles ont fixé l'âge de la retraite à 60 ans. Elles ont aussi élargi le pouvoir des comités d'entreprise, c'est-à-dire que les employés peuvent désormais participer activement à la gestion de l'entreprise. De plus, les sections syndicales peuvent être constituées dans toutes les entreprises, et les représentants de celles-ci sont élus par les salariés. En 1983, l'Assemblée nationale a voté une loi sur l'égalité professionnelle entre hommes et femmes. Cette loi ne se limite pas à l'embauche mais s'étend à la rémunération et à la promotion: désormais les femmes ont les mêmes chances d'être embauchées et promues que les hommes, et elles doivent être payées le même salaire pour le même travail (voir Tableau: Quelques dates, page 156).

● Le syndicalisme

Le but des syndicats est de défendre les intérêts des travailleurs contre le patronat. Il n'est donc pas surprenant que les syndicats français aient été influencés par les doctrines socialistes au cours de leur histoire. Certains syndicats ne cherchent qu'à défendre les intérêts professionnels de leurs membres, tandis que d'autres ont une mission bien plus politique. Avec deux millions d'adhérents, la CGT est le syndicat d'ouvriers le plus grand et le plus puissant. Ayant adopté la doctrine marxiste de la lutte des classes, la CGT est nettement anticapitaliste. Mais cet aspect doctrinaire et idéologique des syndicats est en train de changer. Dans la population active, il y a de plus en plus de cadres et de techniciens et de moins en moins d'ouvriers, ce qui entraîne un changement dans le rôle des syndicats et dans le discours syndical. Les syndicats ne représentent pas seulement la classe ouvrière mais aussi les professions libérales et intellectuelles: par exemple, il y a des syndicats qui représentent les enseignants, les médecins et les cadres. Malgré l'existence de nombreux syndicats, seulement 7% de la population active est syndiquée (contre 15% aux Etats-Unis). Le taux de syndicalisme est plus élevé dans le secteur public (20%) que dans le secteur privé, mais il est en baisse partout, une baisse due surtout à la tertiarisation de l'économie.

L'arme la plus puissante dont disposent les syndicats est la grève. En annonçant une cessation totale du travail, les syndicats peuvent exercer une grande pression sur le patronat pour augmenter le salaire des travailleurs ou pour améliorer les conditions de travail. Le droit de grève est garanti par la Constitution de 1958. Tous les travailleurs ont le droit de faire grève, mais dans le secteur public il faut donner un «préavis de grève», c'est-à-dire qu'il faut annoncer la grève à l'avance. Le droit de grève est moins utilisé aujourd'hui qu'autrefois, mais la grève continue à être l'arme principale pour les revendications professionnelles et politiques. En 1995, par exemple, le gouvernement Juppé a dû faire face à de nombreuses grèves dans le secteur public (les transports, les enseignants, la poste, etc.). En 1996, une grève des routiers a paralysé

TABLEAU: Quelques dates importantes pour la législation sociale

1791	La loi Le Chapelier interdit les coalitions d'ouvriers.
1884	La loi Waldeck-Rousseau autorise la formation des syndicats.
1895	La première confédération nationale, la CGT, est créée.
1936	Les Accords de Matignon fixent la semaine de travail à 40 heures et instituent deux semaines de congés payés; un fonds national de chômage est créé.
1956	La durée des congés payés est portée à trois semaines.
1969	La durée des congés payés est portée à quatre semaines.
1970	Le SMIC (salaire minimum) est institué.
1982	Les lois Auroux établissent la semaine de 39 heures, la cinquième semaine de congés payés, la négociation collective des salaires et la retraite à 60 ans.
1983	L'égalité professionnelle entre hommes et femmes est établie.
1988	Le RMI (revenu minimum d'insertion) est créé.
1998	La première loi Aubry sur la semaine de 35 heures est votée.
2000	La seconde loi Aubry sur la semaine de 35 heures est votée.

la France pendant 12 jours (les routiers réclamaient la retraite à 55 ans). Pourtant, le nombre d'heures de grève annuelles est proportionnellement moins élevé en France qu'aux Etats-Unis.

● Le chômage

Inspiré par la politique de Franklin Roosevelt aux Etats-Unis, le Front Populaire a institué un fonds national de chômage pour aider ceux qui avaient perdu leur emploi. Entre 1990 et 2003, le chômage a vacillé entre 9% et 12% de la population active. Les offres et les demandes de travail sont centralisées par l'Agence Nationale pour l'Emploi (l'ANPE), gérée par le Ministère du Travail. Les chômeurs doivent s'inscrire dans une agence locale de l'ANPE pour toucher une allocation chômage, une somme d'argent qui représente un pourcentage du salaire précédent. Les salariés et les employeurs cotisent (contribuent une portion du salaire) au régime de l'assurance-chômage, mais l'allocation reçue par les chômeurs est limitée à un certain temps, selon la durée de ses cotisations.

Malheureusement, une bonne partie des chômeurs (40%) ne reçoivent pas cette allocation, soit parce qu'ils n'ont pas travaillé assez longtemps avant d'être au chômage, soit parce qu'ils sont au chômage depuis trop longtemps. Pour les jeunes et les femmes qui cherchent un premier emploi et qui n'ont donc pas cotisé (contribué régulièrement), il existe un «régime de solidarité» qui verse une allocation chômage pendant un an au maximum et qui est financé par l'Etat. En 1988, le gouvernement Rocard a créé le RMI, Revenu minimum d'insertion («insertion» signifie «entrée dans la population active»). Le RMI est une allocation attribuée aux personnes sans ressources, de plus de 25 ans ou ayant des enfants à charge, qui n'ont pas droit au chômage parce qu'elles n'ont pas suffisamment cotisé. Les «RMIstes» (prononcé «érémistes») sont devenus une catégorie défavorisée dont on parle souvent dans les médias. La moitié des RMIstes sont de jeunes adultes, et 90% sont de nationalité française. Aujourd'hui, le RMI est versé à deux millions de personnes, y compris les enfants à charge. En 2003, le RMI représentait, en fonction du nombre d'enfants, entre 411 € et 864 € par mois.

Depuis longtemps le travail et le chômage représentent une grande préoccupation des pouvoirs publics. Pour garantir un salaire minimum à tous les travailleurs, le SMIC (salaire minimum interprofessionnel de croissance) a été créé en 1970. Chaque année, le taux du SMIC est fixé par le Conseil des Ministres. En 2003, le montant horaire du SMIC était de 7,19 € et le montant mensuel pour la base légale de 35 heures était de 1 090,48 € . Dans la population active, il y a actuellement deux millions de «smicards» (ceux qui gagnent le salaire minimum). Le chômage et les bas salaires ne sont pas répartis équitablement entre les deux sexes: une grande majorité des chômeurs et des smicards sont des femmes. Les jeunes sont aussi très touchés par le chômage. Afin d'encourager l'embauche des jeunes, les entreprises qui les emploient ne sont pas obligées de payer de charges sociales sur leurs salaires. Les années 1980 ont témoigné d'un essor spectaculaire de l'emploi précaire: beaucoup de femmes et de jeunes ont été embauchés au moyen d'un CDD (contrat à durée déterminée, six mois ou moins) dans les banques, dans les hôpitaux, dans les bureaux, dans le bâtiment et dans les travaux publics. Les CDD sont devenus la règle pour les personnes sans qualifications. Mais cette sorte de travail n'apporte pas de sécurité, car il est impossible à ces travailleurs de louer un appartement ou d'acheter à crédit. Près de la moitié des emplois précaires aboutissent au chômage. La précarité est en pleine expansion, créant en France une classe nouvelle de travailleurs, ceux qui ont un emploi mais qui vivent dans une grande pauvreté.

● La semaine de 35 heures

Vers la fin des années 1990, le gouvernement Jospin est entré en négociations avec le patronat et les syndicats pour lancer une réduction du temps de travail hebdomadaire des salariés, de 39 heures à 35 heures. Le but de cette réforme était de créer de nouveaux emplois afin de réduire le chômage. Martine Aubry, ministre de l'Emploi et de la Solidarité, a fait voter une loi (dite «loi Aubry») en 1998 qui a proposé une réduction du temps de travail (RTT) et a fait appel à la «négociation sociale» pour poursuivre cette initiative. Une seconde loi Aubry («Aubry II») a été votée en 2000. Celle-ci a établi un cadre précis pour l'application de la RTT. La durée légale du travail des salariés a été fixée à 35 heures par semaine, soit 1 600 heures par an (le calcul peut être hebdomadaire ou annuel). Les petites entreprises, celles qui emploient moins de 20 salariés, ont disposé de plus de temps que les grandes pour faire la transition et pour s'adapter au changement. Si un salarié travaille au-delà de 35 heures, ces heures sont désormais payées en supplément par les entreprises ou compensées par des heures de congé. Les lois Aubry ont concerné 85% de la population active.

Inutile de dire que le patronat français était très hostile à la notion d'une baisse du temps de travail qui n'était pas compensée par une réduction de salaire équivalente. Le projet initial avait été bien accueilli par les travailleurs français, qui croyaient disposer de plus de temps libre sans rien perdre de leur pouvoir d'achat. Mais plus tard, les lois sur la réduction du temps de travail sont devenues très controversées. Elles ont divisé non seulement la gauche et la droite, mais aussi les salariés et les travailleurs indépendants, les grandes entreprises et les petites, les ouvriers et les employés. Ceux qui ne sont pas salariés et ne peuvent pas réduire leurs heures de travail—les artisans, les commerçants, les médecins, par exemple—regardent la RTT comme un rêve, un luxe. Les salariés des petites entreprises (hôtellerie, restauration, commerce) se sentent défavorisés vis-à-vis de ceux qui travaillent pour les grandes entreprises. La RTT a accentué les inégalités qui existaient déjà entre les deux. Les 35 heures ont permis à certains cadres de bénéficier de deux semaines de congés supplémentaires en compensation des heures supplémentaires. En somme, la RTT ne plaît pas à tous les Français, loin de là. Les élections présidentielles et législatives de 2002 ont effectué un changement de gouvernement en plein milieu de la transition vers la RTT. Face au mécontement public concernant la RTT, le gouvernement Raffarin a proposé, en 2004, une modification, un assouplissement des lois Aubry en faveur des entreprises. La législation sur la durée du travail en France est plus favorable que dans les pays voisins: celle-ci est aujourd'hui fixée à 40 heures hebdomadaires en Espagne et en Belgique, à 44 heures au Portugal et à 48 heures en Allemagne, en Italie et aux Pays-Bas. Au Royaume-Uni et au Danemark, il n'existe pas de législation à ce sujet.

● Le temps libre

Pour l'ensemble des Français qui exercent une profession, le temps libre (les loisirs, les divertissements et les vacances) est d'une importance capitale. La plupart des Français estiment que la sécurité de l'emploi, et surtout le temps libre, sont plus importants que le salaire qu'ils gagnent. La journée et la semaine des Français sont partagées entre le travail et le temps libre, et ce dernier est consacré aux loisirs. Certains loisirs culturels (comme la télévision, la lecture, le cinéma et la musique) et certains sports individuels (comme le jogging, la bicyclette et le tennis) sont les activités quotidiennes ou hebdomadaires d'un grand nombre de Français. D'autres loisirs (comme certaines manifestations sportives et cérémonies familiales), ainsi que les fêtes et les vacances, sont organisés autour du calendrier et dépendent des saisons de l'année. Afin de donner un aperçu général des activités du temps libre en France, nous allons faire le tour des mois du calendrier. D'abord, il faut dire un mot sur les fêtes. Il y en a beaucoup en France. Certaines sont d'origine catholique et d'autres d'origine civile. En revanche, il n'y a que onze jours fériés, jours où la plupart des gens ne travaillent pas. Pour faire une comparaison, la Saint-Patrick (le 17 mars) est une fête aux Etats-Unis, mais c'est un jour où les gens travaillent; par contre, le jour de « Thanksgiving» est toujours férié. Les jours qui ne sont pas fériés sont (à part les dimanches) des jours «ouvrables», c'est-à-dire des jours où les gens travaillent. Si un jour férié tombe un jeudi ou un mardi, beaucoup de salariés en profitent pour «faire le pont» (c'est-à-dire, ils prennent congé le vendredi ou le lundi pour prolonger leur week-end).

Septembre

Le mois de septembre est, à bien des égards, le premier mois de l'année en France. Pour les adultes, c'est la fin des vacances d'été, la rentrée professionnelle, le retour au travail. Pour les jeunes, c'est la rentrée scolaire: beaucoup de parents accompagnent leurs jeunes enfants à l'école le jour de la rentrée des classes, et les patrons sont encouragés à leur accorder cette possibilité. Septembre, c'est aussi l'ouverture de la chasse pour plus de deux millions de chasseurs.

Octobre

Le premier dimanche d'octobre est le jour du Prix de l'Arc de Triomphe, une course de chevaux à Longchamp (près de Paris). Les courses de chevaux, qui ont lieu tous les dimanches, offrent aux Français la possibilité de jouer au tiercé, le seul sport en France qui comporte des paris organisés. Le Pari Mutuel Urbain (PMU) a été légalisé en 1930, et on peut jouer au tiercé le dimanche matin dans les cafés PMU. Le mois d'octobre représente la rentrée universitaire. C'est aussi le mois des vendanges, ce qui offre à beaucoup d'étudiants l'occasion de gagner un peu d'argent, en travaillant dans les vignobles, avant de retourner à l'université. Octobre, c'est aussi le mois des salons de l'auto, qui présentent les nouveaux modèles de voiture. Octobre marque également la parution des nouveaux livres et la sortie des nouveaux films au cinéma. A la fin d'octobre, il faut remettre les pendules à l'heure d'hiver.

Novembre

Le premier jour de novembre est un jour férié, la Toussaint, jour où on se souvient des morts et où on se rend au cimetière pour placer des chrysanthèmes sur les tombes. Le 11 novembre, également un jour férié, on fête l'Armistice de la Première Guerre mondiale: il y a des cérémonies organisées à l'Arc de Triomphe à Paris où le Président de la République dépose une gerbe de fleurs sur la Tombe du Soldat inconnu mort pour la patrie. En novembre, les prix littéraires français (le Prix Goncourt, le Prix Femina, etc.) sont attribués. On

Les Français se souviennent des morts à la Toussaint

fête aussi l'arrivée du Beaujolais nouveau (un vin de Bourgogne très apprécié et très attendu chaque année).

Décembre

Ce mois est dominé par la fête de Noël, jour férié (le 25). Les gens mettent un sapin de Noël chez eux et le décorent. Le 24, la veille de Noël, il y a le réveillon, un grand repas en famille et une tradition à laquelle la majorité des

Français restent très attachés. Ce repas commence avec des huîtres, contient la dinde obligatoire et se termine avec la bûche de Noël au chocolat. A la messe de minuit, les églises sont plus remplies que d'habitude. Pendant la nuit, le Père Noël arrive et dépose des cadeaux dans les souliers laissés devant le sapin. Une semaine plus tard, à la Saint-Sylvestre (le 31 décembre), on fête le nouvel an avec un réveillon, mais cette fois-ci on va plus souvent au restaurant. Les jeunes vont en boîte de nuit ou en «boum». A minuit, on s'embrasse sous le gui, et on prononce les vœux traditionnels de «Bonne année» et «Bonne santé».

Janvier

Le premier janvier, Jour de l'An, est férié et les échanges de vœux (par cartes ou de vive voix) pour la nouvelle année continuent jusqu'à la fin du mois. Pendant ce début de l'année, les adultes offrent des étrennes (en général, de l'argent) au concierge, au facteur, aux pompiers, aux éboueurs. Certains commerçants offrent des cadeaux à leurs clients. Le premier dimanche après le Jour de l'An marque la fête des Rois. Le jour de cette fête, la famille et les invités mangent une galette, achetée chez le pâtissier et accompagnée d'une couronne en papier doré. Une fève est cachée dans cette galette et celui ou celle qui trouve la fève dans son morceau de galette devient le roi ou la reine de la fête et porte la couronne. Le mois de janvier est aussi le mois du blanc, la période des soldes pendant laquelle les gens achètent du linge de maison (draps, serviettes, etc.). L'événement sportif le plus important est le rallye Paris-Dakar, une grande course automobile qui intéresse beaucoup de spectateurs. A la fin du mois il y a le Festival de la bande dessinée à Angoulême (la «B.D.» intéresse autant les adultes que les enfants en France).

Février

Le 2 février est la Chandeleur. Autrefois c'était la «fête des chandelles», et on en allumait pour protéger la maison. Mais la tradition a changé et aujourd'hui, on fête la Chandeleur en faisant cuire des crêpes et en les mangeant en famille. La Chandeleur, ainsi que la fête des Rois, offre une bonne illustration de la façon dont la plupart des fêtes françaises ont perdu leur caractère religieux. Le 14 février est la Saint-Valentin, jour où les amoureux s'envoient des cartes et s'offrent des fleurs et des cadeaux. La Saint-Valentin est aussi célébrée avec de nombreux bals dans les communes. Février marque aussi le début du Tournoi des Cinq Nations, qui dure jusqu'à la fin mars et pendant lequel il y a des matchs de rugby entre l'équipe de France et celles d'Angleterre, du Pays de Galles, d'Ecosse et d'Irlande. Les écoliers français disposent de deux semaines de vacances en février-mars, ce qui encourage leurs parents à en prendre aussi. La cinquième semaine de congés payés a favorisé les départs en vacances d'hiver. Pendant ces vacances d'hiver, dites «vacances de neige», de nombreuses familles se dirigent vers les montagnes pour faire du ski et de l'alpinisme. Le taux de départ est environ de 28% (le double à Paris), mais tous les vacanciers ne se rendent pas sur les pistes de ski. Les sports d'hiver deviennent pourtant de plus en plus populaires en France. En février, commence une période (qui dure jusqu'en mai ou juin) pendant laquelle les fêtes sont «mobiles» parce qu'elles dépendent de la date de Pâques. La première de ces fêtes est le Carnaval dont la capitale est la ville de Nice. Au Carnaval, les gens se déguisent et assistent à des bals costumés. Le Carnaval se termine le jour du Mardi gras. Le lendemain, le Mercredi des Cendres, marque le début du Carême (traditionnellement une période solennelle de jeûne pour les chrétiens qui s'étend sur 40 jours jusqu'à Pâques).

Mars

Le mois de mars est souvent dominé par la politique, car c'est en mars qu'ont lieu les élections municipales, cantonales et régionales (pas toujours la même année). L'ouverture de la pêche a lieu en mars et dure jusqu'en septembre. Pendant la dernière semaine du mois de mars, on passe à l'heure d'été. La fête de Pâques tombe quelquefois en mars.

Avril

Le mois d'avril débute par le «poisson d'avril», le jour des farces: les enfants découpent des poissons en papier et les accrochent dans le dos des gens. Même les adultes font toutes sortes de blagues à leurs amis ou aux membres de leur famille. Mais la grande fête qui domine le mois d'avril est normalement celle de Pâques. La date de cette fête chrétienne est fixée par l'Eglise. Elle dépend de la pleine lune et de l'équinoxe du printemps et elle peut varier entre le 22 mars et le 25 avril. Selon la tradition française, les cloches des églises s'en vont à Rome le Vendredi saint pour se confesser; le jour de Pâques elles en reviennent et elles apportent des œufs en sucre et en chocolat aux enfants (sauf en Alsace, où c'est le lapin de Pâques qui en apporte). Au repas on sert l'agneau pascal. Comme Pâques tombe toujours un dimanche, le lundi de Pâques est un jour férié.

Mai

Le premier mai est la fête du Travail, un jour férié. Les syndicats organisent des défilés dans les villes, et les marchands de fleurs vendent des bouquets de muguet aux gens qui les offrent à leurs amis, selon la tradition. Le 8 mai est également un jour férié: c'est une fête patriotique qui commémore la Victoire de 1945 (Deuxième Guerre mondiale). L'Ascension, fête chrétienne mobile, vient toujours 40 jours après Pâques. C'est toujours un jeudi en mai ou en juin, ce qui donne la possibilité de «faire le pont» avec le week-end. La Pentecôte, une autre fête chrétienne mobile, a toujours lieu dix jours après l'Ascension, un dimanche en mai ou en juin (le lundi de Pentecôte est férié). Il y a donc au moins trois (et parfois quatre) jours fériés au mois de mai, sans compter les «ponts». En mai, il y a aussi la fête des Mères, un dimanche à la fin du mois. Le mois de mai marque aussi le marathon de Paris dans lequel des milliers de coureurs traversent la capitale, le festival du film de Cannes et la finale de la Coupe de France, grand match de football qui se déroule au Parc des Princes à Paris.

Juin

Normalement, il n'y a pas de jours fériés en juin. Un dimanche est consacré à la fête des Pères, qui est moins populaire que la fête des Mères. Pour les lycéens et leurs parents, le mois de juin est le moment redouté du baccalauréat, grand examen qui consacre la fin des études secondaires et qu'il faut réussir pour entrer à l'université. En juin, il y a aussi deux grandes manifestations sportives pour lesquelles les Français se passionnent et qui attirent une foule de spectateurs: les 24 heures du Mans (une course automobile très célèbre) et le championnat de tennis au stade Roland-Garros, à Paris.

Juillet

Le mois de juillet marque le début des grandes vacances pour beaucoup de Français. Le 14 juillet, un jour férié, est la fête nationale qui commémore la prise de la Bastille par la foule en 1789 et le début de la Révolution. La veille du 14 et le jour même, il y a des bals populaires et des feux d'artifice et on fait exploser des pétards. Le jour du 14, il y a toujours un grand défilé militaire sur l'avenue des Champs-Elysées à Paris, en présence du Président de la République. En juillet, il y a des manifestations culturelles très connues, telles que le festival du théâtre à Avignon et le festival de la musique à Aix-en-Provence. Le grand événement sportif de juillet est le Tour de France, une course cycliste qui remonte à l'année 1907 et qui attire actuellement 50 millions de téléspectateurs en Europe, sans compter les nombreux spectateurs qui longent les routes. Cette course est divisée en étapes et celui qui est en tête de l'étape porte le «maillot jaune», symbole du gagnant. Deux cyclistes américains, Greg LeMond et Lance Armstrong, se sont distingués dans le Tour de France. Ce dernier a gagné le Tour de France six fois consécutives (1999–2004).

La Coupe du Monde, l'événement sportif le plus populaire et le plus global du monde, s'est déroulée en France en juin et juillet 1998. Trente-deux équipes nationales ont joué dans 64 matchs de football. Le nombre de téléspectateurs a été le double de ceux qui ont regardé les Jeux olympiques. Deux millions de fans de football sont venus en France pour cet événement. L'équipe française, «les Bleus», a gagné le championnat pour la première fois. Cette victoire a déclenché un remarquable enthousiasme patriotique. Les célébrations suivant la victoire ont rappelé à certains Français la Libération de Paris en 1945.

Août

Les Français salariés bénéficient actuellement de cinq semaines de congés payés. Pour leurs vacances, ils montrent une prédilection pour la plage et pour le mois d'août. Le résultat de ce phénomène est la fermeture de 50% des entreprises françaises au mois d'août (l'affiche «fermeture annuelle» caractérise la moitié des entreprises, petites et grandes, à ce moment-là). Au mois d'août, la France voit tomber son indice industriel de 40%. L'Assomption de la Vierge (le 15) est un jour férié, mais pratiquement tout le monde est déjà en vacances. C'est le ralentissement avant la rentrée en septembre. Si on fait le bilan de ce calendrier, on doit avouer que les Français disposent de beaucoup de temps libre. En moyenne, le salarié français dispose de:

25 jours de congés payés
+ 104 jours de week-end
+ 11 jours fériés
= 140 jours libres

La grande attraction en été est toujours la mer et les plages.

Si on y ajoute dix jours libres pour des raisons diverses (arrêts maladie, grèves, «ponts», etc.), on arrive à un total de 150 jours par an, soit cinq mois sur douze sans travailler.

● «La folie des vacances»

Les vacances représentent une passion nationale en France. La grande attraction en été pour la moitié des vacanciers est toujours la mer et les plages. Près de 60% des Français partent en vacances au moins une fois par an, et 70% de ceux qui partent choisissent les mois de juillet et août. Parmi les raisons pour le développement de ce tourisme, il y a l'institution des congés payés, l'augmentation du niveau de vie et l'amélioration des transports et des autoroutes. Le grand lieu de prédilection est la Méditerranée. Chaque année, des millions d'estivants débarquent sur les plages, dans les hôtels et dans les campings qui longent la côte méditerranéenne. Les départs s'effectuent en vagues à partir du premier juillet, du 14 juillet, du premier août et du 15 août. Le moment de crise, en ce qui concerne la circulation, est la fin juillet–début août. A la mi-août, un quart des Français sont en vacances. Depuis longtemps et sans grand succès, les pouvoirs publics font des efforts pour étaler les vacances et pour faciliter les départs. Les vacances scolaires (la Toussaint, février, Pâques) sont systématiquement étalées pour faciliter les départs. Mais en été, tout le monde veut partir en juillet et en août pour pouvoir profiter du beau temps. En 1976, le Gouvernement a lancé la campagne publicitaire de Bison Futé, à l'effigie d'un petit Indien qui donne des conseils aux automobilistes sur toutes sortes d'information routière. Ces informations, diffusées à la radio, à la télévision, dans la presse et sur Internet, concernent les itinéraires à choisir, les bouchons à éviter, les centres de dépannage, les médecins de garde et ainsi de suite. «Suivez les conseils de Bison Futé» est le slogan publié par le Ministère de l'Equipement. Malgré ces bons conseils, le climat de la France et les vacances scolaires conspirent à contrecarrer les efforts de Bison Futé, et les grands départs continuent à poser des problèmes.

Le résultat le plus désastreux de cette folie des vacances n'est pas le nombre d'heures perdues dans les bouchons, ni les campings bondés, ni les plages surchargées: c'est le nombre d'accidents sur les routes françaises. En 1972, il y a eu 16 000 morts sur la route en France, un taux plus élevé que dans tous les autres pays industrialisés. En 1973, l'Assemblée nationale a voté une série de lois destinées à remédier à cette situation critique. Ces lois ont institué pour la première fois en France: (1) une limitation de vitesse (130 km/heure sur les autoroutes); (2) le port obligatoire de la ceinture de sécurité hors des agglomérations urbaines (maintenant obligatoire même dans les villes); (3) le port obligatoire du casque pour les motocyclistes; et (4) l'alcootest pour mesurer le niveau d'alcool dans le sang du conducteur. Ces mesures se sont avérées très efficaces. En 30 ans, le taux d'accidents mortels a baissé de plus de 50% (moins de 8 000 morts en 2001). Pourtant, le taux reste assez élevé: 14 morts par an pour 100 000 habitants (contre 6 au Royaume-Uni, 10 au Canada et 15 aux Etats-Unis).

Le travail

I. Répondez aux questions suivantes.

1. Qui fait partie de la population active? Qui n'en fait pas partie?
2. Quels phénomènes ont influencé le caractère de la population active depuis 1945?
3. En combien de secteurs peut-on diviser la population active? Quels sont ces secteurs?
4. Lequel de ces secteurs est le plus important? Pourquoi?
5. Comment la France était-elle divisée au point de vue économique il y a 50 ans?
6. Combien de catégories socioprofessionnelles existent en France? Citez-en quelques-unes.
7. Quels travailleurs font partie du secteur public?
8. Quels ont été les effets de la révolution industrielle au XIXe siècle?
9. Quel type de doctrine est devenu populaire au début du XXe siècle? Pourquoi?
10. En quoi le Front Populaire a-t-il changé la condition ouvrière?
11. Qu'est-ce qui a changé la configuration du Parti Communiste et du Parti Socialiste? Expliquez.
12. Comment les syndicats ont-ils évolué? Sont-ils plus ou moins puissants maintenant qu'il y a quarante ans?
13. Expliquez comment fonctionne l'allocation chômage.
14. Qu'est-ce qu'un CDD? Expliquez.
15. En quoi consistent les lois Aubry? Quel en était le but?

II. Identifiez brièvement le rôle des personnes suivantes et la fonction des sigles suivants.

1. Léon Blum
2. Jean Auroux
3. ANPE
4. SMIC
5. RMI

III. Etes-vous d'accord? Sinon, justifiez votre réponse.

1. Les agriculteurs font partie du secteur secondaire.
2. Le secteur primaire représente 33% de la population active.
3. Parmi les catégories socioprofessionnelles, celle des ouvriers est en régression.

4. Les employés du secteur privé ont les mêmes avantages sociaux que ceux du secteur public.
5. L'Etat est le premier patron de France.
6. Les syndicats existent en France depuis la Révolution de 1789.
7. La CGT est le syndicat le plus puissant de France.
8. Le secteur privé possède plus d'employés syndiqués que le secteur public.
9. Les employés du secteur public n'ont pas le droit de grève.
10. Les jeunes en France sont très touchés par le chômage.

IV. Eliminez la mauvaise réponse.

1. Les trois Régions les plus urbanisées sont
   a. l'Auvergne.
   b. l'Ile-de-France.
   c. la Région Rhône-Alpes.
   d. la Provence-Alpes-Côte d'Azur.

2. Parmi la catégorie des cadres supérieurs et des professions libérales, on trouve
   a. les ingénieurs.
   b. les professeurs.
   c. les patrons d'entreprise.
   d. les architectes.

3. De nos jours, tous les salariés en France
   a. bénéficient d'une semaine de travail de 35 heures.
   b. ont cinq semaines de congés payés.
   c. ont droit à un salaire égal pour travail égal.
   d. peuvent prendre la retraite à l'âge de 55 ans.

4. La semaine de 35 heures
   a. s'applique à l'ensemble de la population active.
   b. est controversée.
   c. a accentué les inégalités entre les travailleurs.
   d. permet aux salariés d'être récompensés s'ils travaillent pendant 40 heures.

V. Discussion.

1. Dégagez les caractéristiques principales de la population active en France.
2. Discutez le rôle de l'Etat et des syndicats vis-à-vis des conditions de travail en France. Qui a eu le plus d'influence? Justifiez votre point de vue.
3. Comparez la condition ouvrière en France et aux Etats-Unis.

Le temps libre

I. Répondez aux questions suivantes.

1. Quelle est l'attitude des Français vis-à-vis du travail et du temps libre? Justifiez votre réponse par un exemple.
2. Quelle est la différence entre un jour «férié» et un jour «ouvrable»? entre un jour férié et une «fête»?
3. Que font beaucoup de Français si une fête, comme la Toussaint par exemple, a lieu un mardi?
4. Donnez un exemple de fête «mobile».
5. Quelles fêtes communes à la France et aux Etats-Unis n'ont pas lieu le même jour?
6. Quel est le mois où il y a le plus de jours fériés?
7. Pourquoi le mois de juin est-il redouté par certains parents?
8. En quel mois la moitié des entreprises françaises ferment-elles? Pourquoi?
9. Quel est le rôle de la campagne de «Bison Futé»?
10. Le taux d'accidents de la route a-t-il baissé ou augmenté depuis 30 ans? Pourquoi?

II. Etes-vous d'accord? Justifiez votre réponse.

1. Le mois de septembre représente le mois de la rentrée professionnelle.
2. Le mois d'octobre représente le mois de la rentrée universitaire.
3. Le mois de novembre est le mois de la rentrée littéraire.
4. La Saint-Sylvestre est fêtée en France.
5. Beaucoup d'écoliers français ont des vacances en février.
6. Les Français offrent du muguet à leurs amis au mois de mars.
7. Le Tour de France commence au mois de juin.
8. Les Français mangent des crêpes pour la fête des Rois.
9. Beaucoup de Français prennent leurs vacances dans le Midi.
10. L'Armistice de la Première Guerre mondiale n'est plus fêté.

III. Discussion.

1. Comparez les fêtes en France et aux Etats-Unis. En quoi diffèrent-elles? En quoi sont-elles semblables?
2. Comparez le travail et le temps libre en France et aux Etats-Unis. Donnez des exemples.
3. Y a-t-il des différences entre les loisirs des Français et ceux des Américains?

Le travail et le temps libre

 IV. Vos recherches sur Internet.

Afin de faciliter vos recherches et de répondre à ces questions, consultez le site du livre: http://lafrance.heinle.com.

1. Que fait le Gouvernement pour aider les jeunes à trouver un emploi? Cherchez quelques exemples.

2. La loi a des règles précises en ce qui concerne le travail de nuit, le travail le dimanche et les heures supplémentaires. Cherchez quelques-unes de ces règles.

3. Quels types de conseils Bison Futé donne-t-il aux conducteurs? Comment les aide-t-il? Cherchez quelques exemples.

4. Le Gouvernement aide les vacanciers à préparer leur voyage à l'étranger et leur donne des conseils. Cherchez quelques exemples. Si vous le préférez, cherchez ce que le Gouvernement fait pour aider les touristes étrangers quand ils viennent en France.

5. Le Gouvernement aide les personnes qui ont peu de revenus à prendre des vacances en leur offrant une Bourse Solidarité Vacances. Faites des recherches sur les conditions d'accès à cette bourse. Quels types de famille en a bénéficié jusqu'à maintenant? Quelles associations participent à cette aide fournie par le Gouvernement?

La protection sociale

Il arrive dans la vie certains événements qui peuvent compromettre la sécurité financière des gens: la naissance des enfants, la mort d'un époux ou d'une épouse, la maladie, la perte d'un travail, etc. Ces événements peuvent entraîner des frais médicaux considérables, ou un manque de revenus, ou bien les deux en même temps. L'ensemble des mesures qui servent à garantir la sécurité financière des citoyens en les protégeant contre ces «risques» de la vie s'appelle la protection sociale. Comme tous les pays de l'Union européenne, la France attache une grande importance et accorde une grande partie de son budget à la protection sociale. La protection sociale peut se définir comme la responsabilité collective de la part de l'Etat vis-à-vis des citoyens, ou bien, à proprement parler, de la part des citoyens les uns envers les autres. Elle est donc basée sur le principe de la solidarité nationale.

● Un peu d'histoire

Les premières mesures de protection sociale concernaient la classe ouvrière et relevaient du mouvement syndical pendant la révolution industrielle. Il s'agissait de protéger les ouvriers, qui vivaient dans la misère et dont la sécurité financière était très fragile. C'est la IIIe République, nourrie de doctrines socialistes, qui a pris ces premières mesures. Dès 1898, les frais encourus par les accidents du travail ont été mis à la charge des employeurs. En 1910, une loi a établi un système de retraite pour les ouvriers et les salariés du commerce, deux groupes qui n'avaient pas les moyens de pourvoir à leur subsistance pendant la vieillesse. Dans les années 1920, la CGT s'est mobilisée contre le patronat en faveur de la protection sociale pour ses syndiqués. Pourtant, la notion moderne de protection sociale, liée à la politique familiale, a ses origines dans les années 1930. Les raisons qui expliquent son développement à cette époque sont les suivantes:

1. La Première Guerre mondiale: pendant la guerre de 1914, la France a perdu plus d'un million d'hommes et ce massacre a eu des conséquences

désastreuses pour la population française. Les années 1920 ont témoigné d'une baisse de la natalité à cause de la haute mortalité provoquée par la guerre. Il a fallu faire quelque chose pour encourager la natalité. Le Gouvernement a donc pris plusieurs mesures natalistes. Par exemple, la législation de 1920 a interdit l'avortement.

2. La crise économique des années 1930: celle-ci a provoqué une grande pauvreté et un taux élevé de chômage. Il y a eu une augmentation du nombre des personnes âgées, qui étaient souvent sans ressources. A cette époque-là, il y a eu aussi une augmentation de la mortalité, à cause de certaines maladies graves, telle que la tuberculose, et à cause d'une forte mortalité infantile.

La dénatalité engendrée par la guerre et la misère provoquée par la crise économique sont donc les deux phénomènes qui ont contribué à la conviction en France qu'il fallait une protection sociale. Les Gouvernements des années 1930 ont compris que toute une série de lois sociales étaient nécessaires pour répondre à ces problèmes. En 1930, les premières assurances sociales ont été mises en place. Ces assurances couvraient la maladie, la maternité, l'invalidité, la vieillesse et le décès. L'année 1932 marque le début de la politique nataliste, avec les premières allocations familiales.

En 1945-46, après la guerre, les assurances sociales et les allocations familiales ont été réunies en un système compréhensif de protection sociale qui s'appelle la Sécurité sociale. Les buts de la Sécurité sociale étaient d'une part, de créer une redistribution des revenus pour aider les «économiquement faibles» et d'autre part, d'encourager la natalité. Le droit à la protection sociale figure dans la constitution de la IVe République comme dans celle de la Ve:

«La nation assure à l'individu et à sa famille les conditions nécessaires à leur développement. Elle garantit à tous, notamment à l'enfant, à la mère, au travailleur âgé, la protection de la santé, la sécurité matérielle, le repos et les loisirs. Tout être qui, en raison de son âge, de son état physique ou mental ou de sa situation économique se trouve dans l'incapacité a le droit d'obtenir de la collectivité des moyens convenables d'existence.»

Instituée d'abord pour les salariés uniquement, la Sécurité sociale a été peu à peu étendue et de nos jours, elle couvre l'ensemble de la population résidant en France. En 2000, le gouvernement Jospin a institué la Couverture maladie universelle (CMU), une protection de base sur le seul critère de résidence. La CMU donne un droit immédiat à l'assurance maladie pour toute personne résidant sur le territoire national métropolitain et dans les DOM, ainsi qu'un droit au tiers-payant, c'est-à-dire une dispense d'avance des frais pour les plus défavorisés (voir Tableau: Quelques dates, page 172).

Actuellement, la direction de la Sécurité sociale est gérée en commun par le Ministère de la Santé et le Ministère des Affaires sociales, du Travail et de la Solidarité. Depuis sa création en 1945, elle a été réorganisée plusieurs fois. De nos jours, il y a trois branches: maladie, famille et retraite. Nous allons étudier chaque branche séparément.

TABLEAU: Quelques dates importantes pour la protection sociale en France

1898	Les accidents du travail sont mis à la charge des employeurs.
1910	Un système de retraite est établi pour les salariés du commerce et de l'industrie.
1928–30	Une assurance est établie pour les salariés pour les risques maladie, maternité, invalidité, vieillesse et décès, ainsi qu'un régime spécial pour les agriculteurs.
1932	Les premières allocations familiales sont mises en place.
1945–46	La Sécurité sociale réunit les assurances sociales et les allocations familiales.
1990	La Contribution sociale généralisée (CSG) est établie.
1996	La Contribution au remboursement de la dette sociale (CRDS) est établie.
1999	Le congé paternité est établi.
2000	La Couverture maladie universelle (CMU) est établie.

La branche maladie

Cette branche comprend plusieurs sortes d'assurances: maladie, maternité, accidents du travail, invalidité et décès.

L'assurance maladie est basée sur le principe que tout individu, quels que soient ses revenus, a droit à la santé et aux soins médicaux (notion qui n'existe pas encore aux Etats-Unis). Cette assurance est régie par plusieurs règles fondamentales:

1. La médecine libérale: chaque médecin a le droit d'exercer librement sa profession et chaque malade a le libre choix du médecin. Pourtant, les tarifs sont fixés par convention entre les syndicats de médecins et la Sécurité sociale. La grande majorité des médecins français (99%) sont «conventionnés», c'est-à-dire qu'ils adoptent les tarifs fixés. D'ailleurs, à l'échelle américaine, les tarifs ne sont pas chers. En 2003, le tarif conventionné d'une consultation pour un médecin généraliste ou dentiste était de 20 €. Une consultation chez un médecin spécialiste coûtait 23 € et une visite à domicile par un généraliste coûtait 30 €.

2. La participation financière des travailleurs: chaque travailleur «cotise», c'est-à-dire qu'il contribue une portion de son salaire pour financer les assurances. Cette contribution est obligatoire. Les patrons cotisent, eux aussi, pour

chacun de leurs employés. Le taux des cotisations est proportionnel aux salaires, mais les prestations (c'est-à-dire les paiements ou remboursements) sont les mêmes pour tous. Aux Etats-Unis, où les assurances sont privées, il faut cotiser pour être assuré. En France, même ceux qui ne peuvent pas cotiser (les orphelins, les étudiants, les chômeurs) sont assurés.

3. Le «ticket modérateur»: c'est la partie des frais restant à la charge de l'assuré, la partie qui n'est pas remboursée. (Au début c'était vraiment un ticket, que l'on achetait aux bureaux de la Sécurité sociale et que l'on remettait au médecin.) Le but du ticket modérateur est de modérer l'usage et d'empêcher les abus, puisque le malade doit payer une partie des frais lui-même. Normalement, chaque assuré doit payer les frais de la consultation directement au médecin. Prenons un exemple: une malade paie 20 € pour une consultation. Ensuite, pour se faire rembourser (en moyenne 65% des frais), elle doit remplir une feuille de soins, fournie par le médecin, et envoyer ce papier à la Sécurité sociale. Elle reçoit un remboursement de 14 € de la part de la Sécurité sociale. Son ticket modérateur est de 6 €, son coût personnel pour la consultation. Dans les années 1990, les feuilles de soin sur papier ont été remplacées par la carte Vitale. La carte Vitale est une carte distribuée à tous les assurés sociaux. C'est une carte à puces (à microprocesseur), de la taille d'une carte de crédit. Elle ne contient aucune information d'ordre médical, mais elle permet de créer une feuille de soins électronique qui est télétransmise à la Sécurité sociale. La carte Vitale peut être présentée à tous les lieux des services de santé (chez le médecin, à la pharmacie, à l'hôpital, etc.). Elle permet de garantir les remboursements en cinq jours environ.

4. Le «tiers-payant»: c'est un mécanisme au moyen duquel la Sécurité sociale paie les frais directement au personnel des services médicaux. L'assuré n'est donc pas obligé d'avancer les frais et de se faire rembourser. Par exemple, un malade à qui son médecin a donné une ordonnance peut éviter l'avance d'argent en achetant ses médicaments dans une pharmacie conventionnée. Dans ce cas-là, le tiers-payant paie les frais à la pharmacie et le malade ne doit payer que le ticket modérateur. Si son médicament coûte 10 € et s'il l'achète dans une pharmacie conventionnée, il ne paie que 3,5 €, le ticket modérateur. Une grande majorité des familles françaises contribuent aussi à une mutuelle, une assurance complémentaire privée. La mutuelle rembourse le ticket modérateur, en tout ou en partie.

Dans certains cas, les frais médicaux sont remboursés à 100%, et le malade est exonéré du ticket modérateur. Tel est le cas pour les traitements coûteux: opérations chirurgicales, hospitalisation supérieure à 30 jours, maladies de longue durée et médicaments indispensables: par exemple, les cancers, le diabète, la maladie de Parkinson, le SIDA. D'autres bénéficiaires de la prise en charge à 100% sont les victimes des accidents de travail et des maladies professionnelles.

Les frais d'hospitalisation, que ce soit dans un hôpital public ou dans une clinique privée et conventionnée, sont remboursés à 80% jusqu'à 30 jours de séjour (à partir de cette limite, le remboursement passe à 100%). Jusqu'à 30 jours, il y a un forfait journalier, la part laissée à la charge des personnes hospitalisées. En 2003, ce forfait hospitalier était de 10,67 € par jour. Exonérés de ce forfait sont (1) les enfants et adolescents handicapés, (2) les victimes d'accidents de travail et de maladies professionnelles, (3) les femmes enceintes pendant les quatre derniers mois de la grossesse et pendant 12 jours après l'accouchement, (4) les nouveau-nés pendant 30 jours après la naissance, (5) les pensionnés militaires et (6) les bénéficiaires de la Couverture maladie universelle (CMU).

L'assurance maternité prend en charge tous les frais d'accouchement (à 100%) et comprend six examens pré-natals (à partir du 4e mois de grossesse) et un examen post-natal pour la mère (ces examens sont d'ailleurs obligatoires, si on veut toucher l'assurance maternité). En France, la santé de la mère et de son bébé est vraiment une affaire d'Etat. Si la mère doit prendre congé de son travail pour donner naissance, elle reçoit une indemnité égale à son salaire journalier de base jusqu'à un «plafond» ou somme maximum, pendant un maximum de 16 semaines (à partir du troisième enfant, c'est un congé de six mois). Si elle décide d'allaiter son bébé, elle reçoit aussi une prime d'allaitement pendant quatre mois, parce que l'allaitement est jugé très sain pour le bébé. Depuis 1999, il y a aussi un congé paternité, mis en place par le gouvernement Jospin. Ce congé accorde au père 11 jours de congé consécutifs pour la naissance ou l'adoption d'un premier enfant (18 jours en cas de naissances multiples) dans les quatre premiers mois de la vie de l'enfant. Un grand nombre de pères ont profité de cette nouvelle loi.

Dans une pharmacie conventionnée on ne paie que le «ticket modérateur».

TABLEAU: La Sécurité sociale

I. La branche maladie
  1. Assurance maladie
     - 65% honoraires des médecins, dentistes et oculistes (fixés par convention)
     - 35-65% pharmacie (100% pour les médicaments indispensables, tiers-payant)
     - 80% hospitalisation (dans un hôpital public ou une clinique privée, tiers-payant)
     - 100% opérations chirurgicales, tiers-payant
  2. Assurance maternité
     - 6 examens pré-natals et 1 examen post-natal
     - 100% tous les frais d'accouchement
     - indemnité de travail (maximum 16 semaines, 6 mois à partir du 3e enfant)
     - prime d'allaitement (4 mois)
  3. Assurance des accidents du travail et maladies professionnelles (financée par le patronat seul)
     - 100% tous les frais médicaux
     - indemnité de travail jusqu'à la récupération de la victime
  4. Assurance invalidité (incapacité professionnelle pour une raison médicale)
     - 100% tous les frais médicaux
     - pension jusqu'à l'âge de 60 ans
  5. Assurance décès
     - selon les conditions, un capital payé, une allocation veuvage ou une pension versée aux personnes dépendantes de la personne décédée

II. La branche famille (financée par le patronat seul)
  A. non soumises à une condition de ressources
     - allocations familiales pour compenser la naissance des enfants
     - allocation parentale d'éducation
     - allocation de garde d'enfant à domicile
     - allocation d'éducation spéciale
     - allocation de présence parentale
  B. soumises à une condition de ressources
     - allocation pour jeune enfant
     - complément familial
     - allocation de parent isolé
     - allocation de rentrée scolaire
     - allocation de logement

III. La branche retraite
  - double condition, âge (60 ans) et durée de cotisation (37, 5 ans)
  - retraite (assurance vieillesse) calculée à partir du dernier salaire

L'assurance des accidents du travail et des maladies professionnelles est entièrement financée par les employeurs (le salarié ne cotise pas). C'est la partie la plus ancienne de la Sécurité sociale. En cas d'accident de travail ou de maladie professionnelle, tous les frais médicaux sont payés à 100%. Le mécanisme du tiers-payant permet d'éviter l'avance des frais. Pour compenser la perte des revenus, la victime reçoit une indemnité de travail journalière jusqu'au moment de sa récupération.

L'assurance invalidité prend en charge tous les travailleurs qui ne sont plus capables d'exercer leur profession à cause d'une maladie ou d'un accident. Tous les frais médicaux sont payés à 100%, et les invalides reçoivent une pension jusqu'à l'âge de 60 ans, âge où ils sont pris en charge par l'assurance vieillesse (la retraite).

L'assurance décès bénéficie aux «ayant droits» (un conjoint—époux ou épouse—un partenaire pacsé, des enfants, des parents, ou d'autres personnes qui dépendaient financièrement de la personne décédée). Si le décédé était salarié, cette assurance garantit le paiement d'un capital au survivant (en 2003 entre 291,84 € et 7 296 €). Si le conjoint survivant a moins de 55 ans, il peut, sous certaines conditions, recevoir une allocation de veuvage pendant deux ans. S'il a plus de 55 ans, il peut, sous certaines conditions, recevoir une pension de réversion.

Le bien-être des enfants est un aspect important de la protection sociale.

● La branche famille

Les prestations familiales sont en compensation de la naissance, de la garde et de l'éducation d'enfants. Certaines allocations sont versées sans conditions de ressources financières, c'est-à-dire que toutes les familles, riches ou pauvres, les reçoivent. Par exemple:

1. Une allocation familiale est payée mensuellement à toute femme qui a à charge au moins deux enfants âgés de moins de 20 ans (voir le chapitre 9).

2. Une allocation parentale d'éducation est payée au parent qui suspend son travail pour élever un enfant, pour compenser son manque de revenu; elle est payée à partir du deuxième enfant et jusqu'à ses trois ans (501,59 € par mois en 2004).

3. Une allocation de garde d'enfant à domicile rembourse le coût de la garde des enfants âgés de moins de six ans, quand les deux parents travaillent; l'Etat se charge d'assurer une place à la garderie pour les enfants dont les parents travaillent.

4. Une allocation d'éducation spéciale, payée pour compenser les frais entraînés par un enfant handicapé jusqu'à l'âge de 16 ans ou jusqu'à 20 ans s'il ne travaille pas (113,15 € par mois par enfant en 2004).

Comme la politique familiale se donne pour but de promouvoir la natalité, les prestations familiales et tout un ensemble d'avantages ont été généralisés à toute la population. Le code reflète un idéal, celui de la famille comptant au moins trois enfants dont la mère reste au foyer. En plus, il y a d'autres prestations familiales qui dépendent du revenu. Par exemple:

1. Une allocation pour jeune enfant, payée à toutes les femmes, mariées ou non, à partir du quatrième mois de grossesse jusqu'aux trois ans de l'enfant (en 2004 cette allocation était de 161,66 € par mois).

2. Le complément familial, payé au couple ou à la personne qui assure la charge d'un enfant ayant l'âge de plus de trois ans (146,54 € en 2004).

3. Une allocation de parent isolé, payée pour garantir un revenu au parent qui est seul pour élever ses enfants (707,19 € par mois pour un enfant, plus 176,80 € par enfant en plus en 2004).

4. Une allocation de rentrée scolaire, payée une fois par an pour compenser les frais de la rentrée de chaque enfant à l'école, jusqu'à l'âge de 18 ans (253,30 € par enfant en 2003).

5. Une allocation de logement, payée pour aider une famille à payer son loyer mensuel. Cette allocation est payée (1) aux personnes qui n'ont pas droit aux prestations familiales mais qui ont un enfant à charge, (2) aux personnes qui ont à charge un parent de plus de 65 ans, (3) aux personnes qui ont à charge un parent ou un enfant infirme, (4) aux personnes âgées, (5) aux personnes handicapées et (6) aux bénéficiaires du RMI (Revenu minimum d'insertion).

Toutes ces prestations sont exonérées d'impôts, mais elles ne sont payées qu'aux personnes dont les revenus sont au-dessous d'un certain plafond et elles dépendent du nombre d'enfants. Il est important de noter que les prestations familiales égalent en moyenne 35% des revenus disponibles des familles, et jusqu'à 50% dans certaines catégories défavorisées.

Le troisième âge représente 21% de la population française.

● La branche retraite

Tandis que la proportion des jeunes dans la population française diminue, la proportion des personnes du «troisième âge», ceux qui ont plus de 60 ans, augmente grâce à une plus longue espérance de vie (83 ans pour les Françaises, 76 ans pour les Français). Le troisième âge représente actuellement 12,5 millions de personnes, soit 21% de la population française. Cette augmentation du nombre de personnes âgées aggrave le déséquilibre entre la population active (44%) et non-active (56%), et la seconde doit être soutenue par la première. Voilà pourquoi la branche retraite est la plus chère du système de la Sécurité sociale (49% des dépenses sociales).

L'assurance vieillesse concerne les gens qui quittent le travail à 60 ans et qui prennent la retraite (comme la «Social Security» aux Etats-Unis). La retraite est calculée à partir du dernier salaire, jusqu'à un plafond. Comme aux Etats-Unis, les cotisations de la population active servent à financer les retraites des personnes âgées.

Une réforme des retraites a été votée en 2003. En somme, elle a aligné la retraite des fonctionnaires avec celle des salariés du secteur privé. Elle a imposé une double condition pour la pleine retraite: celle de l'âge (60 ans) et celle de la durée de cotisation (37,5 ans). Cette double condition était une nouveauté pour les fonctionnaires, qui jusqu'alors pouvaient prendre la retraite à l'âge de 60 ans sans égards pour la durée des cotisations. Voilà pourquoi l'annonce de cette réforme par le gouvernement Raffarin en 2003 a provoqué de nombreuses grèves dans le secteur public. La durée de cotisation passera progressivement à 40 ans en 2008 et à 41 ans en 2012, pour tous les travailleurs. Le montant de la retraite est au maximum de 75% du dernier salaire, pour ceux qui ont cotisé pendant 37,5 ans. Depuis longtemps, certains fonctionnaires pouvaient prendre la retraite à 55 ans (les professeurs) ou même à 50 ans (les policiers), mais il leur sera désormais très difficile de totaliser 40 ans de service à cet âge-là. Tous les salariés, dans le secteur public ou privé, ont intérêt à travailler après l'âge de 60 ans s'ils n'ont pas accumulé les années nécessaires.

En plus de l'assurance vieillesse (la retraite), les personnes âgées bénéficient de toute une série de mesures sociales. Titulaires de la carte Vermeil, qui prouve leur appartenance à ce groupe, les personnes du troisième âge reçoivent des réductions pour les transports publics. Elles sont exonérés de certaines taxes (si leurs revenus ne dépassent pas un certain plafond). Celles qui n'ont pas de gros revenus peuvent recevoir une allocation logement pour les aider à payer leur loyer et une aide ménagère (se faire aider par quelqu'un qui fait les courses, prépare les repas, fait le ménage, etc.). Enfin, l'Etat et les collectivités locales ont créé des restaurants du troisième âge pour fournir des repas à frais réduits, et des clubs du troisième âge qui effectuent des activités de distraction artisanale, touristique, etc.

● Le budget social

Comment ce système est-il financé? Nous avons déjà vu que chaque salarié cotise et que les patrons cotisent également pour chaque salarié. Le taux de cotisation varie selon la profession et selon le salaire, mais nous pouvons dire qu'en général le salarié cotise environ 20% de son salaire, tandis que le patron cotise environ 40% du salaire qu'il verse à son employé. A titre d'exemple, prenons un salarié qui gagne 3 042 € par mois:

Salarié		Employeur	
salaire mensuel brut	3 042 €	salaire versé	3 042 €
moins cotisations sociales	−639 € (21%)	plus cotisations sociales	+1 158 € (38%)
salaire net imposable	2 403 €	coût total	4 200 €

La cotisation totale pour cet employé est de 1 797 € par mois dont plus de 60% est payé par l'employeur. Prenons comme autre exemple un cadre qui gagne 4 732 € par mois:

Salarié		Employeur	
salaire mensuel brut	4 732 €	salaire versé	4 732 €
moins cotisations sociales	−968 € (20%)	plus cotisations sociales	+2 123 € (45%)
salaire net imposable	3 764 €	coût total	6 855 €

La cotisation totale pour ce cadre est de 3 091 € par mois, dont près de 70% est payé par l'employeur.

Comme ces exemples le montrent, environ deux tiers des cotisations sont à la charge des entreprises. Mais les cotisations ne suffisent jamais à financer le système et l'Etat doit toujours y contribuer aussi. En réalité, les employeurs financent 55% des dépenses du budget social, les travailleurs 25%, et l'Etat paie le reste (20%). En 1990, une Contribution sociale généralisée (CSG) a été créée par le gouvernement Rocard. La CSG, une taxe prélevée directement sur les salaires, était destinée à contribuer aux recettes de la Sécurité sociale. Cette «contribution solidarité» représentait en 2003 un prélèvement proportionnel (7,5% sur tous les salaires). En 1996, le gouvernement Juppé a institué une nouvelle taxe pour réduire le déficit de la Sécurité sociale: la Contribution au remboursement de la dette sociale (CRDS). Ces deux taxes s'ajoutent aux cotisations. La fiche de paie que chaque salarié reçoit mensuellement montre non seulement les cotisations et les taxes retenues, mais aussi les cotisations patronales, celles qui sont payées par l'employeur. Les chiffres suivants ont été relevés de la fiche de paie d'une secrétaire.

Période de paie du 01/09/2003 au 30/09/2003	Gains	Retenues	Cotisations patronales
Salaire brut	1 851,51		
Maladie		−45,36	236,99
Vieillesse		−121,27	151,82
Veuvage		−1,85	
Chômage		−44,44	74,06
Retraite		−120.81	156,27
CSG déductible		−92,13	
Salaire net imposable	1 425,65		
CSG non-déductible		−43,36	
RDS		−9,03	
Accident du travail			33,33
Vieillesse			29,62
Allocation logement			9,26
Allocations familiales			99,98
Autres charges employeur			202,84
Net à payer	1 373,26	Total cotisations patronales	994,17

En 2000, l'Organisation mondiale de la santé a déclaré que la France avait «le meilleur système de santé au monde». Les Français dépensent individuellement bien moins que les Américains pour les frais de santé. Les dépenses de l'Etat français pour la protection sociale sont plus importantes que celles du Canada, du Royaume-Uni et des Etats-Unis (presque tous les pays européens et le Canada ont un système de protection sociale; aux Etats-Unis il y a environ 43 millions de personnes qui n'ont même pas d'assurance-maladie, et le nombre ne cesse d'augmenter). Un résultat est que le taux de mortalité infantile est nettement inférieur en France qu'aux Etats-Unis. En général, les Français sont satisfaits de leur système de protection sociale. Pourtant, la protection sociale continue à poser des problèmes de financement en France, dûs surtout à l'augmentation progressive du coût des soins médicaux et aussi au vieillissement de la population. Depuis des années, le déficit de la «Sécu» est un sujet important dans les débats politiques. Pour les salariés, les cotisations constituent le prélèvement obligatoire le plus important, et les Français s'en plaignent. Mais pas trop: s'ils n'aiment pas les cotisations, ils estiment que les prestations sociales sont un droit, et ils y tiennent. Les sondages révèlent que les Français sont attachés de façon permanente à la Sécurité sociale et qu'ils croient à l'Etat-providence. Ils acceptent l'idée que le système est déficitaire, mais ils sont tout à fait hostiles à toute augmentation des cotisations et à toute baisse des prestations. Ils rêvent de maintenir le niveau de protection sans augmenter les cotisations: c'est l'Etat qui doit payer. Comme nous l'avons déjà vu, les Français critiquent souvent l'Etat, mais ils en attendent tous les avantages. Aucun homme ou femme politique, de droite ou de gauche, n'envisagerait sérieusement de toucher à la sacrée «Sécu»: il y a un consensus politique sur la notion de protection sociale.

I. Répondez aux questions suivantes.

1. En quoi consistait la protection sociale à la fin du XIXe siècle et au début du XXe siècle?
2. Quelles sont les raisons qui ont contribué à la mise en place d'un système de lois sociales?
3. Quels étaient les buts de la Securité sociale?
4. Qui peut bénéficier de la Sécurité sociale? Expliquez.
5. Quelles sortes d'assurances la branche maladie comprend-elle?
6. En quoi les prestations pour la branche famille diffèrent-elles de celles pour la branche maladie?
7. Une famille qui a un seul enfant reçoit-elle des allocations? Expliquez.
8. Pourquoi la branche retraite est-elle la plus coûteuse pour le système de la Sécurité sociale?
9. En quoi consiste la réforme des retraites votée en 2003?
10. Quelles sont les grandes lignes du financement du budget social?

II. Eliminez la mauvaise réponse.

1. Dans le cas de l'assurance maladie, chaque assuré
   a. est remboursé à 100% en cas de maladie grave.
   b. doit aller chez un médecin conventionné.
   c. reçoit les mêmes prestations.
   d. doit normalement payer un ticket modérateur.

2. Comment le système des cotisations fonctionne-t-il?
   a. Le taux des cotisations est proportionnel au salaire.
   b. Tout travailleur est obligé de cotiser à la Sécurité sociale.
   c. Tout patron est obligé de cotiser pour ses employés.
   d. Les personnes qui ne peuvent plus cotiser ne sont plus assurées.

3. Les prestations comme l'allocation de rentrée scolaire
   a. ne sont pas imposables.
   b. dépendent du revenu.
   c. sont uniquement versées aux familles d'au moins trois enfants.
   d. font partie de la branche des allocations familiales.

4. Les médecins conventionnés
   a. sont des fonctionnaires.
   b. peuvent exercer librement leur profession.
   c. adoptent les tarifs fixés par les syndicats et la Sécurité sociale.
   d. représentent la grande majorité des médecins français.

5. Dans le cas d'une naissance,
   a. le père peut prendre 11 jours de congé.
   b. la mère a droit à un congé de six mois si elle a déjà deux enfants.

    c. les frais d'accouchement sont gratuits si les parents ont déjà un enfant.

    d. la mère reçoit une allocation pour jeune enfant jusqu'à ce que celui-ci ait trois ans.

III. Etes-vous d'accord? Sinon, justifiez votre réponse.

1. La solidarité nationale est à la base de la protection sociale.
2. Les allocations familiales datent des années 1930.
3. Dans une pharmacie conventionnée, on ne doit payer que le ticket modérateur.
4. La carte Vitale a remplacé l'ordonnance que le médecin donnait avant au malade.
5. Si un malade reste plus de trente jours à l'hôpital, il n'est plus remboursé.
6. Lors d'une visite chez le médecin, le tiers-payant est à la charge de l'assuré.
7. La CSG est une taxe sur les salaires qui contribue aux coffres de la Sécurité sociale.
8. Les maladies graves sont remboursées à 100%.
9. Les personnes du troisième âge avec peu de revenus peuvent recevoir des allocations spéciales.
10. Les Français estiment que le système de la Sécurité sociale est tout à fait normal.

IV. Discussion.

1. Discutez des grandes lignes de la Sécurité sociale.
2. Que signifie la phrase, «La protection sociale est basée sur le principe de la solidarité nationale»?
3. Que pensez-vous du système de la Sécurité sociale? Un tel système pourrait-il exister aux Etats-Unis? Pourquoi (pas)?

 ## V. Vos recherches sur Internet.

Afin de faciliter vos recherches et de répondre à ces questions, consultez le site du livre: http://lafrance.heinle.com.

1. De quels types de soins ou d'examens gratuits les moins de dix-huit ans et les plus de cinquante ans peuvent-ils bénéficier? Cherchez quelques exemples.
2. Quels types de soins ou d'examens sont systématiquement remboursés à 100%?
3. Un résident de nationalité étrangère qui ne peut pas bénéficier de la CMU parce qu'il n'est pas en situation régulière en ce qui concerne sa carte de séjour peut recevoir une aide financière en ce qui concerne ses soins médicaux. En quoi cette aide consiste-t-elle? Quelles en sont les conditions nécessaires?

4. La Charte du Patient Hospitalisé contient une liste des droits du malade. Relevez quelques-uns de ces droits.
5. Quelle est l'opinion des Français en ce qui concerne la politique de santé du gouvernement? Font-ils confiance à leur médecin? D'après eux, y a-t-il certaines maladies ou conditions de vie dont le Gouvernement devrait se préoccuper davantage?

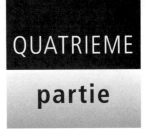

La vie culturelle

Les religions

● «La fille aînée de l'Eglise»

Comme on le dit souvent et depuis longtemps, la France est un pays catholique. On appelle la France «la fille aînée de l'Eglise» parce qu'elle a été le premier pays à devenir officiellement catholique. Partout où l'on va en France, on voit des témoignages de la religion catholique qui sont indissolublement associés à son passé historique et culturel: les magnifiques cathédrales gothiques (Notre-Dame de Paris, Reims, Chartres, parmi beaucoup d'autres), les calvaires en Bretagne, la grotte de Lourdes dans les Pyrénées qui attire des millions de pèlerins et même le nom des rues (le boulevard Saint-Michel, la rue Saint-Nicolas, la place Sainte-Geneviève, etc.). Tous les petits villages de France ont une église. De nombreux écrivains (Pascal, Chateaubriand, Claudel, Mauriac, Bernanos) se sont inspirés du catholicisme dans leurs ouvrages littéraires, et on ne peut pas étudier la littérature française sans tenir compte de la culture catholique. En un mot, la religion catholique constitue une des plus riches influences culturelles dans la société française.

TABLEAU: Les croyants en France aujourd'hui

- catholiques baptisés: 45 000 000 dont 30% se disent pratiquants
- musulmans: 5 000 000 dont 36% se disent pratiquants mais dont 70% jeûnent pendant le Ramadan
- juifs: 1 000 000 dont 20% se disent pratiquants
- protestants: 900 000 (surtout des calvinistes et des luthériens) dont 40% se disent pratiquants
- 25% des Français se disent sans religion

● Le christianisme

La religion chrétienne a commencé à se propager en Gaule pendant l'époque gallo-romaine. Dès le IVe siècle, Saint-Martin a évangélisé les campagnes près de Tours et au Ve siècle, Sainte-Geneviève a organisé la résistance des Parisiens catholiques contre Attila et les envahisseurs païens. C'est pendant l'époque franque, en 496, que le roi Clovis s'est converti au christianisme et s'est fait baptiser à Reims. A ce moment-là, la France est devenue officiellement un pays catholique, et elle l'est restée, pendant plus de mille ans, jusqu'à la Révolution. En 800, Charlemagne, roi des Francs, s'est fait couronner empereur de tous les chrétiens par le pape. Par ce geste, il a institué le principe de la monarchie de droit divin: c'est-à-dire que le roi des Francs était aussi un chef chrétien, choisi par Dieu pour gouverner. Il y avait désormais et jusqu'à la Révolution, une association étroite entre la monarchie française et l'Eglise catholique. Les premières menaces contre cette hégémonie catholique sont venues du Midi de la France. D'abord, au XIIIe siècle, c'est l'hérésie albigeoise qui s'est mani-festée dans le Languedoc et qui a donné aux rois capétiens l'occasion de mener une croisade contre les «hérétiques», de les exterminer et enfin d'annexer le Languedoc au royaume de France. Plus tard, au XVIe siècle, c'est encore le Midi qui a posé une menace à l'Eglise en se ralliant à la Réforme protestante. Toute l'Europe était alors déchirée entre les catholiques qui restaient fidèles à l'Eglise romaine et ceux qui rejetaient certaines de ses doctrines, c'est-à-dire les protestants. Entre 1562 et 1598, la France elle-même a souffert des guerres de religion qui opposaient les catholiques aux protestants. A la mort d'Henri III de Valois en 1589, la succession royale devait passer à Henri de Navarre, mais celui-ci était protestant. Cette situation a provoqué une guerre civile entre protestants et catholiques, parce que la noblesse ne voulait pas qu'un protes-tant soit reconnu comme roi de France. Après plusieurs années de guerre sans pouvoir entrer dans Paris, Henri de Navarre, de la famille Bourbon, a décidé de se convertir au catholicisme pour pouvoir accéder à la couronne de France. Il a compris que le royaume de France restait catholique dans sa grande majorité: «Paris vaut bien une messe», a-t-il dit. Afin de rétablir la paix et la stabilité, le nouveau roi, proclamé Henri IV de Bourbon, a promulgué en 1598 l'Edit de Nantes qui garantissait la liberté religieuse en France. L'Edit de Nantes a accordé aux protestants (appelés les «Huguenots») la liberté de conscience et l'égalité civile avec les catholiques. Cependant, cette liberté n'a pas empêché leur déclin numérique: le culte protestant ne s'est jamais répandu en France. Pendant le premier siècle de la dynastie des Bourbon, les Huguenots ont été plus ou moins tolérés en France, jusqu'au moment où Louis XIV a révoqué l'Edit de Nantes en 1685. A partir de ce moment-là, plus de 200 000 Huguenots, dont beaucoup étaient des artisans, se sont expatriés en Hollande, en Suisse, en Angleterre, en Prusse et même aux colonies américaines (dans l'état de New York et en Caroline du Sud). Cette émigration a représenté une perte économique pour la France (l'implantation de l'industrie des horloges en Suisse, par exemple, est un résultat de la révocation de l'Edit de Nantes). Voilà des raisons historiques qui expliquent le nombre réduit de protestants en France aujourd'hui (moins d'un million de pratiquants). La plus grande concentration se trouve en Alsace, région qui a été longtemps dans la sphère d'influence allemande.

Ainsi, l'histoire de l'Ancien Régime a été dominée par la présence de l'Eglise catholique. La première grande crise de l'Eglise date de l'époque de la Révolution. Comme l'Eglise s'était toujours associée à la monarchie, elle était hostile à la République et les républicains ont manifesté la même hostilité envers la noblesse et l'Eglise. Même avant l'exécution de Louis XVI, l'Assemblée nationale a vendu la propriété—considérable—de l'Eglise, a aboli les ordres monastiques et a décrété que la religion catholique n'était plus la religion officielle de l'Etat. Plus tard (1793), sous l'influence des Jacobins, la Convention a poursuivi ses projets pour déchristianiser la France. Le calendrier catholique a été remplacé par un calendrier républicain. Beaucoup d'églises ont été saccagées et détruites. Le culte catholique a été remplacé par le culte de l'Etre suprême, une religion non-chrétienne qui reconnaissait l'existence d'un Dieu créateur et dont Robespierre s'est proclamé le Grand Prêtre. Le peuple français est pourtant resté attaché au christianisme. Une dizaine d'années plus tard, en 1801, le Consul Napoléon Bonaparte a signé un Concordat avec le Vatican: le catholicisme est redevenu la religion officielle de la France (mais la propriété de l'Eglise n'a pas été restituée). En 1804, quand Napoléon s'est fait proclamer empereur de France, il a fait sanctionner son empire par le pape, comme Charlemagne l'avait fait mille ans auparavant. Selon le Concordat, cependant, l'Eglise était clairement subordonnée à l'Etat.

Au cours du XIXe siècle, l'Eglise est demeurée pro-monarchique et anti-républicaine. Voilà pourquoi elle était en bonnes grâces pendant le Premier Empire (Napoléon Ier), la Restauration des rois Bourbon et le Second Empire (Napoléon III). Les catholiques les plus conservateurs étaient hostiles à la IIIe République pendant les vingt premières années du régime (1870–90). Cette situation a changé en 1890 quand le pape a ordonné aux catholiques français de se rallier à la République. A partir de cette date et jusqu'à nos jours, le sentiment monarchiste n'existera pratiquement plus en France. Si les catholiques français ont commencé à soutenir la République, les gouvernements de la IIIe République, cependant, ont évolué de plus en plus vers une politique anticléricale (anti-Eglise). D'abord, parce que l'Eglise prendra le parti de la bourgeoisie contre la classe ouvrière (et celle-ci va gagner une grande importance politique pendant la révolution industrielle à la fin du XIXe siècle). Ensuite, parce que l'Eglise va se trouver, au tournant du siècle, du mauvais côté d'une controverse célèbre au sujet d'un militaire juif, Alfred Dreyfus.

● Le judaïsme

Il y a des juifs en France depuis le Moyen Age et ils ont toujours été plus ou moins exclus de la société française et parfois persécutés. En 1791, la Révolution avait proclamé l'émancipation civique et politique des juifs, mais c'est au XIXe siècle que la communauté juive s'est vraiment intégrée à la société française. Les juifs français considéraient la France comme leur patrie. Ils étaient d'ailleurs tellement patriotiques que, quand l'Alsace a été perdue en 1870, un grand nombre de juifs qui habitaient en Alsace sont partis pour la France. Cependant, de nombreux catholiques français ne considéraient pas les juifs comme leurs compatriotes et les traitaient plutôt comme des étrangers, comme un peuple à part. L'antisémitisme a toujours existé en France, mais il a pris un caractère dramatique en 1898, avec l'affaire Dreyfus, une des affaires judiciaires les plus célèbres de l'histoire moderne.

La France avait été vaincue par les Allemands en 1870, et la réputation de l'armée française avait été ternie par cette défaite militaire humiliante. En 1894, le capitaine Alfred Dreyfus a été faussement accusé d'avoir vendu des secrets militaires aux Allemands. En raison d'un document forgé, Dreyfus a été condamné par un conseil de guerre à l'emprisonnement perpétuel en Guyane. Sa famille et ses amis ont crié à l'injustice et n'ont pas cessé de militer en sa faveur, mais l'armée, qui voulait protéger son prestige à tout prix, est restée intransigeante. En 1898, le célèbre romancier Emile Zola a publié dans le journal *L'Aurore* une lettre ouverte au Président de la République. Dans cette lettre intitulée «J'accuse», Zola a dénoncé l'antisémitisme des officiers de l'armée, ainsi que l'illégalité du procès de Dreyfus. A cause de cette publication, Zola a été poursuivi par la justice, dans un procès qui a passionné la France. A partir de ce procès, l'affaire Dreyfus est devenue une affaire publique et nationale. Il était d'autant plus facile de croire que Dreyfus était coupable de trahison que beaucoup de catholiques considéraient que les juifs n'étaient pas de vrais Français. La droite (les antidreyfusards) a traité les non-catholiques de «mauvais Français», donc de traîtres: un juif, disaient-ils, ne peut pas vraiment être français. L'Eglise a pris parti pour les antidreyfusards: le journal catholique *La Croix* a entrepris une campagne contre les juifs. La gauche (les dreyfusards) a défendu le capitaine et a traité ses accusateurs d'antisémites, en disant que Dreyfus avait été jugé coupable, contre toute évidence, uniquement parce qu'il était juif. Après le procès de Zola, le colonel Henry, qui avait forgé le document, a tout avoué puis s'est suicidé. Au bout de plusieurs années et de nombreux procès, la Cour de cassation a renversé le jugement du conseil de guerre en 1906. Dreyfus a été ramené en France et enfin réhabilité, mais cet événement a rangé l'Eglise dans le camp des antisémites et a polarisé la société française.

La réaction à l'affaire Dreyfus a favorisé l'arrivée de la gauche au pouvoir en 1902 et ce nouveau gouvernement a poursuivi une politique nettement anticléricale. En 1905, une nouvelle loi a proclamé la séparation de l'Eglise et de l'Etat. Selon cette loi, toujours en vigueur aujourd'hui, «la République ne reconnaît, ne salarie ni ne subventionne aucun culte». Cette loi garantit pourtant, comme l'avait fait l'Edit de Nantes, le libre exercice des cultes. Le Concordat de 1801 a cessé d'exister et la République française n'a plus de religion officielle. Aujourd'hui, l'Etat est laïque (sauf dans les départements «concordataires» d'Alsace et de Lorraine—le Haut-Rhin, le Bas-Rhin et la Moselle, dits «Alsace-Moselle»—qui n'ont été rendus à la France qu'en 1918). Ce principe de la séparation de l'Eglise et de l'Etat s'appelle la *laïcité*. L'Etat laïque reconnaît

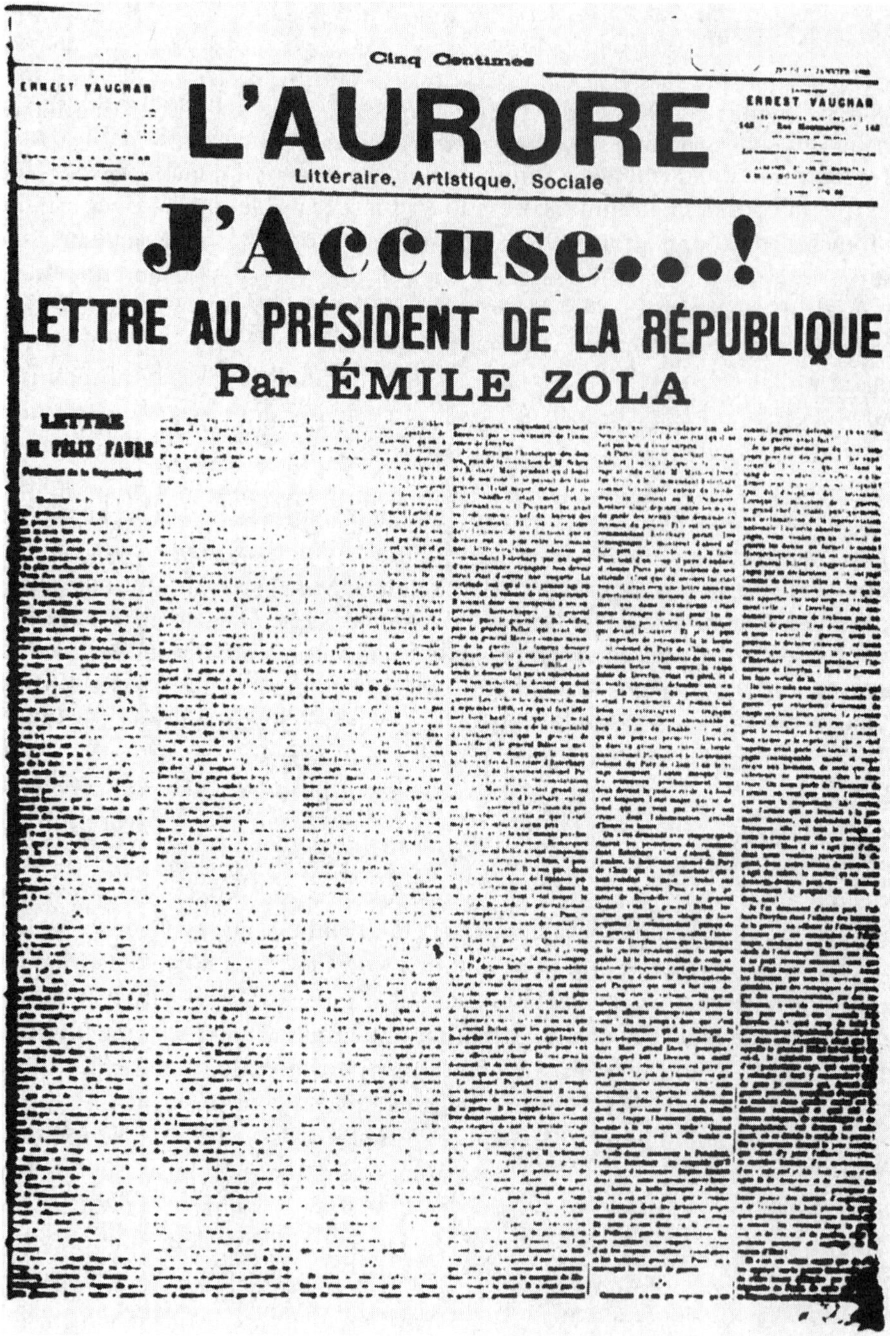

Cinq Centimes

ERNEST VAUGHAN

L'AURORE

Littéraire, Artistique, Sociale

ERNEST VAUGHAN

J'Accuse...!

LETTRE AU PRÉSIDENT DE LA RÉPUBLIQUE

Par ÉMILE ZOLA

LETTRE

À M. FÉLIX FAURE

Président de la République

toutes les religions sans en adopter aucune. Le principe de la laïcité a joué un grand rôle au cours du XXe siècle (et encore au XXIe).

L'antisémitisme était encore très fort pendant les premières décennies du XXe siècle. La vie politique de cette époque a été profondément influencée par l'Action Française, organisation catholique et antisémite (qui publiait un journal du même titre). Mais en 1926, le pape a condamné l'Action Française d'une façon absolue. Il a interdit aux catholiques de participer à cette organisation et de lire ses publications, sous peine d'excommunication. Peu de temps après, l'Action Française a disparu, au moment où des mouvements antisémites grandissaient ailleurs en Europe. En 1936, le Front Populaire, une coalition de la gauche, a gagné une majorité à l'Assemblée nationale, et Léon Blum, un juif, a été nommé chef du Gouvernement. A la veille de la Deuxième Guerre mondiale, à l'époque où les voisins de la France (l'Espagne, l'Allemagne et l'Italie) étaient dominés par des mouvements fascistes et antisémites, la France avait donc un Premier Ministre juif et un Gouvernement de gauche. Cela n'a pas empêché l'antisémitisme de reprendre le dessus pendant l'occupation allemande (1940–44). Les collaborateurs, dans la France occupée ainsi que dans la France «libre» (Vichy), ont continué la persécution des juifs qu'avaient initiée les Nazis, et des milliers de juifs français ont été arrêtés et déportés. Mais il est significatif qu'après la guerre, très peu de juifs français sont partis pour le nouvel état d'Israël, créé en 1948 pour les réfugiés juifs d'Europe. La majorité d'entre eux ont décidé de rester en France. Aujourd'hui, il y a près d'un million de juifs en France, et c'est la plus grande communauté juive de l'Europe occidentale.

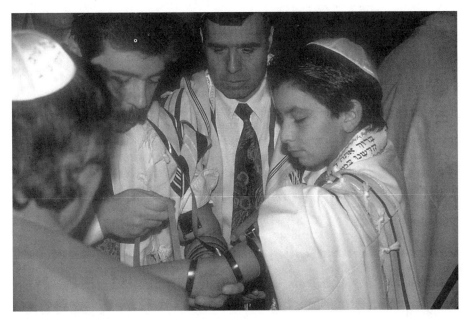

Cérémonie juive de la bar-mitzvah

Depuis le début du XXIe siècle, la France connaît une recrudescence de violence contre la religion juive: des personnes juives ont été agressées, des synagogues et des écoles juives ont été incendiées et des cimetières juifs ont été profanés. La cause de ces actes antisémites n'était pas claire. Etait-elle liée aux événements du Proche-Orient qui opposaient les juifs français aux arabes français? Ou bien, était-ce simplement la réapparition d'un antisémitisme français bien plus profond provoqué par l'extrême-droite? En tout cas, les attaques contre les musulmans et leurs lieux de culte, depuis le 11 septembre 2001, ont été aussi nombreuses, sinon plus, que les agressions contre les juifs (voir le chapitre 13).

● Le catholicisme et la laïcité

Jusqu'à la Révolution, le pouvoir politique soutenait et défendait l'Eglise, et celle-ci soutenait et défendait la monarchie. La position anticatholique prise par la Révolution a divisé le pays en deux camps et a profondément influencé la situation politique en France aux XIXe et XXe siècles. L'unité religieuse était à jamais brisée et remplacée par une dualité entre la droite catholique et la gauche laïque. L'histoire du XIXe siècle est l'histoire d'un conflit entre l'esprit monarchiste et catholique, d'une part, et l'esprit républicain d'autre part. La laïcité, idéal de la IIIe République, était le principe qui devait réconcilier les citoyens français et faire coexister les diverses croyances religieuses. La laïcité devait reléguer la religion dans le domaine privé, mais elle était vue comme un mouvement antichrétien par de nombreux catholiques, d'où leur ressentiment envers la République. Dès 1881, la République a voté la laïcisation des écoles, l'instauration du divorce et la suppression des prières publiques à l'ouverture des sessions parlementaires. Cet esprit séculier est devenu encore plus marqué avec la Séparation en 1905. Précipitée par la polarisation politique engendrée par l'affaire Dreyfus, la Séparation a achevé le cycle ouvert par la Révolution un siècle auparavant. Les prêtres ne sont plus salariés de l'Etat, ils dépendent de la générosité des fidèles. La religion devient une affaire personnelle et privée. Il faut remarquer que la Séparation, grande offensive laïque, a été approuvée par la majorité des Français.

Pendant la première moitié du XXe siècle, l'Eglise a continué à s'identifier avec la haute bourgeoisie, avec le maintien du statu quo social, en somme avec la droite. Le résultat, c'est qu'une grande partie de la classe ouvrière, qui s'identifiait avec la gauche, s'est donc opposée à l'Eglise. Cette dualité a commencé à se réduire après la Deuxième Guerre mondiale. Dans les années 1950 et 1960, des groupes de militants catholiques ont fondé des mouvements en faveur de réformes sociales. Ces groupes disaient que c'était leur devoir, en tant que chrétiens, de s'occuper du bien-être de la classe ouvrière et de militer pour l'action sociale, valeurs qu'ils partageaient avec la gauche. Le mouvement le plus connu était celui des prêtres-ouvriers. Un prêtre prenait également un travail d'ouvrier afin de mieux comprendre les gens de cette catégorie socioprofessionnelle et de leur faire comprendre à leur tour que le catholicisme n'était pas incompatible avec leur mode de vie. Les prêtres-ouvriers cherchaient à montrer qu'il y avait des ressemblances entre les valeurs marxistes et celles du christianisme. Ces groupes catholiques d'action sociale n'avaient pas toujours l'approbation de la hiérarchie ecclésiastique (le mouvement des prêtres-ouvriers a été condamné par le Vatican en 1959), mais ils sont parvenus à réduire la distance entre le christianisme et la gauche. Aujourd'hui, beaucoup de catholiques votent pour la gauche, y compris un grand nombre de jeunes prêtres qui mettent plus l'accent sur l'action sociale que sur les traditions de l'Eglise.

Le débat sur la laïcité se ranime de temps en temps autour d'un événement particulier. Le pape Jean-Paul II a annoncé son intention de visiter la France au mois de septembre 1996, à Tours, pour présider aux cérémonies commémorant le 16e centenaire de la mort de Saint-Martin et ensuite à Reims, pour fêter le 15e centenaire du baptême de Clovis. Dans les médias, certains ont proclamé le baptême de Clovis en 496, il y a 1500 ans, le moment de la christianisation de la France. D'autres ont protesté en disant que fêter le baptême de Clovis est renouer avec la tradition monarchiste, cléricale et antirépublicaine. La controverse, baptisée «l'affaire Clovis», s'est d'autant plus aggravée que le pape est venu en France le 21 septembre, date de la proclamation de la République en 1792, pendant la Révolution. D'après la loi de la Séparation de 1905, l'Etat ne peut pas subventionner des événements religieux, mais le gouvernement Juppé a justifié les dépenses encourues par la visite de Jean-Paul II en rappelant que le pape est un chef d'Etat (le Vatican). Le président Jacques Chirac a accueilli le pape à Tours et l'a appelé le chef spirituel de tous les Français. La messe célébrée par le pape à Reims a rassemblé 200 000 fidèles, mais sa visite a suscité une mobilisation laïque. Des manifestations hostiles se sont déroulées dans toute la France, contre la notion d'une France catholique, contre le viol de la Séparation et contre le financement public de cette visite. L'année suivante (1997), la visite du pape pour les Journées Mondiales de la Jeunesse a attiré un million de spectateurs, le plus grand rassemblement religieux en France depuis la Libération.

● La crise du catholicisme

La religion catholique reste majoritaire en France. La visite du pape en France en 2001 a rassemblé plus de deux millions de personnes. Cependant, les pratiques religieuses des Français catholiques semblent diminuer. Il est difficile d'interpréter les sondages sur la religion parce que les Français considèrent leurs pratiques et croyances religieuses comme une affaire très personnelle dont ils ne parlent pas publiquement. Voilà ce qui explique peut-être pourquoi les sondages se contredisent souvent. Selon un sondage, 80% de la population française se déclare catholique (il y a, en effet, plus de 45 millions de catholiques baptisés en France). Selon un autre, en revanche, une légère majorité de la population se dit athée (c'est-à-dire qu'ils ne croient pas en Dieu). Parmi les croyants, ceux qui assistent régulièrement à la messe du dimanche constituent seulement 14% de la population (environ huit millions). A ceux-ci, il faut ajouter les catholiques qui vont à la messe deux ou trois fois par an: pour les grandes fêtes (Noël, Pâques) ou pour certains événements familiaux (les baptêmes, les premières communions, les mariages et les enterrements). Et puis, il y a ceux qui se disent croyants mais qui ne donnent aucun signe extérieur de religion. Au grand maximum, il y a quelque 17 millions de Français qu'on peut considérer comme catholiques, sur une population de 60 millions, ce qui est tout de même quantitativement important. Mais l'attachement des Français à l'Eglise diminue d'année en année. Les statistiques témoignent du déclin de l'Eglise et d'une diminution régulière de la pratique religieuse des catholiques français, surtout chez les jeunes. Même dans les régions très catholiques, comme la Bretagne, les séminaires ferment leurs portes et il y a de moins en moins de prêtres. Beaucoup de paroisses n'ont plus de prêtre, et certains prêtres sont obligés de se déplacer dans trois ou quatre paroisses chaque dimanche. Financièrement, l'Eglise catholique en France est assez pauvre parce que le nombre de fidèles ne cesse de diminuer. Chaque année, il y a de moins en moins de mariages religieux, de moins en moins d'enfants baptisés.

Pourquoi cette nouvelle déchristianisation de la France? Certains spécialistes l'attribuent à l'indépendance croissante des Français vis-à-vis de l'autorité cléricale, surtout dans le domaine de la vie privée. Le Vatican a toujours été intransigeant dans sa condamnation de l'IVG (interruption volontaire de grossesse), des contraceptifs, des relations sexuelles hors du mariage, des relations homosexuelles et du divorce. Or, toutes ces pratiques sont admises par le Code civil depuis les années 1970. Autrefois, le curé d'une paroisse exerçait une grande influence sur la vie sexuelle de ses fidèles. Aujourd'hui, beaucoup de Français se passent de ses conseils et ne tiennent pas compte de ses interdictions. L'autorité de l'Eglise dans le domaine sexuel est en train de s'effondrer, peut-être parce que ses doctrines ne correspondent plus au comportement actuel des Français.

Ce qui paraît pourtant évident, c'est que pour la plupart des Français, la religion est une question personnelle qui n'a rien à voir avec la politique. Les journalistes ne posent jamais de questions personnelles sur la religion aux candidats politiques, et les politiciens ne parlent jamais de Dieu dans leurs discours politiques. En plus, la religion est rarement une affaire sociale, comme elle l'est souvent aux Etats-Unis, avec des clubs, des pique-niques, etc. Si la croyance chrétienne est difficile à mesurer, toute l'évidence montre que l'institution de l'Eglise ne représente plus la majorité des Français. Les catholiques traditionnels, croyants et pratiquants, sont en voie de devenir, eux aussi, une minorité.

● L'islam

La deuxième religion en France est l'islam, qui n'est pas uniquement une religion d'immigrés. Sur cinq millions de musulmans en France, il y a un million de Français d'origine maghrébine (nord-africaine). Le nombre de mosquées (lieux de culte musulman) a doublé depuis 1980. La présence de cette religion sur le territoire français doit pourtant ses origines au phénomène de l'immigration.

Nous avons vu qu'en 1905, la IIIe République a voté la séparation de l'Eglise et de l'Etat et a adopté la laïcité comme principe fondamental. Ce qui peut sembler paradoxal, c'est que l'Assemblée nationale a approuvé, en 1920, une subvention pour faire construire une mosquée à Paris. La France métropolitaine comptait alors peu de pratiquants du culte musulman, mais elle possédait un immense empire colonial où les musulmans étaient très nombreux. Ces musulmans de l'empire avaient combattu pour la France pendant la Première Guerre mondiale, sans bénéficier pourtant de la nationalité française. L'islam était donc devenu un enjeu politique: la France coloniale avait besoin de la loyauté de ses sujets musulmans.

Dans les années 1970, la France n'avait plus d'empire colonial, mais l'islam a commencé à exercer une influence importante à cause des travailleurs immigrés du Maghreb. Entre 1975 et 1980 la religion musulmane s'est manifestée dans les usines, sur les chantiers et dans les HLM (logements subventionnés par l'Etat). Des associations musulmanes se sont mises en place et ont commencé à ouvrir des salles de prière et des écoles islamiques dans les usines et dans les HLM. Ce mouvement a été encouragé par les autorités françaises, qui cherchaient à assurer la paix sociale dans la Métropole où s'étaient installés trois millions de musulmans. Comme l'inflation de cette époque s'accompagnait du chômage, qui touchait surtout les manœuvres (les ouvriers non-spécialisés), le Gouvernement ne voulait pas que les immigrés se tournent vers des mouvements syndicaux ou communistes. Pour le Gouvernement, l'islam paraissait un recours contre la puissante CGT (syndicat d'inspiration marxiste). Au début des années 1980, la construction de nouvelles mosquées a été projetée, et l'islam est devenu très visible en France. L'islam est une religion qui a mauvaise presse en France. Les Français s'en méfient souvent, à cause de l'oppression des femmes dans certains pays musulmans, à cause de la prise d'otages et des actes violents effectués par des terroristes palestiniens dans le dernier quart du XXe siècle, à cause de Saddam Hussein et de l'invasion du Koweït en 1990, à cause des attentats contre New York et Washington en 2001 et enfin, à un degré non négligeable, à cause du souvenir de leur propre guerre en Algérie (1954–62). Bien des événements ont contribué à la perception dégradée de l'islam dans l'opinion française. L'hostilité envers l'islam en France depuis le 11 septembre 2001 a été renforcée par la confusion des termes «musulman», «intégriste», «fondamentaliste», «islamiste», «terroriste». (Les intégristes musulmans sont des fondamentalistes qui tiennent à l'islam intégral, à une conception ultra-conservatrice de celui-ci. Les islamistes sont des militants qui cherchent à instaurer un régime politique fondé sur la stricte application de l'islam.) D'après la Commission Nationale Consultative des Droits de l'Homme, les violences les plus graves contre les musulmans en France émanent pour la plupart de militants d'extrême-droite. En 2002, des cocktails Molotov ont été projetés contre les mosquées de Méricourt (Pas-de-Calais) et de Châlons (Marne). En 2003, on a vu l'incendie d'une mosquée à Nancy (Meurthe-et-Moselle) et la profanation de tombes musulmanes dans un cimetière militaire du Haut-Rhin.

La grande majorité des musulmans en France cherchent à y vivre paisiblement. Tandis que les traditions catholiques sont enracinées en France depuis près de 2000 ans, la présence de l'islam est toute récente. Le contact avec la société française a produit un déracinement culturel pour les immigrés musulmans et a provoqué un conflit de générations quand leurs enfants sont entrés à l'école. Ce conflit est plus marqué chez les filles que chez les garçons. D'après les traditions musulmanes, les jeunes filles n'ont pas les mêmes droits que leurs frères. Elles doivent se couvrir le visage d'un voile en public. Elles tiennent une place soumise de second rang dans la maison paternelle. A la différence des jeunes Françaises non-musulmanes, elles n'ont pas le droit de porter une jupe courte, de se maquiller, d'aller au cinéma ou de danser avec un garçon. Toutes ces pratiques sont interdites par la religion musulmane, ou au moins par la branche conservatrice de celle-ci. A l'école française, pourtant, les filles apprennent qu'elles peuvent mener une vie professionnelle et qu'elles ne doivent plus obéissance à leur futur mari. Bref, elles sont libérées de la tutelle de leur père, sinon de leur religion. Pour certaines Maghrébines donc, l'école est un lieu de révolte, de libération et d'espérance: elles y rencontrent un autre monde, le monde de la société occidentale.

La Grande Mosquée de Paris

● La question du voile islamique

En septembre 1989, le principal d'un collège de la banlieue parisienne a refusé d'admettre trois jeunes filles musulmanes, âgées de 13 et 14 ans, parce que celles-ci ne voulaient pas ôter le foulard qu'elles portaient sur la tête. Cet événement a déclenché une grande querelle médiatique, dite «l'affaire du voile» ou bien «l'affaire du foulard». En France, l'éducation, la religion et l'immigration sont des domaines passionnels. Quand un événement comme celui du foulard réunit tous les trois, le résultat est explosif.

Le principal du collège a défendu sa prise de position au nom de la laïcité de l'école publique. Il a été vivement critiqué pour son intolérance et sa discrimination raciale par les médias, par un cardinal de l'Eglise, par un rabbin, par SOS Racisme (une organisation antiraciste) et même par Danielle Mitterrand (l'épouse du Président). Toutes ces critiques ont été lancées parce que les droits individuels de ces jeunes filles n'avaient pas été respectés. L'affaire du voile a créé une opposition entre les défenseurs et les ennemis de la laïcité. Dans cette nouvelle guerre de religion on peut distinguer au moins trois grands groupes d'opinion publique:

1. Les antilaïcs, ceux qui voulaient affirmer leur différence, comme le cardinal et le rabbin, et qui s'opposaient à la laïcité au nom des droits individuels. Composé de catholiques et de juifs aussi bien que de musulmans, ce groupe revendiquait le droit des jeunes filles de porter le foulard à l'école. La solidarité de ce groupe venait de leur opposition à la laïcité.

2. Les laïcs tolérants, ceux qui défendaient la laïcité en général (du moins une certaine définition de celle-ci) mais qui ne voulaient pas exclure les minorités et qui préconisaient leur intégration, comme SOS Racisme et Mme Mitterrand. Ce groupe comprenait les Français pour qui les signes extérieurs de conviction religieuse ne remettent pas en question les notions de l'Etat républicain et l'école laïque.

3. Les laïcs doctrinaires, ceux qui s'opposaient au port du foulard au nom d'une doctrine anticléricale militante. Ce groupe comprenait les Français pour qui la religion est une affaire privée et devrait rester telle, aussi bien que ceux pour qui toute pratique religieuse est archaïque et rétrograde. Certains des doctrinaires avaient aussi un objectif féministe: combattre la pression religieuse qui tient la femme en position d'infériorité. Pour ceux-ci, l'école doit être l'endroit de l'égalité sociale et sexuelle. Refuser le port du voile à l'école, disaient les doctrinaires, c'est montrer aux jeunes filles qu'elles ont et doivent avoir les mêmes droits que les garçons. Même SOS Racisme était divisé: des filles dans ce groupe normalement solidaire refusaient catégoriquement le port du voile au nom de l'égalité des sexes.

Mais, ont répondu les laïcs tolérants, comment reconnaître la différence entre les filles qui réclament le droit de porter le voile et celles qui sont obligées de le porter par leur famille? Quel est le devoir de la République? Il est peut-être temps, disaient-ils, de changer la conception de la laïcité. Au départ, c'était un esprit de combat qui militait pour la République et contre l'influence catholique sur la politique. Cette «guerre» a été gagnée en 1905 avec la Séparation et la dualité n'existe plus. L'idéologie militante doit laisser place au respect des différences dans une société pluraliste. A beaucoup d'égards, la laïcité est comprise aujourd'hui comme une neutralité respectueuse de la diversité, une tolérance qui permet à chacun de penser ce qu'il veut. L'école doit être un instrument d'intégration sociale qui ne dérange et n'influence personne dans ses croyances. Reconnaître l'islam, publiquement et officiellement, est sans doute une étape nécessaire vers cette intégration.

Les débats ont été longs et acharnés. Lionel Jospin, alors ministre de l'Education Nationale (gouvernement Rocard), a sollicité l'avis du Conseil d'Etat, haute juridiction administrative. Le Conseil d'Etat a affirmé que les élèves ont le droit d'exprimer et de manifester leurs croyances religieuses à l'intérieur des établissements scolaires, à condition qu'il n'y ait ni pression ni propagande et que ni l'ordre dans l'établissement ni le fonctionnement de l'enseignement ne soit troublé. Ce prononcement du Conseil d'Etat n'a pas contenté les enseignants dont la majorité étaient hostiles au texte. Depuis cette première affaire du foulard, le débat sur le port du voile à l'école continue d'être vif. Ainsi, de nombreux autre cas se sont présentés dans les établissements scolaires au cours des années 1990 et 2000. Plusieurs fois des jeunes filles qui ont refusé d'enlever le foulard ont été exclues des écoles, et plusieurs fois le Conseil d'Etat a annulé les exclusions. La controverse du voile islamique s'est déchaînée de nouveau sous le gouvernement Balladur. En 1994, François Bayrou, ministre de l'Education Nationale, a demandé aux chefs d'établissements scolaires de supprimer «la présence de signes si ostentatoires que leur signification est précisément de séparer certains élèves des règles de vie commune de l'école». Certains signes religieux plus «discrets» (tels que la croix catholique) n'ont pas été interdits par la directive ministérielle (et le Premier Ministre Edouard Balladur a affirmé que la kippa juive n'était pas un signe ostentatoire). Il était clair pour tout le monde que seul le voile islamique était visé. Le Conseil d'Etat a renversé cette directive en affirmant que le foulard n'est pas un signe ostentatoire. Une dizaine d'années plus tard, en 2003, une jurée voilée a été obligée de quitter la cour d'assises de Seine-Saint-Denis. Le magistrat, en remplaçant la jeune femme, a affirmé le principe de la laïcité non seulement à l'école mais aussi dans la justice. En 2003, le Premier Ministre Jean-Pierre Raffarin s'est fermement prononcé contre le port du voile islamique à l'école, traitant celui-ci de symbole «des attitudes ostentatoires et du prosélytisme». Après des mois d'un débat passionné, le président Jacques Chirac s'est prononcé en faveur d'une loi interdisant les signes religieux dans les écoles (de 1989 jusqu'en 2003, aucun Gouvernement n'avait voulu légiférer sur la question). Le chef de l'Etat a aussi préconisé une loi empêchant qu'un patient puisse refuser de se faire soigner par un médecin de l'autre sexe à l'hôpital public. D'après le président Chirac, «la laïcité n'est pas négociable». En 2004, l'Assemblée nationale et le Sénat ont adopté le texte de la nouvelle loi: «Dans les écoles, les collèges et les lycées publics, le port de signes ou tenues par lesquels les élèves manifestent ostensiblement une appartenance religieuse est interdit. Le règlement intérieur rappelle que la mise en œuvre d'une procédure disciplinaire est précédée d'un dialogue avec l'élève.» L'exclusion de l'élève est ainsi réservée comme ultime recours. La loi est entrée en vigueur à partir de la rentrée scolaire 2004. Elle est applicable dans les territoires d'outre-mer, même ceux qui ont une majorité musulmane.

Trois enseignants sur quatre approuvent l'interdiction des signes religieux, d'après un sondage réalisé en 2004 pour le journal *Le Monde*. Parmi les enseignants sondés, 91% ont dit qu'ils n'avaient aucune élève voilée dans l'établissement où ils enseignaient et 65% n'en avaient même jamais vu dans leur carrière. Mais ils étaient 78% à considérer que le port du voile à l'école est un problème. D'autres sondages indiquent que la moitié des Français et près de trois quarts des Françaises se déclarent opposés au port du voile islamique dans les écoles.

I. Répondez aux questions suivantes.

1. Pourquoi appelle-t-on la France «la fille aînée de l'Eglise»?
2. En quoi le Midi de la France a-t-il menacé la religion catholique?
3. Qu'a fait Henri de Navarre pour pouvoir accéder au trône de France?
4. En quoi consistait l'Edit de Nantes?
5. Quelle a été la conséquence de la révocation de l'Edit de Nantes?
6. Quelles crises l'Eglise a-t-elle traversées pendant la Révolution?
7. Quelle a été l'attitude de la IIIe République envers l'Eglise?
8. En quoi consistait l'affaire Dreyfus?
9. Quelles ont été les conséquences de cette affaire?
10. Quelle loi a été promulguée en 1905? Pourquoi?
11. Pourquoi l'Alsace et la Lorraine sont-elles «concordataires»?
12. Quel était le rôle des prêtres-ouvriers dans les années 1950?
13. Pourquoi la visite du pape en 1996 a-t-elle été controversée?
14. Les Français catholiques vont-ils souvent à l'église? Expliquez!
15. Pourquoi la IIIe République a-t-elle soutenu la construction d'une mosquée à Paris?
16. Citez quelques causes de la visibilité croissante de l'islam en France.
17. Pourquoi le contact avec la culture française présente-t-il plus de conflits pour les jeunes filles musulmanes?
18. Quelle est l'origine de l'affaire du voile?
19. Comment les laïcs et les antilaïcs ont-ils réagi à l'affaire du voile?
20. Comment le Gouvernement y a-t-il réagi?

II. Etes-vous d'accord? Sinon, justifiez votre réponse.

1. La religion catholique a eu peu d'importance sur la culture française.
2. La France est devenue officiellement catholique à partir du Ve siècle.
3. La monarchie de droit divin date de l'époque du roi Clovis.
4. La plupart des protestants français habitent dans le Midi.
5. Napoléon s'est fait sacrer empereur par le pape, comme Clovis l'avait fait avant lui.
6. L'affaire Dreyfus a exacerbé l'antisémitisme en France.
7. La République française n'a plus de religion officielle depuis 1905.
8. Beaucoup de juifs français sont partis en Israël après la Deuxième Guerre mondiale.
9. Le mouvement des prêtres-ouvriers a été condamné par le pape.
10. L'islam est la deuxième religion en France.

III. Associez les événements à gauche avec les personnages historiques à droite. Expliquez brièvement en quoi chaque événement consiste.

1. l'Edit de Nantes
2. le culte de l'Etre suprême
3. le Concordat de 1801
4. l'affaire Dreyfus
5. les signes ostentatoires de religion à l'école

a. François Bayrou
b. Emile Zola
c. Louis XIV
d. Napoléon Ier
e. Maximilien Robespierre

IV. Discussion.

1. Que pensez-vous de l'affaire du voile? Un tel débat pourrait-il se produire aux Etats-Unis/dans votre pays? Pourquoi (pas)?
2. Y a-t-il une crise de la religion aux Etats-Unis/dans votre pays? Si oui, est-elle comparable à celle en France?
3. Que pensez-vous de la séparation de l'Eglise et de l'Etat telle qu'elle existe en France? Cette séparation est-elle du même type dans votre pays?

V. Vos recherches sur Internet.

Afin de faciliter vos recherches et de répondre à ces questions, consultez le site du livre: http://lafrance.heinle.com.

1. Faites des recherches sur la pratique religieuse en France. Quelle est la moyenne d'âge des personnes pratiquantes? Les hommes sont-ils plus ou moins pratiquants que les femmes? Leur profession joue-t-elle un rôle?
2. Quelle est la position de l'Eglise catholique vis-à-vis de l'euthanasie et de la recherche bio-médicale?
3. En dehors du catholicisme, les principales religions en France sont l'islam, le judaïsme et le protestantisme. Faites des recherches sur une de ces religions.
4. Les Français qui sont religieux pratiquent-ils leur religion régulièrement? Prient-ils souvent ou rarement? Où? A quelles occasions?
5. Qu'est-ce que les Français pensent de la laïcité?

L'immigration

Quand on parle des minorités en France, on ne pense généralement ni aux minorités linguistiques comme les Alsaciens, ni aux minorités religieuses comme les juifs, mais plutôt aux minorités étrangères. Il y a plusieurs millions d'immigrés en France, qui sont venus s'y installer pour trouver du travail ou pour se regrouper avec leur famille. Au recensement de 1999, le nombre d'immigrés était de 4,3 millions. Ce nombre comprend 3 millions d'étrangers et 1,5 millions de Français (de nationalité française par acquisition). Cette statistique signifie que plus d'un immigré sur trois est maintenant de nationalité française. Ces immigrés représentent 8% de la population française et 16% de la population en Ile-de-France. Ils sont concentrés dans les régions les plus peuplées et industrialisées: dans la région parisienne, sur la côte méditerranéenne, dans la Région Rhône-Alpes, en Alsace et dans le Nord. Ce sont les ressortissants de pays membres de l'Union européenne (surtout du Portugal, d'Italie, d'Espagne) qui constituent le plus grand groupe d'immigrés, plus d'un million d'Européens sur trois millions d'étrangers. Les autres groupes comprennent les ressortissants des anciennes colonies françaises: du Maghreb, ou de l'Afrique du Nord (l'Algérie, le Maroc, la Tunisie), d'Afrique noire (le Sénégal, le Mali, le Togo et la Côte d'Ivoire, entre autres) et d'Indochine (le Viêt Nam, le Laos, le Cambodge). Bien que les Européens soient plus nombreux, ces autres groupes d'immigrés sont plus visibles, précisément parce qu'ils viennent de cultures non-européennes et qu'ils introduisent en France des différences raciales. Parmi tous les immigrés, les plus grands groupes sont originaires des pays suivants:

Algérie	574 000
Portugal	572 000
Maroc	523 000
Italie	379 000
Espagne	316 000
Tunisie	202 000

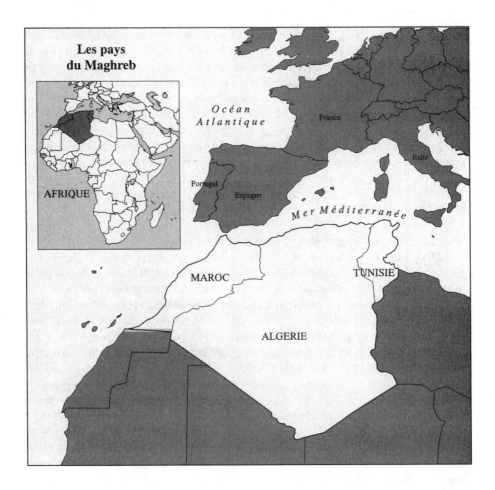

Les pays du Maghreb

Océan Atlantique

France

Italie

Portugal

Espagne

Mer Méditerranée

AFRIQUE

MAROC

TUNISIE

ALGERIE

La proportion des immigrés dans la population française est à peu près stable depuis 1975. Ce n'est pas parce que les immigrés ne viennent plus en France, mais plutôt parce que beaucoup d'étrangers sont devenus français, soit par naturalisation soit par la naissance en France de la deuxième génération.

● Un peu d'histoire

L'immigration en France n'est pas un phénomène nouveau. Depuis longtemps la France, pays libéral, offre un asile aux réfugiés politiques, suivant une longue tradition. Avant les années 1980, les Français jouissaient d'une assez bonne réputation en ce qui concerne leur conduite vis-à-vis des étrangers: un peu chauvins peut-être, mais tolérants et non racistes. Après la Première Guerre mondiale et jusque dans les années 1950, certains Américains noirs—les chanteuses Joséphine Baker et Eartha Kitt, les écrivains James Baldwin, Richard Wright et Langston Hughes entre autres—ont choisi de vivre en France à une époque où ils étaient victimes de discrimination raciale aux Etats-Unis. Dès les années 1930, années de crise économique, la France a été submergée par des milliers de travailleurs venus de pays voisins plus pauvres (l'Espagne, l'Italie et plus tard le Portugal). A cette époque-là, le taux d'immigration en France était proche de celui des Etats-Unis. A la veille de la Deuxième Guerre mondiale, la France était, après les Etats-Unis et le Canada, le seul pays industrialisé dont une bonne partie de la population était d'origine étrangère. Ces immigrés n'ont pas tardé à s'intégrer dans la société française, malgré parfois certaines hostilités locales. En effet, la France a pu assimiler ses immigrés européens, qui, blancs et catholiques pour la plupart, n'ont pas eu trop de mal à adopter la culture de leur nouvelle patrie. Même les Allemands, malgré trois guerres d'agression en moins de cent ans, sont bien accueillis en France. L'immigration a commencé à poser des problèmes sociaux pour la France à partir des années 1960, c'est-à-dire après l'effondrement de son empire colonial.

Dès la fin de la Deuxième Guerre mondiale, la France s'est engagée dans deux guerres coloniales. La première, en Indochine (1945–54), s'est terminée avec le départ des forces françaises de cette colonie, peu de temps avant l'engagement des forces américaines. C'est surtout la guerre d'Algérie (1954–61) qui a déchiré la France et qui a provoqué la fin de la IVe République (voir le chapitre 6). A la différence de l'Indochine, l'Algérie était considérée comme une partie intégrale de la France plutôt que comme une colonie. De nombreux Français—dits «pieds noirs» à cause des bottes noires que portaient les soldats français arrivés en Algérie au XIXe siècle—y habitaient depuis plusieurs générations et ne faisaient pas de distinction entre l'Algérie et la France. Quand les Algériens se sont révoltés contre les colons français en 1954, le résultat a été une espèce de guerre civile entre le Gouvernement à Paris soutenu par les pieds noirs, d'un côté, et les Algériens de l'autre. Des milliers d'Algériens—les harkis—ont choisi de se battre du côté de la France, tandis qu'un certain nombre de Français soutenaient la cause de l'indépendance algérienne. La guerre civile n'opposait donc pas exactement les divisions raciales et culturelles. Cette guerre a beaucoup influencé l'opinion des Français aujourd'hui vis-à-vis des immigrés algériens. En 1961, à la demande du président De Gaulle, la majorité des Français se sont prononcés en faveur de l'indépendance de l'Algérie. Près d'un million de pieds noirs et 20 000 harkis ont été rapatriés en Métropole. Après l'indépendance, les harkis étaient considérés par de nombreux Algériens comme des traîtres et des collaborateurs. Selon les sources, entre 30 000 et 150 000 harkis ont été massacrés en Algérie. Ceux qui ont été ramenés en France étaient victimes du racisme, parqués pendant des années dans des camps d'internement en dehors des villes. (En 2001, le président Chirac a décidé d'organiser une Journée d'hommage national aux harkis, le 25 septembre.)

De Gaulle a continué une politique de décolonisation en Afrique, créant la Communauté française avec 16 anciennes colonies nouvellement indépendantes. Aujourd'hui, la Communauté française n'existe plus, mais la France maintient de bonnes relations avec la plupart de ses anciennes colonies d'Afrique et fournit une assistance technique et financière à ces pays en voie de développement. Pendant les «Trente Glorieuses» (1945–75), années d'une expansion économique extraordinaire, la France manquait de main-d'œuvre, surtout pour le travail manuel. Ce manque était comblé par des travailleurs qui arrivaient des anciennes colonies. Ces immigrés non-européens posent, de nos jours, des difficultés particulières pour une société qui se voyait homogène depuis longtemps.

Parmi les immigrés non-européens nous pouvons distinguer trois grands groupes raciaux: (1) les Asiatiques, (2) les noirs et (3) les Maghrébins.

Les Asiatiques   Les Asiatiques se composent surtout des réfugiés de l'ancienne colonie française de l'Indochine. Ils sont souvent propriétaires de restaurants et de boutiques qui attirent une grande clientèle. A Paris il y a tout un quartier «chinois» dans le 13e arrondissement. Les Indochinois jouissent d'une opinion publique globalement favorable: ils ont la réputation d'être travailleurs et polis et on apprécie la prospérité qu'ils apportent au pays. Les enfants indochinois sont souvent vantés pour leur succès scolaire. On compare souvent la conduite des Indochinois, favorablement, à celle des Maghrébins qui, selon certains, provoquent des troubles qui nécessitent l'intervention de la police.

Les noirs   Parmi les noirs qui habitent dans la Métropole, il faut distinguer deux groupes bien différents. D'abord, il y a des noirs qui ne sont pas immigrés du tout parce qu'ils sont français. Ce sont les Antillais, originaires des Antilles (la Martinique et la Guadeloupe) et, par extension, des autres départements d'outre-mer (la Guyane et la Réunion). Juridiquement, ce sont des citoyens français. En venant dans la Métropole, ils n'ont fait que changer de département. Les Antillais sont instruits comme tous les Français, et ils

La plupart des enfants d'immigrés s'intègrent à la société française.

travaillent souvent dans la fonction publique. Ensuite, il y a les Africains immigrés, originaires des anciennes colonies françaises en Afrique occidentale. Certains de ces immigrés ne sont pas instruits et ils travaillent surtout comme manœuvres. D'autres, par ailleurs, sont étudiants dans les universités françaises. A la différence des immigrés non-instruits, les étudiants africains retournent généralement dans leur pays à la fin de leurs études.

La nationalité française ne garantit pas une grande considération de la part des Métropolitains pour leurs compatriotes antillais. Mais ce sont surtout les Africains qui se plaignent, par exemple, de la discrimination dans le logement. Ils sont souvent relégués aux HLM les plus délabrées. Certains étudiants africains racontent que les chambres à louer qui sont disponibles au téléphone ne le sont plus, mystérieusement, quand ils se présentent en personne. Mais les noirs ne sont pas mal vus par tous. Au contraire, les années 1980 ont témoigné d'une nouvelle mode «black» dans la musique, dans l'habillement et dans les arts en France.

Les Maghrébins   Ce sont les Maghrébins qui constituent le plus grand groupe d'immigrés non-européens (près de 40% des étrangers en France). Plus visibles parce que plus nombreux, ils posent aussi le cas le plus problématique en ce qui concerne l'intégration dans la société française. La première vague d'immigration maghrébine en France a eu lieu dans les années 1950, à l'époque où l'Algérie faisait partie de la France. Pour la plupart, ces immigrés algériens parlaient uniquement arabe et ils n'étaient pas instruits. Ils sont venus vivre à plusieurs dans les HLM de la banlieue des grandes villes, et ils travaillaient comme manœuvres dans les usines et sur les chantiers. L'Algérie est devenue un pays indépendant en 1962. Le Maroc et la Tunisie avaient déjà obtenu leur indépendance auparavant, mais bien des travailleurs de ces pays ont continué à venir en France avec leurs familles, attirés par l'espoir de trouver un emploi lucratif.

Les travailleurs occupaient les postes les moins qualifiés et les moins bien payés, et leurs conditions de logement et de confort n'étaient pas bonnes. En plus, ils étaient souvent touchés par le chômage. Le chômage entraîne la pauvreté, qui provoque à son tour des problèmes sociaux tels que la criminalité dans les quartiers pauvres, le trafic de drogue et la délinquance des jeunes. Bref, les Maghrébins se trouvaient le plus souvent marginalisés. La situation était encore aggravée par le fait que les Maghrébins sont presque toujours de religion musulmane, religion qui exige dans ses manifestations les plus conservatrices un mode de vie qui est peu compatible avec celui de la société occidentale. Cela pose des problèmes particuliers pour leurs enfants nés en France, les Franco-Maghrébins qu'on appelle les «Beurs». Le terme «Beur» a été largement répandu par les médias pour désigner les Franco-Maghrébins, ceux qui étaient de deuxième génération, de religion musulmane et résidant en France. Les jeunes Beurs mènent souvent une vie dure, et ils doivent faire face aux conflits qui existent entre la culture islamique à la maison et la culture française à l'école. Les Beurs, qui sont à peu près un million, ont du mal à réconcilier ces deux cultures. Les jeunes Franco-Maghrébins constituent une bonne partie des classes sociales les plus basses. Chez eux comme chez tous les enfants de cette condition sociale, le taux de délinquance et d'échecs scolaires est très élevé. Ils sont souvent victimes d'une société raciste et xénophobe. Les Beurs ne veulent pas partir dans leurs pays d'origine qu'ils n'ont jamais connu.

La crise économique des années 1970 et la montée du chômage ont rendu tous ces problèmes sociaux encore plus aigus. Les Français sont devenus péniblement conscients de la présence des immigrés sur le territoire. Cette conscience a provoqué un sentiment de malaise. En 1975, les frontières françaises ont été fermées aux immigrés non-européens. L'immigration a donc été restreinte officiellement, mais depuis lors des centaines de milliers d'immigrés

Des musulmans à la mosquée

clandestins sont malgré tout entrés en France. Non content de restreindre toute immigration nouvelle, le président Valéry Giscard d'Estaing a voulu réduire le nombre d'immigrés qui se trouvaient déjà sur le territoire. En 1977, le Gouvernement a proposé une «aide au retour volontaire et définitif»: c'est-à-dire, tout étranger qui voudrait bien retourner définitivement dans son pays recevrait une prime de 10 000 francs français (une somme importante à l'époque). Cette mesure, qui d'ailleurs a eu peu de succès, a suscité de nombreuses critiques de la part de la gauche contre le Gouvernement. Quand la gauche est venue au pouvoir en 1981, le nouveau gouvernement Mauroy s'est prononcé pour une politique d'intégration et a commencé par régulariser la situation des immigrés clandestins (qu'on appelait les «sans-papiers»). Le nombre estimé de clandestins actuels varie entre 300 000 et un million. Le nouveau régime de François Mitterrand a dû faire face à une société qui était polarisée autour de la question des immigrés.

L'immigration est devenue un grand sujet de débat dans les médias. La France avait perdu son visage tolérant et accueillant. Un grand nombre de Français commençaient à avoir peur de ces «envahisseurs». Plusieurs facteurs, comme le taux élevé du chômage, l'impression d'insécurité dans les grandes villes et une méfiance générale envers l'islam, ont profondément influencé les attitudes des Français vis-à-vis des Maghrébins, et les années 1980 ont témoigné d'une montée du racisme et de la xénophobie. L'importance numérique de ces immigrés a été jugée inquiétante.

● L'immigration et la politique

Ces attitudes n'ont pas tardé à avoir des conséquences politiques, notamment la montée spectaculaire de l'extrême-droite, raciste et xénophobe. Cette tendance politique est représentée par le Front National et incarnée par son chef, Jean-Marie Le Pen. Selon Le Pen, l'identité nationale est menacée par la présence des immigrés en France. L'intégration des Maghrébins dans la société est impossible, dit-il, à cause de leur refus obstiné d'abandonner leurs mentalités et leurs habitudes, tandis que les minorités européennes partagent les valeurs de la civilisation occidentale et chrétienne, comme les «Français de souche». La campagne du FN a fait appel aux craintes de beaucoup de gens, surtout ceux qui se sentaient les plus menacés économiquement par la présence des immigrés.

Le Front National a remporté un grand succès aux élections municipales de 1983 et à nouveau aux élections européennes de 1984. Ces victoires ont provoqué une grande réaction antiraciste et anti-Le Pen, surtout chez les jeunes. En 1983, une grande marche en faveur de l'égalité des droits et contre le racisme a été organisée. Plusieurs milliers de jeunes ont participé à cette marche qui est partie de Marseille en octobre pour parvenir à Paris début décembre. Cette manifestation a été baptisée la «Marche des Beurs» par les médias. Le cri des manifestants était «J'y suis, j'y reste», pour montrer la présence durable et irréversible des Beurs dans la société française. Une deuxième Marche contre le racisme a été organisée en 1984, et c'est dans celle-ci qu'est apparu pour la première fois SOS Racisme. SOS Racisme est une organisation antiraciste, fondée par un groupe de jeunes à la suite d'un incident raciste qui avait eu lieu dans le métro parisien. La victime de cet incident, un Sénégalais, était un de leurs amis, leur copain, leur «pote». Le co-fondateur et premier président de SOS Racisme était Harlem Désir, un jeune noir de père antillais et de mère alsacienne, donc de nationalité française (aujourd'hui Désir est député à l'Assemblée nationale, du Parti Socialiste). Les fondateurs de SOS Racisme ont compris l'urgence qu'il y avait à assimiler les jeunes Beurs à la société française, et ils croyaient que l'intégration des juifs français pouvait servir d'exemple et de modèle. SOS Racisme s'oppose aux intégristes musulmans, c'est-à-dire aux «puristes» ou «fondamentalistes» qui tiennent à l'islam intégral (une conception ultra-conservatrice de celui-ci) et qui refusent de s'adapter à la vie en France. Mais l'intégration des Beurs n'est qu'un but secondaire de l'organisation. SOS Racisme a été créé pour lutter contre la xénophobie en général et pour promouvoir une société tolérante et multiculturelle. Sa devise est «Touche pas à mon pote», et son badge, porté par beaucoup de jeunes dans les années 1980, est une main ouverte avec le slogan inscrit dans la paume. Désir croyait que les jeunes étaient mieux équipés que les adultes pour résister au racisme. A la différence des adultes, qui ont été nourris de préjugés, les jeunes peuvent et doivent s'entendre, qu'ils soient Européens ou noirs, Beurs ou juifs, chrétiens ou musulmans. «Touche pas à mon pote» est devenu un idéal d'amitié, un grand mouvement de solidarité de la jeunesse qui milite pour une politique d'intégration. SOS Racisme s'est répandu très rapidement en France et a eu un grand succès chez les jeunes. Plus de deux millions de badges ont été vendus. Des volontaires du mouvement ont visité de nombreuses écoles primaires pour prêcher la tolérance et l'intégration. Dans de nombreux lycées, des jeunes ont fait grève pour montrer leur opposition au racisme.

Le badge de SOS Racisme

La situation est devenue plus intense et plus aiguë pendant les années de la première «cohabitation» (1986–88), quand la droite avait une majorité à l'Assemblée nationale. Dans le gouvernement Chirac, le ministre de l'Intérieur était Charles Pasqua. Pasqua affirmait que le parti de Chirac (qui s'appelle maintenant l'UMP) partageait des valeurs communes avec le FN, notamment en ce qui concernait le statut des immigrés. Il maintenait que les immigrés maghrébins jouaient un rôle majeur dans la criminalité, dans le trafic de la drogue et dans la transmission épidémique du SIDA. Il a fait adopter, en 1986, la fameuse «loi Pasqua» sur les étrangers, qui autorisait l'expulsion de tout étranger dont la présence en France constituait une menace pour l'ordre public. Evidemment, cette loi a conféré des pouvoirs arbitraires aux autorités policières et judiciaires, et elle a été très controversée. Elle a aussi donné lieu à un scandale en 1986, lors de l'expulsion de France de 101 Maliens en situation irrégulière dont 75% étaient, selon Pasqua, des trafiquants de drogue. Pasqua, de même que Le Pen, a été traité de fasciste par les partisans de SOS Racisme et à Paris, on voyait partout des graffiti qui comparaient Pasqua et Le Pen à Hitler et au nazisme. La loi Pasqua a été abrogée en 1989, après le retour de la gauche au pouvoir à l'Assemblée nationale.

Mais les incidents touchant au racisme ont continué à dominer les médias et à préoccuper les Français. En novembre 1989, l'affaire du voile islamique a déclenché un débat sur la laïcité des écoles (voir le chapitre 12). Ensuite, le maire d'une ville de la région parisienne a refusé de scolariser des enfants étrangers, et le ministre de l'Education Nationale a dû intervenir pour rappeler à ce maire ses devoirs. En 1990, plusieurs agressions ont été commises contre des Maghrébins et ont abouti à la mort des victimes. Ensuite, un cimetière juif à Carpentras (Vaucluse), le plus ancien de France, a été saccagé et profané, un événement qui a choqué la France et qui a attiré l'attention de la presse internationale. Le Front National a été accusé d'avoir provoqué cet acte antisémite. Pour protester contre cet acte, une nouvelle manifestation a été organisée à Paris et la participation a été massive. Cette fois-ci, le Président de la République (Mitterrand lui-même) a marché pour indiquer son opposition au racisme, à l'antisémitisme et à la xénophobie. Quelques mois plus tard, l'Assemblée nationale a adopté (par 308 voix contre 265) une loi réprimant tout acte ou propos raciste, antisémite ou xénophobe, de la part des autorités publiques. (Depuis, la loi Perben, qui a pour but d'alourdir les peines encourues pour un crime dont le motif est raciste, a été votée en 2003). Pendant la deuxième cohabitation (1993–95), le gouvernement Balladur a pris des mesures pour contrôler l'immigration clandestine, pour rendre la naturalisation plus difficile et pour assurer une plus grande sécurité. Pasqua, de nouveau ministre de l'Intérieur, a fait voter en 1993 une nouvelle série de lois, dites «nouvelles lois Pasqua». Ces lois ont restreint les conditions d'entrée et de séjour des étrangers en France. Elles ont facilité les expulsions et elles ont limité les possibilités d'acquérir la nationalité française. Approuvées par une majorité de Français, ces lois constituaient pour d'autres une atteinte aux Droits de l'homme et un renforcement de la xénophobie. Les années suivant l'élection de Jacques Chirac à la Présidence de la République (1995) ont été également marquées par le drame continu de l'immigration. En 1996, à Paris et dans plusieurs autres villes françaises, il y a eu des manifestations en faveur de la régularisation des «sans-papiers». La même année, l'église Saint-Hippolyte à Paris a accueilli un groupe de familles étrangères en situation irrégulière. Le curé et plusieurs paroissiens ont fait un jeûne pendant quatre jours pour attirer l'attention publique sur la situation des sans-papiers. L'événement le plus dramatique de 1996, pourtant, a été l'occupation en été de l'église Saint-Bernard à Paris. Plus de 200 Africains sans-papiers se sont réfugiés dans l'église. Au bout de deux mois, la police a enfoncé la porte de l'église Saint-Bernard et a évacué de force les occupants. Un évêque catholique a dénoncé «l'injustice et l'immoralité» d'un certain nombre de lois sur l'immigration. En 1997, la loi Debré sur l'immigration (d'après Jean-Louis Debré, ministre de l'Intérieur) a été adoptée. Celle-ci a cherché à réprimer l'immigration clandestine, suivant le modèle des lois Pasqua (elle s'appelle aussi la loi Debré-Pasqua, pour la distinguer de la loi Debré de 1959 sur les écoles privées). Les critiques de cette loi, très sévères, disaient que les atteintes aux Droits de l'homme et aux libertés individuelles se multipliaient sous prétexte de lutte contre l'immigration clandestine. La loi Debré-Pasqua a été assouplie par le gouvernement Jospin (de gauche) pendant la troisième cohabitation (1997–2002). La loi Chevènement de 1998 (d'après Jean-Pierre Chevènement, ministre de l'Intérieur) a réformé de nouveau le droit à la nationalité, mais elle a laissé intacte la provision des lois Pasqua qui ont permis l'expulsion de tout immigré jugé troublant à l'ordre public. On peut dire que la question de l'immigration est devenue une importante ligne de partage entre la gauche et la droite. Le statut des étrangers constitue un enjeu politique essentiel pour la France de demain. Depuis longtemps, les minorités protestantes et juives sont plutôt fidèles à la gauche, mais c'est la minorité maghrébine qui compte maintenant, et les partis politiques ne l'ignorent pas.

● La nationalité française

Mais qui est Français? Le droit à la nationalité française repose sur deux notions fondamentales: le droit du sang (naître d'un parent français) et le droit du sol (être né sur le territoire français). La notion de nationalité a évolué en fonction des intérêts politiques de l'Etat. En 1851, par exemple, à une époque où l'Etat voulait faciliter l'acquisition de la nationalité française par les travailleurs immigrés (Belges, Suisses, Allemands), le double droit du sol a été instauré: toute personne née en France d'un parent lui-même né en France est française à la naissance. Le double droit du sol aura des implications au siècle suivant et s'appliquera aux enfants de parents algériens puisque l'Algérie était un département français jusqu'en 1962. En revanche, le régime de Vichy (1940–44) a retiré la nationalité française à des milliers de juifs français et à de nombreux membres de la Résistance (dont Charles de Gaulle). Depuis les années 1990 surtout, la question de la nationalité française figure dans les débats politiques. En général, la droite cherche à restreindre ou à supprimer certains modes d'acquisition de la nationalité française, tandis que la gauche tend à faciliter cette acquisition. Les nouvelles lois Pasqua (1993), par exemple, ont supprimé le double droit du sol pour les ressortissants de l'Algérie et elles ont augmenté le délai jusqu'à deux ans pour acquérir la nationalité française suite au mariage avec un ressortissant français. La loi Chevènement (1998), par contre, a rétabli le double droit du sol pour les enfants d'Algériens et a ramené à un an le délai permettant l'acquisition de la nationalité par mariage. En plus, la loi Chevènement a accordé la possibilité pour les enfants nés en France de parents étrangers et vivant sur le sol français depuis cinq ans d'acquérir la nationalité française à l'âge de 13 ans avec l'autorisation de leurs parents et dès l'âge de 16 ans sans cette autorisation. En résumé: selon le Code civil, une personne née de parents français (le droit du sang), ou bien une personne née en France d'un parent lui-même né en France (le double droit du sol), est automatiquement française. Le Code civil précise encore que toute personne née en France peut acquérir la nationalité française (le droit du sol). Il y a plus de 100 000 naturalisations par an, et on ne doit pas appeler ces nouveaux citoyens des étrangers. Les étrangers qui demandent la nationalité française sont en général instruits et actifs. Enfin, il faut mentionner le nombre élevé de mariages mixtes: près d'un million d'immigrés sont en union avec une personne non-immigrée. Il existe également un grand nombre de mariages dits «blancs», c'est-à-dire qui ne sont pas sincères mais qui permettent aux immigrés de régulariser leur situation vis-à-vis des autorités françaises. Les époux qui participent à un mariage blanc s'exposent à cinq ans d'emprisonnement.

En revanche, il est vrai que certains Beurs affichent leur différence et d'autres éprouvent une crise d'identité, ne se sentant ni Français ni Maghrébins. Radio-Beur, une station de radio lancée à Paris en 1981, a contribué à la recherche d'une identité culturelle franco-maghrébine. Pourtant, la grande majorité des jeunes Beurs veulent être des «Français comme tout le monde». Les Beurs qui ont plus de 18 ans sont désormais en âge de participer aux élections. On les voit aujourd'hui dans les universités, et ceux qui sont encore plus âgés commencent à former une élite intellectuelle et à exercer une profession dans le journalisme, dans l'enseignement, dans le droit et dans la médecine. A l'image du travailleur immigré se substitue, peu à peu, celle du Français d'origine maghrébine. En 1989, les Beurs ont marqué leur entrée dans la scène politique française. Aux élections municipales, il y avait 1 000 candidats d'origine maghrébine dont 500 qui ont été élus aux Conseils municipaux. La même année, deux jeunes femmes beures ont été élues comme députées au Parlement européen.

Pour les immigrés qui ne sont pas français, un grand débat concerne le droit de vote: faut-il permettre à ces étrangers, qui composent parfois jusqu'à 30% de la population d'une commune et qui paient des impôts locaux, de participer aux élections municipales? Le paradoxe, c'est que le Parlement européen a déjà approuvé, en 1989, une loi qui permet aux ressortissants européens vivant dans une commune étrangère de l'UE de voter aux élections municipales, alors que les immigrés qui viennent de pays non-membres de l'UE sont exclus du droit de vote aux mêmes élections. Le Danemark et les Pays-Bas ont déjà accordé le droit de vote municipal à tous les étrangers habitant sur leur territoire. Certains préconisent cette mesure pour la France, mais d'autres s'y opposent et

TABLEAU: Quelques dates concernant l'immigration

1961	Fin de la guerre d'Algérie. Rapatriement des «pieds noirs» et de nombreux «harkis» en Métropole.
1962	Indépendance de l'Algérie.
1975	Les frontières françaises sont fermées aux immigrés non-européens.
1977	«Aide au retour volontaire et définitif» de 10 000 francs, proposée sous la présidence de Giscard d'Estaing.
1981	Le gouvernement Mauroy régularise la situation des immigrés clandestins (les «sans-papiers»).
1983	Grand succès du Front National aux élections municipales. Première «Marche des Beurs».
1984	Grand succès du Front national aux élections européennes. Création de SOS Racisme. Deuxième «Marche des Beurs» et manifestation contre le racisme.
1986	La loi Pasqua permet l'expulsion de tout étranger dont la présence en France constitue une menace pour l'ordre public (cette loi a été abrogée en 1989). Expulsion de France de 101 Maliens.
1989	«L'affaire du foulard» déclenche un débat sur la laïcité dans les écoles publiques.
1990	Profanation du cimetière juif à Carpentras. Le président Mitterrand participe à une manifestation antiraciste à Paris. L'Assemblée nationale vote une loi réprimant tout discours raciste de la part des autorités publiques.
1993	Les «nouvelles lois Pasqua» suppriment le double droit du sol, rendent la naturalisation suite au mariage plus difficile et facilitent l'expulsion des immigrés clandestins.
1996	Jeûne du curé de Saint-Hippolyte (Paris) pour attirer l'attention publique sur la situation des «sans-papiers». Occupation de l'église Saint-Bernard (Paris) par des sans-papiers.
1997	La loi Debré-Pasqua renforce les lois Pasqua.
1998	La loi Chevènement rétablit le double droit du sol et facilite la naturalisation par le droit du sol et par le mariage. Victoire de l'équipe française inter-raciale «black-blanc-beur» dans la Coupe du Monde de football.
2003	La loi Perben alourdit les peines encourues pour un crime dont le motif est raciste.

favorisent le statu quo, qui exige qu'un étranger soit naturalisé avant de pouvoir voter en France. Le principal reproche des Français vis-à-vis des immigrés est le refus de s'adapter aux valeurs de leur pays d'accueil. Pour beaucoup de Français, le modèle est l'idéal républicain qui cherche à assimiler, à intégrer. Le symbole de cet idéal républicain est l'équipe de football française inter-raciale («black-blanc-beur») qui a gagné la Coupe du Monde en 1998. Cet idéal est un droit reconnaissable sur le plan juridique, mais il n'est pas toujours réalisable en pratique. Un autre modèle reconnaît les différences. Aujourd'hui, certains demandent le respect des particularismes culturels, et ils critiquent l'Etat destructeur des cultures minoritaires. Ainsi, un contre-exemple est le match de football France-Algérie qui s'est déroulé à Paris en 2002. Dans le même stade où l'équipe «black-blanc-beur» avait gagné le championnat mondial, la Marseillaise a été sifflée par des Beurs qui voulaient montrer leur hostilité à la République française dont ils étaient citoyens. Malgré les difficultés, les immigrés et surtout leurs enfants s'intègrent à la société française mieux qu'on ne le pense. La République, plus ou moins respectueuse des différences culturelles, continue à les absorber. Mais le racisme est toujours présent. Selon un sondage publié dans le magazine *Marianne* en 2003, 23% des Français éprouvent de l'antipathie pour les Maghrébins, contre 10% pour les juifs. Un sondage Sofres de la même année révèle une méfiance chez 89% des Français vis-à-vis des Maghrébins, 37% vis-à-vis des noirs et 10% vis-à-vis des juifs.

I. Répondez aux questions suivantes.

1. Dans quelles régions de France trouve-t-on le plus d'immigrés?
2. De quels pays viennent les principaux groupes d'immigrés?
3. Que s'est-il passé pendant et après la guerre d'Algérie?
4. Pourquoi l'immigration en France a-t-elle commencé à poser des problèmes à partir des années 60?
5. Quels sont les trois grands groupes d'immigrés non-européens? Quel groupe réussit le mieux en France? Pourquoi?
6. En quoi le statut des noirs antillais et celui des noirs africains sont-ils différents? En quoi se ressemblent-ils? Expliquez.
7. Quel groupe d'immigrés est très touché par le chômage? Pourquoi?
8. Pourquoi la vie des jeunes Beurs est-elle plus complexe que celle de leurs parents?
9. Quelles mesures ont été prises dans les années 70, sous la présidence de Valéry Giscard d'Estaing?
10. Quelle a été la réaction du Gouvernement Mauroy à ce propos dans les années 80?
11. Pourquoi les années 80 ont-elles vu la montée du racisme et de la xénophobie en France?
12. Qu'est-ce que le Front National pense des immigrés?
13. Qu'est-ce que l'organisation SOS Racisme? Quel est son but principal?
14. Pourquoi les problèmes liés à l'immigration ont-ils été accrus pendant la «cohabitation» de 1986–88?
15. La «loi Pasqua» de 1986 a-t-elle été controversée? Expliquez.
16. Pour quelles raisons l'Assemblée nationale a-t-elle voté une loi contre tout acte ou discours raciste au début des années 90?
17. Quelles sortes de mesures le Gouvernement Balladur a-t-il prises pour contrôler l'immigration?
18. En quoi consistaient les «nouvelles lois Pasqua»?
19. Qui peut acquérir la nationalité française d'après la loi Chevènement de 1998?
20. Les étrangers peuvent-ils voter aux élections en France? Expliquez.

II. Etes-vous d'accord? Sinon, justifiez votre réponse.

1. En France, la population est composée de 8% d'immigrés.
2. Avant la Deuxième Guerre mondiale, les immigrés avaient autant de problèmes à s'intégrer que maintenant.
3. Il y a beaucoup plus d'immigrés algériens que d'immigrés portugais.
4. Pendant la guerre d'Algérie, les harkis se sont battus contre la France.
5. Harlem Désir a organisé la «Marche des Beurs» en 1983.

III. Identifiez en une phrase les slogans ou termes suivants.

1. les pieds noirs
2. l'aide au retour volontaire et définitif
3. les «sans-papiers»
4. «Touche pas à mon pote.»
5. le droit du sang et le droit du sol

IV. Discussion.

1. En quoi l'attitude du gouvernement français diffère-t-elle de celle du gouvernement américain vis-à-vis des immigrés légaux et illégaux? En quoi est-elle semblable?
2. Quels sont les deux plus grands groupes d'immigrés dans votre pays? Dans quelles régions habitent-ils? A votre avis, réussissent-ils bien à s'intégrer? Pourquoi (pas)?
3. Pensez-vous que les travailleurs immigrés qui vivent depuis longtemps dans leur pays d'adoption, mais qui ont gardé leur nationalité d'origine devraient pouvoir voter? Pourquoi (pas)?
4. D'après vous, est-ce qu'un immigré qui a pris la nationalité de son pays d'adoption devrait avoir le droit de se présenter comme candidat aux élections présidentielles? Pourquoi (pas)?
5. Le gouvernement américain ne reconnaît pas la double nationalité, mais la France la reconnaît. Pensez-vous qu'un immigré qui a pris la nationalité de son pays d'adoption devrait pouvoir garder celle de son pays d'origine? Pourquoi (pas)?

V. Vos recherches sur Internet.

Afin de faciliter vos recherches et de répondre à ces questions, consultez le site du livre: http://lafrance.heinle.com.

1. Que fait le Gouvernement pour accueillir et intégrer les immigrés en France? Que fait-il pour lutter contre l'intolérance pour l'égalité des droits en ce qui concerne les immigrés? Faites un résumé de vos recherches sur une de ces questions.
2. Quel est le bilan de la France en ce qui concerne sa politique d'intégration des immigrés?
3. Décrivez l'histoire de SOS Racisme. Que fait l'organisation pour lutter contre le racisme et contre la discrimination?
4. Quel est le but de Radio Beur? Quels types de programmes passe-t-elle? Faites un résumé de vos recherches.
5. Faites des recherches sur l'histoire franco-algérienne. Quels ont été les principaux acteurs de cette histoire? Quelles ont été les controverses?

L'éducation

● Le plus grand service public

L'Education Nationale est le premier service public en France. Elle emploie un million de personnes dont 900 000 enseignants (professeurs). Elle consomme la plus grande partie (20%) du budget total de l'Etat et constitue l'une de ses plus grandes responsabilités. Le système scolaire et universitaire est à la fois très uniforme et très centralisé. Aux Etats-Unis, ce n'est pas du tout le cas: chaque état a son propre département d'éducation et chaque municipalité a un ou plusieurs districts scolaires qui sont gérés par un conseil local élu. Ceci permet une grande variété dans les niveaux, dans les programmes d'études, dans les salaires du personnel enseignant, etc. En France, par contre, toutes les écoles publiques (maternelles, primaires et secondaires) ainsi que toutes les universités d'Etat sont sous la tutelle du Ministère de l'Education Nationale, situé rue de Grenelle à Paris. Tous les programmes d'études sont fixés par décret ministériel et tous les diplômes sont accordés par l'Etat, d'où une grande uniformité dans les établissements scolaires et universitaires, peu importe leur localisation. On ne s'étonnera pas d'apprendre que le système éducatif français est hautement centralisé et ressemble à cet égard à l'administration préfectorale des départements (les deux ont été créés par Napoléon). Suivant la politique de décentralisation administrative mise en œuvre au début des années 1980, le Gouvernement a transféré la responsabilité de la construction et de l'entretien des bâtiments scolaires aux collectivités locales (des écoles maternelles et primaires aux communes, des collèges aux départements, des lycées aux Régions). Mais toutes les décisions concernant les programmes pédagogiques, le recrutement et la rémunération du personnel enseignant dépendent du Ministère. Pour l'administration scolaire, la France métropolitaine est divisée en 26 districts qui s'appellent des académies. En général, il y a une académie par Région, avec le siège de celle-ci dans la plus grande ville (l'Académie de Bordeaux, l'Académie de Strasbourg, etc.). Les Régions les plus peuplées, l'Ile-de-France, la Région Rhône-Alpes et la Région Provence-Alpes-Côte d'Azur, contiennent plusieurs académies. Il y a aussi quatre académies pour les DOM-TOM. Chaque académie est dirigée par un recteur qui représente l'Etat et qui est responsable auprès du ministre de l'Education Nationale. Celui-ci est un ministre très important dans le Gouvernement, un ministre qui est toujours très visible dans les médias et très connu du public français. Mais il y a une autre raison expliquant cette prééminence médiatique: les Français se passionnent pour l'éducation. Tout ce qui se passe rue de Grenelle figure à la une des journaux et provoque des débats parfois très animés. Toute réforme appliquée par le ministre de l'Education Nationale est susceptible de mobiliser l'opinion publique contre le Gouvernement.

● Un peu d'histoire

Sous l'Ancien Régime, toutes les écoles étaient dirigées par l'Eglise, notamment par l'ordre des Jésuites. Quand les Jésuites ont été expulsés de France en 1762, à la suite d'un conflit entre Louis XV et le Vatican, leurs écoles ont été fermées et on a commencé à parler du besoin d'une éducation séculière et nationale. Après la Révolution, l'Assemblée nationale a proclamé le droit de tous les citoyens à un enseignement public et gratuit. La Révolution a donc fixé, pour la première fois, les principes de l'enseignement ouvert à tous, sans pouvoir pourtant les réaliser. Après la Révolution, Napoléon Bonaparte a laissé à l'Eglise le monopole de l'enseignement primaire, mais il s'est assuré celui de l'enseignement secondaire et supérieur en créant, en 1808, deux établissements publics, le lycée et l'université d'Etat. Ces établissements devaient assurer une éducation séculière aux enfants, peu nombreux à cette époque, qui poursuivaient leurs études au-delà du niveau primaire. En 1833, la loi Guizot a créé une école primaire publique pour garçons dans chaque commune de plus de 500 habitants. En 1850, sous la IIe République, la loi Falloux a autorisé l'existence d'écoles privées et confessionnelles (religieuses) à tous les niveaux, mettant fin au monopole de l'Etat. C'est à partir de cette loi que les écoles publiques et privées coexisteront. En outre, la loi Falloux a décrété la création dans chaque commune d'une école primaire pour filles (aujourd'hui presque toutes les écoles de France sont mixtes).

C'est en 1881 et 1882, sous la IIIe République, qu'ont été votées les lois scolaires de Jules Ferry, Premier ministre à l'époque. La IIIe République a enfin réalisé les promesses de la Ière: l'enseignement public en France est laïque, gratuit et obligatoire. Voilà les trois grands principes, établis par les lois Ferry:

1. L'école publique doit être laïque, c'est-à-dire séparée de la religion, parce qu'elle doit former des citoyens libres et développer l'autonomie de leur jugement. L'instruction religieuse est remplacée par une instruction morale et civique. La religion n'est pas enseignée à l'école, mais une journée est réservée à l'instruction religieuse (c'est-à-dire qu'il n'y a pas de cours le mercredi pour que les enfants puissent assister à des cours de catéchisme si les parents le désirent). La laïcité n'a jamais été appliquée en Alsace-Moselle (les

départements «concordataires»–voir le chapitre 12), où les écoles publiques sont toujours confessionnelles, bien que, depuis 1974, l'enseignement religieux n'y soit plus obligatoire.

2. Dès que l'accès à l'enseignement est considéré comme un droit, l'école doit être gratuite. Au début, les lois Ferry appliquaient ce principe seulement à l'enseignement primaire, mais l'enseignement secondaire est également devenu gratuit en 1932. Les manuels scolaires sont «gratuits» dans la mesure où ils sont prêtés aux élèves, comme aux Etats-Unis, et les frais du ramassage scolaire (transport des élèves) sont pris en charge par les collectivités locales.

3. L'enseignement remplit une fonction sociale. Etre instruit est un devoir que chacun doit à la société. Voilà pourquoi l'école doit être obligatoire. A l'époque des lois Ferry, l'école était obligatoire de 6 ans à 13 ans. Depuis 1959, la scolarité est obligatoire jusqu'à 16 ans.

Les principes des lois Ferry sont en vigueur depuis plus d'un siècle. Avant de parler des développements plus récents, il faut d'abord expliquer le système actuel de l'éducation.

● L'organisation de l'enseignement

L'enseignement en France est organisé selon plusieurs «degrés» et «cycles» suivant l'âge de l'enfant:

1. l'enseignement préscolaire (2 à 5 ans);

2. le premier degré, ou le primaire, (6 à 11 ans);

3. le second degré, ou le secondaire, qui comprend deux cycles: le premier cycle (12 à 15 ans) et le second cycle (16 à 18 ans);

4. le supérieur, les universités, qui comprend trois cycles et dont nous parlerons plus loin.

L'enseignement préscolaire, facultatif, est dispensé dans les écoles maternelles. Bien que la scolarité ne soit obligatoire qu'à partir de l'âge de six ans, à l'âge de deux ans un enfant sur trois est à l'école. Près de 99% des enfants en France sont scolarisés dès l'âge de trois ans et la totalité des enfants le sont à l'âge de quatre ans. Dans ces écoles, les enfants font du chant, du dessin, des travaux manuels et des jeux éducatifs. Les professeurs des écoles maternelles doivent avoir la même formation que les enseignants des écoles primaires. Ils sont formés dans les Instituts universitaires de formation des maîtres (IUFM).

L'enseignement du premier degré est dispensé dans une école primaire. Pendant la première année, les élèves apprennent la lecture, l'écriture et le calcul. Ensuite, ils suivent en moyenne 26 heures de cours par semaine et ils font du français, une langue étrangère ou régionale, des mathématiques, de l'histoire, de la géographie, des sciences expérimentales, du chant, du dessin, de l'instruction

TABLEAU I: Heures de cours hebdomadaires

Collège (11 à 15 ans)
Sixième: 25 heures par semaine en moyenne

Français	5 h	Technologie	1,5 h
Maths	4 h	Arts plastiques	1 h
Langue vivante	4 h	Education musicale	1 h
Histoire/Géographie	3 h	Education physique	4 h
Sciences de la vie et de la Terre	3 h		

Lycée (15 à 18 ans)
Terminale L: 28 heures par semaine en moyenne

Littérature française	4 h	Langue vivante 2 ou	
Philosophie	7 h	Langue ancienne	3 h
Maths	2 h	Education physique	2 h
Histoire/Géographie	4 h	Education civique	0,5 h
Langue vivante 1	2 h	Options	3,5 h

Terminale ES: 28 heures par semaine en moyenne

Philosophie	4 h	Langue vivante 1	2 h
Maths	4 h	Langue vivante 2	2 h
Sciences économiques		Education physique	2 h
et sociales	6 h	Enseignement civique	0,5 h
Histoire/Géographie	4 h	Options	3,5 h

Terminale S: 29 heures par semaine en moyenne

Philosophie	4 h	Langue vivante 1	2 h
Physique/Chimie	5 h	Langue vivante 2	2 h
Maths	5 h	Education physique	2 h
Histoire/Géographie	2 h	Enseignement civique	0,5 h
Sciences de l'Ingénieur	2 h	Options	3,5 h
Sciences de la vie et de la Terre	1 h		

civique et de l'éducation physique (voir Tableau I: Heures de cours hebdo-madaires, ci-dessus).

L'enseignement secondaire est divisé en deux cycles, qui correspondent à deux sortes d'établissements. Le premier cycle est dispensé dans un collège. Le collège comprend les classes de sixième, de cinquième, de quatrième et de troisième (à l'inverse du système de progression américain). Au collège, les élèves ont un «tronc commun» d'études, c'est-à-dire qu'ils suivent tous plus ou moins les mêmes cours. Il y a quelques options à choisir, mais il n'y a pas de sélection qui répartit les élèves dans des catégories différentes, selon leur succès scolaire. A la fin du premier cycle les collégiens passent un examen de contrôle qui confère le brevet des collèges, un diplôme qui ne conditionne pas le passage

L'enseignement du premier degré est dispensé dans une école primaire.

au second cycle mais qui est nécessaire pour certains emplois et certaines écoles professionnelles. L'orientation des élèves se fait alors par le conseil de classe, qui est composé des professeurs, de plusieurs représentants des parents, et de deux élèves. Le conseil de classe, en tenant compte des succès scolaires de l'élève et des vœux de sa famille, donnent son avis sur l'arrêt ou la poursuite des études et sur le choix d'un second cycle long ou court. Cette orientation est décisive mais non pas définitive. Si les parents ne sont pas d'accord avec la décision, ils peuvent faire appel devant une commission départementale. Pour chaque élève il y a trois possibilités:

1. Si l'élève n'a pas reçu de bonnes notes et s'il a atteint l'âge de 16 ans parce qu'il a redoublé une ou plusieurs fois, il peut abandonner ses études et entrer dans la vie active (le monde du travail). Chaque année, il y a 100 000 élèves qui abandonnent leurs études sans diplôme.

2. Si l'élève a démontré des aptitudes plutôt techniques, le conseil de classe peut recommander le second cycle court (deux ans), qui est dispensé dans un LP (lycée professionnel). Ce cycle conduit à deux diplômes, un BEP (Brevet d'études professionnelles) ou bien un CAP (Certificat d'aptitude professionnelle). Ces diplômes préparent un élève pour l'insertion professionnelle (l'exercice d'un métier). Le CAP est un diplôme qui mène à un métier précis (boulanger, fleuriste, charpentier, cuisinier, etc.). Le BEP est reconnu dans les secteurs d'activité tels que l'électronique, la mécanique, l'automobile, l'hôtellerie et la restauration, l'alimentation, le secteur sanitaire, pour donner quelques exemples. Les titulaires du CAP et du BEP peuvent aussi

poursuivre leurs études vers un baccalauréat professionnel, préparé en deux ans. L'enseignement technique et professionnel a été longtemps dévalorisé dans le système éducatif en France. Il est vrai que les LP doivent accueillir les moins bons élèves. Mais l'enseignement dans les LP est souvent plus efficace parce que les élèves voient la perspective d'un métier comme un but de leurs efforts.

3. Si l'élève a démontré des capacités intellectuelles et se destine aux études supérieures, le conseil de classe peut recommander le second cycle long (trois ans), dispensé dans un LEGT (lycée d'enseignement général et technologique), dans les classes de seconde, de première et de terminale. Les classes de seconde sont communes à tous les lycéens. Dès le passage en première, les élèves doivent choisir une filière (une «branche»), en fonction de l'examen de fin d'études qu'ils comptent passer. Jusqu'en première, le français est la discipline la plus importante pour tous les élèves et à la fin de l'année de première, ils doivent se présenter aux épreuves de français. Depuis la réforme du lycée entreprise en 2001 et 2002, les élèves du baccalauréat général doivent passer une deuxième épreuve, selon la filière, en fin de première. L'année de terminale est entièrement consacrée à la préparation du baccalauréat, examen et diplôme qui sanctionne la fin du secondaire et qui donne accès à l'université.

Il existe trois sortes de baccalauréat. (1) Le **baccalauréat général** sanctionne une formation littéraire, scientifique, ou économique et sociale. Depuis 1993, le baccalauréat général a trois grandes filières:

L   filière littéraire—langues, philosophie, histoire, géographie
ES   filière économique et sociale—sciences économiques et sociales
S   filière scientifique—sciences physiques et naturelles, mathématiques

Presque tous les bacheliers généraux (élèves titulaires du baccalauréat général) poursuivent leurs études dans le supérieur. (2) Le **baccalauréat technologique**, créé en 1968, sanctionne une formation générale associée à une formation technologique d'ensemble. L'élève peut choisir parmi sept filières technologiques: sciences médico-sociales, sciences et technologies industrielles, sciences et technologies de laboratoire, sciences et technologies tertiaires, techniques de la musique, hôtellerie, arts appliqués. Plus de 80% des bacheliers technologiques poursuivent des études supérieures, mais ce baccalauréat ne leur permet pas de rejoindre les filières universitaires générales. (3) Le **baccalauréat professionnel**, créé en 1985 seulement, sanctionne une formation plus concrète qui conduit à un métier. Il existe de nombreuses filières qui offrent des enseignements spécialisés, par exemple dans l'électronique, le génie, la construction mécanique, le commerce, les arts plastiques. Ce diplôme est ouvert en priorité aux élèves qui sont titulaires d'un CAP ou d'un BEP. Une grande majorité de bacheliers professionnels (87%) entrent dans la vie active après avoir obtenu leur diplôme. Le baccalauréat professionnel connaît un grand succès depuis sa création, ce qui contribue actuellement à une revalorisation de la voie professionnelle.

Il est difficile d'expliquer l'importance du baccalauréat (appelé «bac» ou «bachot») dans la conscience nationale française. On a même créé le verbe «bachoter», qui signifie «travailler pour préparer le bachot». Tous les ans, au mois de juin, les médias parlent du bac et spéculent sur le nombre d'élèves qui seront reçus. Quelle que soit la filière choisie, le baccalauréat a toujours mis l'accent sur la culture générale. Il a donc un grand prestige, un caractère «sacré» et même les élèves qui n'ont pas l'intention d'entrer à l'université tiennent souvent à le réussir. Cet examen, auquel plus de 600 000 candidats se présentent par an, pose de nombreux problèmes pratiques au Ministère. Le taux de réussite est en général de 75%, ou trois quarts des candidats. Près de 60% des élèves d'une tranche d'âge obtiennent le bac chaque année. Ceux qui ne réussissent pas du premier coup ont la possibilité de se présenter une deuxième fois.

L'année de terminale est entièrement consacrée à la préparation du baccalauréat.

Le baccalauréat a été créé en 1808 par Napoléon. Cet examen a longtemps servi de barrière qui distinguait l'élite bourgeoise du prolétariat, mais il a été démocratisé progressivement: tandis qu'en 1930 on ne délivrait encore que 15 000 diplômes de bachelier, en 2000 on en a accordé près de 500 000. La démocratisation du diplôme a entraîné une certaine dévalorisation. Toujours est-il que le baccalauréat est investi des aspirations sociales et économiques de la société française. Au fur et à mesure que le pourcentage des réussites augmente—et c'est là justement l'ambition du Ministère—le bac se banalise et être bachelier ou bachelière aura moins de distinction à l'avenir. En revanche, ne pas avoir le bac a déjà une signification assez grave: les «sans-bac» sont exclus d'un grand nombre de formations et de nombreux emplois aussi. Le bac opère ainsi une sorte de sélection négative. A la session de 2002, plus de 600 000 candidats se sont présentés en Métropole et près de 500 000 ont obtenu le diplôme, soit un taux de réussite de 78%. Sur 1 000 bacheliers, 522 ont obtenu un baccalauréat général, 288 un baccalauréat technologique et 190 un baccalauréat professionnel.

Au cours des dernières années, l'enseignement français a été marqué par deux grands conflits qui montrent à quel point l'éducation en France est une affaire politique. Le premier est le conflit entre la sélection et l'égalité. Le deuxième est celui de la lutte entre l'Eglise et l'Etat.

La sélection au niveau secondaire   La sélection est d'abord la distinction entre les bons et les moins bons élèves, entre ceux qui réussissent dans leurs études et ceux qui échouent. Les bons élèves prolongent leurs études jusqu'à l'université, tandis que les autres abandonnent plus tôt et commencent à travailler plus jeunes. Quoi de plus normal? Mais en France le concept de la sélection scolaire a depuis longtemps une résonance sociale et politique, dans la mesure où les enfants de la classe bourgeoise, plus avantagés et poussés par leur famille, réussissent plus facilement que les enfants de la classe ouvrière. Ces derniers échouent plus souvent et ils sont obligés de rester dans la classe ouvrière parce qu'ils n'ont pas les diplômes requis pour monter l'échelle sociale. Un écart se développe, déjà à l'école primaire, entre les enfants des familles culturellement privilégiées et les enfants qui sont moins motivés par leur famille à cause de la classe sociale à laquelle ils appartiennent. Ceux-ci redoublent plus souvent et sont moins nombreux à parvenir aux classes terminales du secondaire. Aujourd'hui, on compte trois fois plus de bacheliers parmi les enfants de cadres et de professeurs que parmi les enfants d'ouvriers. Sur dix enfants dont les parents sont chefs d'entreprises, enseignants, cadres, ingénieurs, ou exercent une profession libérale, neuf obtiennent le bac et près de huit un diplôme supérieur. Mais la moitié des enfants d'ouvriers n'obtiennent pas le bac. Les enfants d'immigrés sont parmi les plus handicapés. Cette sélection signifie donc un système officiel qui perpétue les divisions sociales. Pendant longtemps, elle a été vivement critiquée par la gauche, qui préconisait un système plus démocratique et moins élitiste. De plus, le système éducatif français aggravait cette sélection, disaient les critiques, en orientant les élèves trop tôt et en les dirigeant vers des filières intellectuelles ou professionnelles correspondant à leur classe sociale. Autrement dit, les enfants d'ouvriers étaient orientés trop tôt vers les métiers techniques avant d'apprendre s'ils avaient d'autres talents. Un enfant de plombier ou d'éboueur, disaient-ils, pourrait devenir journaliste ou professeur s'il recevait la formation convenable. Les partis politiques de gauche et les syndicats d'enseignants dénonçaient donc ces injustices scolaires: le genre d'études que faisait un élève était décidé trop tôt, selon sa classe sociale, et ce choix engageait tout son avenir; il serait plus juste de faire ce choix plus tard, en fonction des talents de l'élève et de sa maturité. René Haby, ministre de l'Education Nationale sous le président Giscard d'Estaing, a proposé des réformes qui remettaient la sélection à un âge plus tardif. La loi Haby (1975) a créé un «tronc commun» d'études dans un «collège égalitaire» où il n'y a plus de filières et où tous les élèves reçoivent plus ou moins la même formation. Elle a aussi prévu des «classes de soutien» pour les élèves qui ont des difficultés à suivre le rythme scolaire ainsi que des «classes d'approfondissement» pour les meilleurs élèves. L'orientation des élèves vers l'instruction intellectuelle ou pratique était remise à la fin du premier cycle. Cette réforme égalitaire, qui représentait une grande rupture avec la tradition de sélection, a créé un désarroi chez les professeurs. Il s'agissait d'un conflit entre l'égalité sociale et les critères de sélection. D'une part, la majorité des professeurs étaient de tendance gauche, et ils figuraient donc parmi les critiques de la sélection. Ils voulaient que tous les élèves, quelle que soit leur classe sociale, aient les mêmes possibilités de choisir leurs études. D'autre part, les syndicats des enseignants étaient très réticents en ce qui concerne les réformes imposées par le Ministère à Paris. Les enseignants se sont opposés à ce que les bons élèves soient mélangés avec les moins bons dans les mêmes classes, pour des motifs pédagogiques. La loi Haby a donc créé une situation curieuse: ceux qui soutenaient la réforme pour des raisons d'égalité sociale s'y opposaient pour des raisons d'excellence scolaire. La notion de «collège égalitaire» existe toujours et les enseignants continuent de se plaindre de leurs classes hétérogènes. Ils sont nombreux à préconiser le rétablissement de filières et à plaider pour l'exclusion des élèves jugés inadaptés au collège.

La laïcité Depuis les lois Ferry de 1881–82, renforcées par la Séparation de l'Eglise et de l'Etat (1905), jusqu'à la Ve République, la démarcation entre les écoles publiques et les écoles catholiques était restée nette. Les écoles dites «libres» (presque toujours catholiques) ne recevaient aucune subvention de l'Etat et avaient donc des difficultés financières. Pendant la IIIe et la IVe Républiques, la tendance laïque s'opposait à toute subvention: «A écoles privées, fonds privés; à écoles publiques, fonds publics». En 1959, le président Charles de Gaulle et son Premier ministre Michel Debré ont fait voter une loi qui accordait une aide financière aux écoles libres (privées). La loi Debré a offert aux écoles privées un système de contrats avec l'Etat. Ces contrats proposaient un rapport étroit entre l'aide financière de l'Etat aux écoles libres et un contrôle de celui-ci sur le fonctionnement des écoles. Les professeurs des écoles privées sont désormais payés par l'Etat en tant que fonctionnaires. Ces écoles doivent appliquer les programmes de l'enseignement public. Pour contrôler la qualité des programmes, les diplômes ne sont accordés que par l'Etat. La loi Debré a été très controversée parmi les partisans de la Séparation, mais elle reste en place aujourd'hui. La plupart (90%) des écoles catholiques sont liées par contrat à l'Etat, qui exerce un contrôle pédagogique sur celles-ci en contre-partie d'une aide matérielle.

En 1984, Alain Savary, ministre de l'Education Nationale sous le président Mitterrand, a rouvert le débat sur l'école laïque. Sous la pression des enseignants, Savary a proposé une loi qui aurait abrogé la loi Debré et qui aurait retiré l'aide financière aux écoles libres. Ce projet de loi visait à l'unification du système scolaire. Bien qu'il n'y ait que 20% des élèves français scolarisés dans les écoles privées, le projet de loi Savary a provoqué une énorme réaction au nom de la liberté de choix. En juin 1984, les défenseurs de l'enseignement libre ont réagi. Il y a eu des manifestations d'abord en province (à Bordeaux, à Rennes, à Lille, à Lyon, à Versailles) et enfin un million de Français ont défilé dans les rues de Paris. Ce défilé a été une des plus grandes manifestations jamais organisées en France. Peu de Français choisissent l'école confessionnelle payante, plutôt que l'école publique et gratuite, mais ils tenaient clairement à leur droit de choisir, et ils voyaient dans cette décision de la part du Gouvernement un attentat à la liberté. Le président Mitterrand a mis fin à ce projet de loi. Savary a donné sa démission et il a été suivi par l'ensemble du gouvernement Mauroy. Mitterrand a été obligé de former un nouveau Gouvernement.

Dix ans plus tard, un mouvement contraire a provoqué une réaction en faveur de l'école publique et laïque. En 1994, le gouvernement Balladur a proposé une révision de la loi Falloux, qui aurait permis à l'Etat une plus grande liberté en ce qui concerne le financement de l'école privée. Cette réforme a été annulée par le Conseil constitutionnel, mais l'annulation n'a pas empêché la mobilisation, à Paris, de 600 000 manifestants en faveur de l'école publique et contre la révision de la loi Falloux. Si les Français tiennent à leur choix entre l'école publique et l'école privée, ils ne veulent pas qu'une trop grande part des ressources soit consacrée à l'école catholique, qui ne scolarise que 20% des élèves français.

La querelle de l'école laïque n'est sûrement pas encore finie. Un épisode récent de cette querelle concerne le calendrier scolaire. Les lois Ferry avaient fixé la semaine scolaire avec la libération d'un jour pour l'éducation religieuse. Pendant longtemps, ce jour libre était le jeudi et plus tard le mercredi. Le résultat, c'est que les élèves français n'ont pas vraiment de week-end. Ils ne sont libres que le mercredi et le dimanche. Il y a beaucoup de pression exercée sur le Ministère par les parents, qui voudraient que leurs enfants soient libres le samedi et non pas le mercredi, afin d'avoir un week-end en famille. Les évêques en France ont vivement attaqué cette idée comme une menace contre l'instruction religieuse, programmée le mercredi. Le Ministère a autorisé les académies à modifier le calendrier scolaire pour les écoles sous leur juridiction. Certaines écoles (environ 26%) ont adopté la semaine de quatre jours, le samedi exclu, ce qui favorise la vie de famille. La majorité ont gardé la semaine traditionnelle, avec le mercredi et le samedi après-midi libres.

● L'enseignement supérieur: un peu d'histoire

Il y a plus de 2 millions d'étudiants dans le supérieur en France. La majorité des étudiants (70%) sont inscrits dans les universités d'Etat, avec un nombre bien plus restreint dans les Grandes Ecoles. Les universités privées, peu nombreuses et catholiques pour la plupart, attirent seulement 1% des étudiants.

L'Université de Paris, fondée en 1200 par le roi Philippe-Auguste, était une des premières universités en Europe. Il y avait des facultés (écoles) de droit et de médecine, mais la grande mission de l'Université était de préparer les étudiants (uniquement les hommes) pour une carrière ecclésiastique. Les étudiants venaient à l'Université de tous les coins d'Europe et leur seule langue commune était le latin, langue de l'Eglise. Le quartier de l'Université était appelé «le Quartier latin» et ce nom est resté jusqu'à nos jours. En 1257, Robert de Sorbon a fondé une pension pour loger les étudiants pauvres dans la faculté de théologie et on a commencé à appeler celle-ci «la Sorbonne». Au bout d'un certain temps, la Sorbonne est devenue synonyme de l'Université de Paris. Au cours du Moyen Age, il s'est également développé de grandes universités en province, à Poitiers, à Toulouse et à Montpellier. Ces établissements catholiques ont été abolis, bien entendu, à l'époque de la Révolution. En 1808, Napoléon a créé l'université d'Etat, qui comprenait cinq facultés (droit, médecine, pharmacie, sciences et lettres).

Le système universitaire a été restructuré à la fin des années 1960, à la suite des événements de mai 1968, qui ont été provoqués en partie par un mécontentement dans le milieu estudiantin. Ainsi, la révolte des étudiants a eu pour résultat une loi de réforme de l'enseignement supérieur, la loi Faure (1968). Edgar Faure, nommé ministre de l'Education Nationale après mai 1968, a reçu la charge de transformer rapidement l'université pour assurer une rentrée paisible en octobre 1968 et éviter de nouvelles grèves. Pour comprendre cette transformation, il sera utile de comparer les domaines administratifs et pédagogiques avant et après 1968 (voir Tableau II: Changements, page 228).

1. Administration: avant 1968, il existait 16 universités en France, toutes situées au siège des académies. Chacune était administrée par le recteur, nommé par le ministre. Chacune comprenait plusieurs facultés et celles-ci étaient isolées les unes des autres. Au lieu de dire qu'ils étudiaient à l'université de Dijon, par exemple, les étudiants disaient plutôt qu'ils faisaient leurs études à la «fac» de lettres ou à la «fac» de droit. De nos jours, il y a 86 universités en Métropole (sans compter celles des DOM-TOM) dont la majorité sont de création assez récente. La loi Faure leur a accordé une certaine autonomie administrative et financière, bien qu'elles dépendent toujours largement du Ministère. L'énorme Université de Paris a été divisée en 13 universités autonomes, situées dans Paris *intra muros* et en banlieue. Aujourd'hui, il existe 17 universités en Ile-de-France. La gestion de chaque université est maintenant assurée par un conseil d'administration, composé de professeurs, d'administrateurs, de personnel de service et d'étudiants (la représentation des étudiants a été réclamée lors des événements de 1968). De plus, la loi Faure a supprimé les facultés et a créé les Unités de formation et de recherche (UFR), qui regroupent les disciplines de plusieurs facultés, rigoureusement séparées avant.

2. Pédagogie: le résultat de la création des UFR a été la possibilité de faire des études pluridisciplinaires. L'étudiant a désormais le droit de choisir plusieurs disciplines dans le premier cycle universitaire. La loi Faure visait à établir

TABLEAU II: Changements dans le système de l'enseignement supérieur

Avant 1968

16 universités
gestion par le recteur
    (centralisée)
facultés (isolées)
cours magistraux
examens de fin d'année

Après 1968

86 universités
gestion par le conseil d'administration (plus
    autonome)
UFR, études pluridisciplinaires
+ séminaires par petits groupes
+ contrôle continu, examens partiels

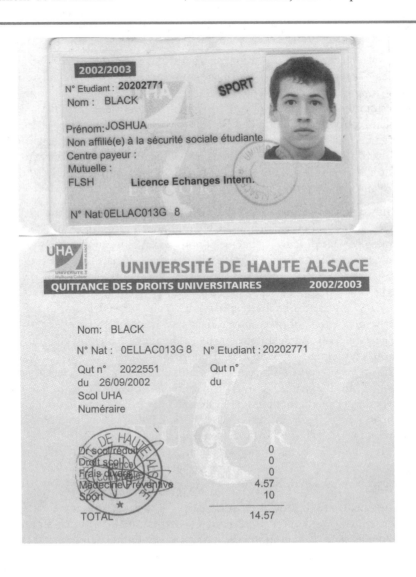

un contact plus proche entre les étudiants et les professeurs. Avant 1968, les professeurs faisaient des cours magistraux, c'est-à-dire qu'ils enseignaient dans un amphithéâtre devant plusieurs centaines d'étudiants. Le cours magistral existe toujours, mais depuis 1968, il existe aussi des séminaires par petits groupes, des travaux dirigés et des travaux pratiques. Un autre résultat de 1968, réclamé par les étudiants, est un système de contrôle continu des connaissances comprenant des examens partiels et, souvent, un devoir écrit ou oral.

● L'organisation de l'enseignement supérieur

En ce début du XXIe siècle, l'Union européenne cherche à intégrer le système scolaire et universitaire des pays membres. A cet effet, une réforme en 2002 a prévu l'harmonisation des diplômes européens et la mise en place du système «licence-master-doctorat», dit système LMD. Depuis longtemps, les études universitaires en France sont organisées en cycles. Pour les études de lettres, de sciences, de médecine, de droit et d'économie, il existe trois cycles. Le premier cycle (bac + 2 ans) conduit en deux ans au Diplôme d'Etudes Universitaires Générales (le DEUG). Le DEUG est la voie pour ceux qui cherchent à devenir enseignant, médecin, pharmacien, dentiste, chercheur, juge, avocat, interprète, ou journaliste, entre autres. Les bacheliers désirant une filière plus technologique peuvent entrer dans un Institut Universitaire de Technologie (IUT). Créés en 1966, les IUT donnent une formation scientifique et technologique plus pratique que celle des universités. Les études dans les IUT sont sanctionnées, après deux ans, par un Diplôme Universitaire de Technologie (DUT). Après le DEUG ou le DUT, l'étudiant peut entrer dans le deuxième cycle où la formation est approfondie. Les études de première année sont sanctionnées par la licence (bac + 3 ans), celles de deuxième année par la maîtrise (bac + 4 ans). Le troisième cycle est consacré à la recherche. On peut préparer, en un an après la maîtrise (bac + 5 ans), le DESS (Diplôme d'Etudes Supérieures Spécialisées), un diplôme à finalité professionnelle, ou bien le DEA (Diplôme d'Etudes Approfondies), qui constitue la première étape des études doctorales. Le doctorat, diplôme de grande recherche (bac + 8 ans), constitue le diplôme le plus élevé du système éducatif français.

Il faut aussi parler du nouveau système européen LMD. Depuis 2000, dans certaines universités françaises, les bacheliers ne s'inscrivent plus en première année de DEUG mais en première année de licence. Dans ces universités, les études sont organisées selon un nouveau système qui sera adopté progressivement par toutes les universités françaises entre 2002 et 2006. Dans le système LMD, il y a trois diplômes ou niveaux universitaires: la licence (bac +3 ans), le master (bac +5) et le doctorat (bac +8). Ces grades sont facilement reconnaissables au niveau international. Ils fournissent certains avantages: des études en crédits ou unités de valeur (UV) transdisciplinaires et sans frontières. Autrement dit, le système universitaire est semblable dans toute l'Europe. Il continue d'exister aussi des diplômes français intermédiaires, par exemple le DEUG (bac +2) et la maîtrise (bac +4).

● Les concours

Les concours sont importants pour le recrutement des professeurs de l'enseignement primaire et secondaire. Deux diplômes—la licence et la maîtrise—donnent accès aux concours, épreuves que l'on peut passer une fois par an, au printemps. A la différence d'un examen, auquel théoriquement tous les candidats peuvent réussir, un concours est compétitif: seul un nombre fixe de candidats y réussiront. Le taux de réussite des concours est déterminé chaque année à l'avance, par le Ministère, en fonction du nombre de professeurs qu'il faut recruter pour les écoles. S'il faut, par exemple, 200 nouveaux profs d'histoire en telle année dans toute la France, seulement 200 candidats seront reçus au concours d'histoire cette année-là. La sélection est très rigoureuse.

Depuis 1991, les professeurs des écoles (anciennement «instituteurs») et les professeurs des collèges et des lycées sont formés dans les Instituts Universitaires de Formation des Maîtres (IUFM). Les étudiants y sont admis avec une licence. Dans l'IUFM, il faut préparer un concours. Pour devenir professeur des écoles, il faut passer le CAPE (Certificat d'Aptitude au Professorat des Ecoles). Pour être professeur dans un collège ou dans un lycée, il faut passer le CAPES (Certificat d'Aptitude au Professorat de l'Enseignement Secondaire). Le taux de réussite de ceux-ci est de 20% en moyenne. L'élite du corps enseignant se compose des professeurs qui ont obtenu l'agrégation. Si l'on veut être «agrégé», il faut continuer ses études jusqu'à la maîtrise et ensuite passer un concours très difficile, l'agrégation, dont le taux de réussite est de 13% en moyenne. Par exemple, si 1 000 candidats passent l'agrégation d'histoire dans toute la France, seulement 130 candidats y sont reçus. Les agrégés peuvent aussi enseigner dans le premier cycle à l'université. Il y a des étudiants courageux qui passent un concours plusieurs fois avant d'y réussir ou d'abandonner.

Les études universitaires du système LMD peuvent être schématisées de la façon suivante:

Durée	Diplôme	Accès au concours
bac + 3 ans	la licence	le CAPE, le CAPES
bac + 4 ans	la maîtrise	l'agrégation
bac + 5 ans	le master	
bac + 8 ans	le doctorat	

● Les Grandes Ecoles

Les Grandes Ecoles sont des établissements gérés pour la plupart par l'Etat (certaines, comme celle des Hautes Etudes Commerciales, sont privées) mais indépendants des universités. Il y en a environ 150 et elles forment l'élite pour les professions scientifiques, littéraires et commerciales. Pour donner

La majorité des étudiants consacrent tout leur temps aux études.

quelques exemples, il y a l'Ecole Nationale des Ponts et Chaussées, l'Ecole Nationale des Télécommunications, l'Ecole Nationale Supérieure des Beaux-Arts, et ainsi de suite. Les Grandes Ecoles sont très prestigieuses et leur système d'excellence est admiré et envié dans le monde entier. Une des plus anciennes, l'Ecole Normale Supérieure (qui forme les professeurs), a été fondée en 1794 pendant la Ière République. L'Ecole Polytechnique, qui forme à la fois des officiers militaires et des ingénieurs, date de la même époque. Un grand nombre d'hommes politiques, de diplomates, d'ambassadeurs et de hauts fonctionnaires ont été formés à l'Ecole Nationale d'Administration, fondée en 1945 (on appelle les anciens élèves de l'ENA des «énarques»; Valéry Giscard d'Estaing, Jacques Chirac, Michel Rocard, Alain Juppé et Lionel Jospin sont des énarques).

A la différence des universités, le recrutement des Grandes Ecoles se fait par sélection, en général par un concours très difficile qui se prépare en deux ans dans des classes préparatoires. Les bacheliers qui ont les meilleurs résultats sont choisis pour suivre les cours de ces classes préparatoires. On a souvent critiqué l'esprit élitiste qui règne dans les Grandes Ecoles. Il faut noter pourtant qu'elles sont théoriquement ouvertes aux enfants de toutes les classes sociales, pourvu qu'ils soient intelligents et travailleurs.

● La sélection au niveau universitaire

Chaque année, de plus en plus d'élèves réussissent au bac. Comme tous les bacheliers ont le droit de s'inscrire aux programmes d'études supérieures, les universités sont de plus en plus surpeuplées et elles débordent d'étudiants. Partout en France, les étudiants se plaignent du manque de places dans les salles de classes, dans les bibliothèques, dans les laboratoires. Entre 1989 et 1999, le nombre d'étudiants à l'université a augmenté de 50%. Selon les médias, les universités «craquent». Ce problème inquiète le Gouvernement depuis une vingtaine d'années. C'est dans le premier cycle qu'on voit le plus grand nombre d'étudiants. Le taux d'échec est très élevé (50%), c'est-à-dire qu'un étudiant sur deux ne termine pas la première année. Seulement 37% des étudiants obtiennent leur diplôme en deux ans. En plus, il y a le problème des locaux: bien des bâtiments universitaires sont délabrés et vétustes. Il faut les réparer et en construire de nouveaux, et pour cela il faut trouver des milliards d'euros.

En 1986, pendant la première «cohabitation», le ministre délégué aux universités, Alain Devaquet, a cru trouver une solution. Il a fait un projet de loi qui aurait permis aux universités de limiter le nombre d'étudiants qui entrent dans le premier cycle, mettant fin à la longue tradition d'admettre tous les bacheliers. Selon le projet Devaquet, chaque université aurait eu le droit de fixer les barèmes d'admission au premier et au deuxième cycles. De plus, pour permettre une plus grande autonomie et une plus grande compétitivité, chaque université aurait eu le droit de fixer les frais d'inscription. Ce projet de loi a provoqué la colère des jeunes. Elle a déclenché des manifestations massives dans toute la France. Il y a eu de nombreuses grèves et la majorité des lycées et des universités ont été paralysés pendant trois semaines. Devaquet a donné sa démission et Chirac a retiré le projet de loi. Pourquoi toute cette colère? Que contestaient les jeunes? Premièrement, ils marchaient dans les rues pour défendre l'égalité des chances. Si cette loi avait été votée, les conditions d'accès à l'université auraient été basées sur les dossiers scolaires et non pas sur le bac, dévalué. Cette loi aurait donc éliminé le *droit* traditionnel de faire des études supérieures. Devaquet n'avait pas compris à quel point les jeunes tiennent à cet idéal démocratique, une conviction qui est d'ailleurs soutenue par la droite comme la gauche: l'enseignement doit être ouvert à tous. Ils protestaient contre la sélection et l'exclusion. Deuxièmement, ils protestaient contre le nouveau système des frais d'inscription, non pas tellement contre l'augmentation des frais, mais contre la différence entre les frais d'une université à l'autre. Selon les critiques, un tel système créerait deux catégories d'universités, les «facs d'élite» et les «facs poubelles». Les diplômes accordés par les universités les plus chères, celles qui auraient des critères d'admission plus élevés, auraient une plus grande valeur sur le marché. «Nous ne voulons pas d'universités coca-cola» était le slogan du jour, signifiant un refus de la tradition commerciale des universités américaines. Voilà le grand paradoxe français: la passion de l'égalité, oui, mais en même temps le goût du privilège et la peur des réformes.

La sélection reste donc un grand tabou. Le résultat est qu'il n'y a pas assez de place dans les universités. Mais si la sélection à l'entrée est interdite, il existe une sélection impitoyable par l'échec au cours du premier cycle, ce qui aboutit au même résultat. Beaucoup d'étudiants abandonnent, tandis que d'autres échouent après un an. Selon certains critiques, ceux-ci perdent leur temps et ils coûtent cher à l'Etat. Il faut maintenir l'égalité des chances, disentils, mais il faut accepter aussi la sélection scolaire. Les étudiants devraient être admis à l'université en fonction des notes obtenues pendant leur scolarité et non plus seulement en fonction du bac.

En revanche, le mécontement vis-à-vis du système universitaire augmente. Malgré la réaction au projet Devaquet en 1986, aujourd'hui beaucoup d'étudiants se disent prêts à payer plus cher leurs droits universitaires pour avoir des conditions de travail améliorées. Mais quel ministre osera le leur demander? Il faut dire que les universités françaises sont parmi les moins chères d'Europe. Il faut dire aussi qu'en France, la part du produit intérieur brut (PIB) réservée aux universités (0,5%) est la moitié de celle des Etats-Unis (1%) et inférieure à celles du Japon, de l'Angleterre et de l'Allemagne. Le Ministre de l'Education Nationale se demande d'où viendra l'argent nécessaire pour améliorer la situation: de l'Etat, des entreprises ou des collectivités locales? Cela reste à voir.

● La vie scolaire et universitaire

Les élèves français ont autant de vacances que les élèves américains: 180 jours de classe en France comme aux Etats-Unis. Pour le calendrier scolaire, la France est divisée en trois zones. Pour la Zone A (à titre d'exemple), la rentrée scolaire, toujours très médiatisée, a eu lieu le 2 septembre en 2004. En 2004-05, les élèves ont eu deux semaines de vacances pour la Toussaint (fin octobre-début novembre), deux semaines pour Noël (fin décembre–début janvier), deux semaines de vacances d'hiver (mi-février-fin février) et deux semaines de vacances de printemps (fin avril–début mai). Les grandes vacances commencent au mois de juillet et durent jusqu'en septembre. Les élèves sont libres le mercredi mais ils doivent aller à l'école le samedi matin. Leurs journées à l'école sont longues, et le soir ils ont beaucoup de devoirs à faire. En plus, ils ont les examens de fin d'année à préparer. La grande majorité des lycéens ne travaillent pas parce qu'ils n'ont pas le temps. Ils ne conduisent pas non plus, parce qu'il faut avoir 18 ans en France pour obtenir un permis de conduire. En revanche, plusieurs centaines de milliers de collégiens et de lycéens bénéficient de bourses d'études secondaires, qui sont accordées aux familles les moins favorisées.

A l'université, les cours ne reprennent qu'au mois d'octobre. Un tiers des étudiants ont un travail, à mi-temps ou à plein temps, mais la majorité d'entre eux consacrent tout leur temps aux études. Il existe des bourses et des chambres à prix réduit accordées aux familles à revenu modeste, et les repas aux restaurants universitaires («resto U») sont subventionnés par l'Etat. De nos jours, il y a des activités sportives au sein des universités françaises, mais d'une façon générale, il y a moins d'activités extracurriculaires organisées que dans les universités américaines. Un grand nombre d'étudiants français font des études dans une université d'un autre pays membre de l'Union européenne, grâce au programme Erasmus. Le programme Erasmus, initiative de l'Union européenne, distribue chaque année plus de 100 millions d'euros sous forme de bourses allouées à des étudiants qui désirent passer un certain temps dans les universités des pays membres. Il y a 2 000 universités qui participent au programme.

I. Répondez aux questions suivantes.

1. Pourquoi peut-on dire que le système de l'éducation en France est très uniforme? Expliquez.
2. Quels sont les trois grands principes des lois scolaires de Jules Ferry?
3. Comment l'entrée dans le second cycle de l'enseignement secondaire est-elle déterminée?
4. Quelles sont les différences entre le second cycle court et le second cycle long de l'enseignement secondaire?
5. En quoi consiste les trois grandes sortes de baccalauréat? Expliquez.
6. Pourquoi dit-on qu'il y a une sélection au niveau secondaire?
7. En quoi consistait la «réforme Haby»? Quel cycle d'études touchait-elle?
8. Quelle a été la réaction des enseignants vis-à-vis de cette réforme?
9. En quoi la loi Debré était-elle liée au concept de la laïcité?
10. En quoi consistait le projet de loi d'Alain Savary?
11. Quelles ont été les réactions à ce projet de loi? Expliquez.
12. Quels sont les grands traits de la loi Faure en 1968?
13. Quels sont les différents cycles de l'enseignement supérieur?
14. En quoi ces cycles consistent-ils?
15. Qu'est-ce que le système LMD? Expliquez.
16. Que faut-il faire pour devenir professeur des écoles ou pour être professeur au collège ou au lycée?
17. Qu'est-ce qu'une Grande Ecole? Expliquez.
18. Pourquoi peut-on dire qu'il y a une sélection au niveau universitaire? Expliquez.
19. En quoi consistait le projet de loi d'Alain Devaquet?
20. Quelle a été la réaction des jeunes vis-à-vis de ce projet de loi?

II. Etes-vous d'accord? Sinon, justifiez votre réponse.

1. Il y a vingt-six académies dans la France métropolitaine.
2. L'enseignement en France est laïque depuis la Révolution.
3. La scolarité est obligatoire de 6 ans à 16 ans.
4. Chaque académie est dirigée par un recteur.
5. Les élèves doivent choisir une filière à partir de la seconde au lycée.
6. Cinquante pour cent des étudiants échouent à leur première année universitaire.
7. Depuis les lois Jules Ferry, les écoles privées ont toujours été subventionnées par l'Etat.
8. Les écoles privées ont leurs propres diplômes.
9. Le CAPES est un examen très important.
10. Les universités françaises sont parmi les plus chères d'Europe.

III. Choisissez la meilleure réponse.

1. Les écoles primaires pour garçons et pour filles datent
   a. de la Révolution.
   b. du Premier Empire.
   c. de la IIe République.
   d. de la IIIe République.

2. Les écoles privées et religieuses existent depuis
   a. l'Ancien Régime.
   b. la Révolution.
   c. la IIe République.
   d. la IIIe République.

3. Pour continuer ses études jusqu'au baccalauréat, il faut aller dans un
   a. IUFM.
   b. LP.
   c. LEGT.
   d. IUT.

4. Lequel de ces diplômes n'est pas un diplôme de l'enseignement supérieur?
   a. le DEA
   b. le DUT
   c. le BEP
   d. le DEUG

5. La gestion de chaque université est assurée par
   a. le ministre de l'Education Nationale.
   b. un recteur.
   c. un comité de professeurs, d'administrateurs, de personnel de service et d'étudiants.
   d. le Conseil constitutionnel.

IV. Identifiez brièvement les mots suivants.

1. une académie
2. un conseil de classe
3. un tronc commun
4. une unité de formation et de recherche
5. le Quartier latin
6. un cours magistral
7. Erasmus
8. l'agrégation
9. l'Ecole Normale Supérieure
10. l'Ecole Nationale d'Administration

V. Discussion.

1. Le système scolaire et universitaire en France est très uniforme, et tous les programmes pédagogiques, ainsi que le coût des études au niveau universitaire, dépendent du Ministère de l'Education Nationale. Aimeriez-vous avoir un tel système? Pourquoi (pas)?

2. A la fin du premier cycle de l'enseignement secondaire, un conseil de classe propose deux orientations principales aux élèves en fonction de leurs aptitudes. Ceux qui sont dirigés vers le second cycle long doivent choisir une filière dès leur entrée en première, en vue du type de baccalauréat qu'ils devront passer. Que pensez-vous de ce système?

3. Pensez-vous que la sélection au niveau de l'enseignement secondaire et de l'enseignement universitaire en France soit plus ou moins importante que dans votre pays? Pourquoi?

4. Dans l'ensemble, quel système universitaire préférez-vous: celui de la France ou celui de votre pays? Pourquoi?

 ## VI. Vos recherches sur Internet.

Afin de faciliter vos recherches et de répondre à ces questions, consultez le site du livre: http://lafrance.heinle.com.

1. Faites des recherches sur les différents types de services dont les étudiants peuvent bénéficier. Où peuvent-ils se loger? manger à un prix très modéré? Quelles bourses peuvent-ils obtenir?

2. En quoi consistent les épreuves du baccalauréat exactement? Quels sont les coefficients pour chaque partie? Si vous préférez, faites des recherches sur les types de questions qui sont posées en ce qui concerne l'épreuve de philosophie.

3. Qu'est-ce qu'un étudiant français ou étranger doit faire pour s'inscrire à l'université? Quelles sont les démarches?

4. Depuis la rentrée 2003, les élèves du deuxième cycle de l'école primaire doivent apprendre une langue étrangère ou une langue régionale. Qu'est-ce que les enfants qui font de l'anglais doivent savoir?

5. Quels types d'études supérieures les lycéens qui ont échoué au bac peuvent-ils faire? Cherchez quelques exemples.

L'information et la technologie

Les médias

Des informations de toutes sortes sont diffusées aux Français, jeunes et adultes, par les médias. La presse écrite, les médias audiovisuels (la radio et la télévision) et les informations en ligne tiennent une grande place dans la vie quotidienne en France. Les XIXe et XXe siècles ont été les époques de l'évolution des médias.

● La presse écrite

Les périodiques existaient déjà en France, à Paris et en province, pendant les derniers siècles de l'Ancien Régime. Les premières «gazettes», comme *La Gazette de France,* ont commencé à paraître régulièrement au XVIIe siècle. Celles-ci étaient consacrées aux événements politiques et à l'actualité. A l'imitation de ces gazettes politiques, on a commencé à publier des gazettes littéraires qui annonçaient les nouveaux livres et les nouvelles pièces de théâtre et qui donnaient des comptes-rendus des ouvrages littéraires. Au XVIIIe siècle, le journalisme est devenu une activité importante, mais les journaux restaient chers, accessibles seulement aux nobles et aux riches bourgeois. Le premier journal quotidien français, *Le Journal de Paris,* a commencé à paraître en 1777 (un *quotidien* paraît tous les jours). Avant la Révolution, la liberté de la presse n'existait pas encore: les journaux étaient sujets à la censure et les journalistes étaient surveillés par la police. Mais à côté des gazettes officiellement approuvées, il existait une presse clandestine qui évitait la censure et qui distribuait des nouvelles de la cour et de la ville. La Révolution a réagi contre la censure de l'Ancien Régime. La liberté de la presse est inscrite dans la *Déclaration des droits de l'homme et du citoyen:* «La libre communication des pensées et des opinions est un des droits les plus précieux de l'homme; tout citoyen peut donc parler, écrire, imprimer librement, sauf à répondre de l'abus de cette liberté dans les cas déterminés par la loi.» Grâce à cette nouvelle liberté d'expression, les journaux d'opinion politique ont proliféré pendant les premières années de la Révolution. Mais cette liberté n'a pas toujours été respectée par les diverses formes de gouvernement (monarchies et empires) qui lui ont succédé. Autrement dit, il n'a pas été possible de critiquer la politique du Gouvernement pendant la majeure partie du XIXe siècle, avant l'établissement de la IIIe République vers la fin du siècle. Pourtant, la montée de la bourgeoisie pendant cette époque-là, ainsi que les progrès de l'éducation, ont favorisé le développement du journalisme en créant un grand public lettré et avide d'informations. C'est au XIXe siècle qu'ont paru les premiers journaux quotidiens tels que nous les connaissons aujourd'hui: une presse d'information à la fois populaire, moderne et bon marché grâce à la publicité. *Le Figaro,* par exemple, a été fondé en 1866 pour représenter les valeurs et les intérêts de la nouvelle classe bourgeoise.

En 1881, sous la IIIe République, une nouvelle loi votée par l'Assemblée nationale a rétabli la liberté de la presse. Cette loi est restée en vigueur jusqu'au moment de l'Occupation de la France par les Allemands en 1940. La IIIe République a donc été «l'âge d'or» de la presse libre en France. A côté de la presse d'information, il s'est développé une presse d'opinion: de nombreux journaux s'engageaient dans des débats politiques et reflétaient des idéologies diverses (monarchiste, conservatrice, républicaine, socialiste, etc.). A partir de cette époque-là, la presse a commencé à exercer une grande influence sur l'opinion publique en France. Pendant l'affaire Dreyfus (voir le chapitre 12), à la fin du XIXe siècle, c'est la presse qui a mobilisé les opinions des «dreyfusards» et celles des «anti-dreyfusards». C'est dans le journal *L'Aurore* qu'Emile Zola a publié sa fameuse lettre «J'accuse», qui a ouvert un débat national sur l'antisémitisme et sur le nationalisme. Le journal *L'Action Française* a exprimé, dans la première moitié du XXe siècle, des opinions conservatrices, nationalistes et monarchistes. A l'autre bout de la gamme politique, *L'Humanité* est devenue, en 1920, le porte-parole du communisme. Mais la presse n'avait pas seulement une voix politique et idéologique: elle a continué, au cours des XIXe et XXe siècles, à jouer un grand rôle dans la diffusion de la culture. A cet égard, il faut citer deux grandes revues littéraires qui ont exercé une énorme influence: la *Revue des Deux Mondes,* à laquelle des écrivains comme Honoré de Balzac et Victor Hugo ont collaboré, et la *Nouvelle Revue Française,* fondée en 1909 par André Gide.

La censure de la presse a été rétablie par les Allemands pendant l'Occupation et par le régime de Vichy. Une presse clandestine est apparue de nouveau, surtout dans la «zone libre» (le sud de la France). Certains journaux parisiens ont collaboré avec les Nazis et ont même soutenu la politique fasciste d'Hitler, tandis que d'autres journaux se sont établis dans la zone libre et ont soutenu la Résistance. A la Libération en 1944, les journaux «collaborateurs», comme *L'Action Française,* ont disparu. Seuls les journaux qui n'avaient pas paru sous le contrôle des Nazis ont été autorisés à reprendre leur publication (parmi ceux-ci, il faut noter *Le Figaro, La Croix* et *L'Humanité*). Sous la IVe République, il y a eu encore des tentatives, de la part de l'armée française, pour censurer la presse pendant la guerre d'Indochine et pendant celle d'Algérie, parce que certains journalistes critiquaient sévèrement la politique du

Gouvernement dans ces guerres coloniales. Mais l'existence d'une presse libre est désormais jugée nécessaire dans toute société démocratique. La liberté de la presse a été réaffirmée dans la Constitution de la Ve République. Selon la devise du *Figaro*, «sans la liberté de blâmer il n'est point d'éloge flatteur» (une phrase prononcée par le protagoniste de la célèbre comédie de Beaumarchais, *Le Mariage de Figaro*). De nos jours, il n'y a pas de censure. La presse est indépendante et elle peut être très critique du Gouvernement.

Un tiers des Français lisent un journal tous les jours.

La presse en France est libre mais depuis 30 ans, elle est atteinte de faiblesses économiques, surtout en ce qui concerne les quotidiens nationaux. La presse écrite est en concurrence avec les médias audiovisuels, pour les informations comme pour les distractions (un grand nombre de Français regardent le journal télévisé, les «infos», ou écoutent France-Info à la radio). Il y a de moins en moins de Français qui lisent un journal tous les jours (33% en 2001). Certains n'ont pas le temps; d'autres, surtout les jeunes, préfèrent la radio ou la télévision. De plus, les grandes entreprises trouvent souvent que la télévision fournit un véhicule plus efficace que les journaux pour la publicité de leurs produits. Cette diminution de ressources est compensée en partie par une aide financière de l'Etat: les journaux sont exonérés d'impôts et bénéficient de réductions des tarifs postaux et des tarifs SNCF pour la distribution (généralement, les journaux ne sont pas livrés à domicile par des livreurs, comme c'est souvent le cas aux Etats-Unis). Pourtant, ces subventions ne renversent pas le déclin de la presse écrite. Il y a moins de lecteurs, moins de ressources publicitaires et donc moins de journaux. Le nombre de quotidiens parisiens diminue progressivement depuis la Deuxième Guerre mondiale: en 1949, il y avait 32 quotidiens à Paris; aujourd'hui il n'y en a plus qu'une dizaine. Les sept quotidiens parisiens d'informations générales sont les suivants:

1. *Aujourd'hui/Le Parisien*—Journal populaire d'Ile-de-France, fondé en 1944. *Le Parisien* a réussi à augmenter sa diffusion en publiant deux éditions différentes par jour. L'une, sous le titre *Aujourd'hui*, s'adresse au marché national. L'autre, *Le Parisien*, vise des lecteurs franciliens et intéresse un public plus régional que national.

2. *Le Figaro*—Journal quotidien le plus ancien de France, il a réapparu peu de temps après la Libération, avec le même titre qu'avant la guerre. De tendance droite, il s'adresse à la bourgeoisie conservatrice.

3. *Le Monde*—Journal sérieux et prestigieux. *Le Monde* a été fondé quelques mois après la Libération (1944). On y trouve des articles approfondis et peu de publicité. Très objectif, il fait appel aux intellectuels et aux gens instruits. C'est un journal très respecté par les médias internationaux.

4. *Libération*—Journal dont la vente a le plus progressé depuis les années 1980. Fondée en 1973 et de tendance gauche, «Libé» plaît aux jeunes adultes.

5. *France-Soir*—Journal populaire qui traite surtout des faits divers (homicides, accidents, drogue, scandales). Fondé en 1944, il contient des articles à sensation et beaucoup de photos. Très populaire dans les années 1950 et 1960, il a perdu une grande partie de ses lecteurs.

6. *La Croix*—Journal catholique, fondé en 1883. C'est le seul quotidien parisien qui soit vraiment national, parce qu'il se vend surtout en province, par abonnement postal.

7. *L'Humanité*—Organe officiel du Parti Communiste depuis 1920. Il vise la classe ouvrière et se concentre sur les conflits entre les ouvriers et le patronat. Son tirage est en baisse depuis plusieurs décennies.

Par rapport aux Etats-Unis, la presse d'information générale en France est plus marquée par l'opinion politique. Mais il faut constater que depuis un certain temps la presse d'opinion disparaît progressivement. En effet, la place accordée à la politique, et surtout à l'opinion politique, a régulièrement diminué dans les quotidiens, sauf dans les pages d'opinion. Plus de place est accordée aux faits divers, au sport et à la publicité. Il y a des exceptions telle que *L'Humanité*, mais même *La Croix* est devenue un quotidien d'informations générales.

Il y a plusieurs quotidiens parisiens qui font partie d'une autre catégorie, la presse spécialisée. Deux journaux nationaux sont entièrement consacrés aux sports: *L'Equipe*, fondée en 1944, et le plus récent *Paris-Turf*. Avec près de deux millions de lecteurs, *L'Equipe* est le premier quotidien national. Son succès est dû à l'engouement des Français pour les sports. Deux autres quotidiens, *Les Echos* et *La Tribune*, font partie de la presse économique et attirent des lecteurs du commerce et des affaires. De tous les quotidiens parisiens, il y en a quatre—*L'Equipe, Le Parisien, Le Monde* et *Le Figaro*—qui dépassent le seuil de 300 000 exemplaires et d'un million de lecteurs. Trois quotidiens—*Le Monde, Le Figaro* et *Libération*—exercent une influence importante sur l'opinion et sur les autres médias.

Les grands quotidiens parisiens sont considérés comme des journaux nationaux, dans la mesure où ils sont distribués et vendus en province. En réalité, en dehors de l'Ile-de-France, la presse quotidienne nationale a une diffusion nettement inférieure à la presse quotidienne régionale. Seuls *La Croix, L'Equipe* et *Paris-Turf* diffusent plus de la moitié de leurs exemplaires en province (où habite la plus grande partie de la population). En général, les Français préfèrent lire un journal publié dans leur Région. La presse régionale doit sa croissance à l'époque de l'Occupation (1940–44), époque où les restrictions sur le transport gênaient la distribution des journaux parisiens en province. Aujourd'hui, il y a environ 80 quotidiens régionaux. Certains sont très importants, comme *Ouest-France* qui a le plus grand tirage en France, nettement supérieur à celui des journaux parisiens. Voici les quotidiens régionaux qui ont un tirage supérieur à 200 000 exemplaires:

1. *Ouest-France* (Rennes)
2. *La Voix du Nord* (Lille)
3. *Sud-Ouest* (Bordeaux)
4. *Le Dauphiné Libéré* (Grenoble)
5. *Le Progrès* (Lyon)
6. *La Nouvelle République* (Tours)
7. *Nice-Matin* (Nice)
8. *La Montagne* (Clermont-Ferrand)
9. *La Dépêche du Midi* (Toulouse)
10. *L'Est Républicain* (Nancy)

La presse régionale ne connaît pas la crise que traverse la presse parisienne, peut-être parce qu'elle est extrêmement différente. Dans ces quotidiens on trouve peu d'opinions politiques, mais beaucoup d'informations locales. La presse régionale fournit des renseignements utiles à la population des villes et des villages: la météo, le programme des spectacles et de la télévision, les sports, les horaires de cinéma, les fêtes locales, les mariages et les enterrements. Comme ces journaux sont largement financés par la publicité locale, ils sont moins menacés par la télévision. La presse régionale représente plus de deux tiers de la vente des journaux en France.

La crise des quotidiens parisiens a également contribué à la naissance de magazines hebdomadaires, magazines d'informations et magazines spécialisés (un *hebdomadaire* paraît toutes les semaines). A la différence des quotidiens, les magazines nationaux d'information générale se portent très bien. Leur dynamisme est sûrement dû en partie à leur format plus attirant, avec des photos et des graphiques en couleurs, mais aussi parce qu'ils répondent aux lecteurs pressés qui préfèrent lire les informations une fois par semaine. Il y en a plusieurs qui connaissent un grand succès:

1. *L'Express*—En 1964, cet hebdomadaire a adopté le format du magazine américain *Time.* Aujourd'hui, il a un grand tirage. C'est peut-être le magazine français le plus connu hors de France.

2. *Le Point*—Fondé en 1973 par un groupe de journalistes venus de *L'Express* et qui trouvaient celui-ci trop à gauche du point de vue politique. Plus conservateur, il ressemble pourtant beaucoup à *L'Express* (comme *Newsweek* ressemble *à Time).*

3. *Le Nouvel Observateur*—Fondé en 1963, il représente la gauche socialiste, et son journalisme est d'une très haute qualité. «Le Nouvel Obs» plaît surtout aux intellectuels, aux professeurs et aux jeunes.

4. *Paris-Match*—Magazine à très grand tirage, il a été conçu à l'imitation du magazine américain *Life.* C'est le plus populaire des grands magazines, peut-être parce qu'il rapporte l'actualité à travers des photos. Pas très intellectuel, il est pourtant considéré comme le meilleur magazine à photos d'Europe.

D'autres magazines populaires sont *Ici Paris, VSD* et *Marianne.*

A côté de ces magazines d'information générale, il faut mentionner *Le Canard Enchaîné,* la principale publication satirique en France (le mot «canard» signifie «journal»). C'est un hebdomadaire, mais comme il constitue une parodie du journalisme, il a le format d'un journal quotidien. Il est considéré comme étant un journal de gauche, mais ses articles se moquent de tout le monde et surtout du Gouvernement, que celui-ci soit de gauche ou de droite. Unique dans la presse française, *Le Canard Enchaîné* n'a pas de publicité. Son ton est sarcastique et drôle, mais aussi très critique. Il plaît surtout aux étudiants et aux cadres moyens. Il a un très grand tirage, près de 500 000 exemplaires par semaine.

Quand on passe devant un kiosque à journaux sur les trottoirs de Paris, ou quand on entre dans une maison de la presse dans une ville de province, on constate tout de suite que la presse française est globalement en très bonne santé. On y voit l'étalage d'une centaine de périodiques, hebdomadaires et mensuels (un *mensuel* paraît une fois par mois). L'ensemble de ces publications s'appelle la presse populaire et il y a toutes sortes de catégories. En première place viennent les guides audiovisuels qui fournissent les programmes de télévision. La diffusion de l'ensemble de ces magazines dépasse 17 millions d'exemplaires chaque semaine. La plus grande audience dans cette catégorie est celle de *TV Magazine,* avec 13 millions de lecteurs, suivie de celle de *Télé 7 Jours* avec près de 9 millions. *Télérama,* qui était au début un simple guide des programmes de télévision, est devenu le magazine de télévision préféré des gens instruits, proposant des commentaires approfondis des films et des émissions de télévision en général. Les autres catégories de la presse populaire sont presque innombrables. Il y a des périodiques consacrés aux styles de vie et aux professions

Le kiosque à journaux fait partie de la vie parisienne.

(l'agriculture, les syndicats, l'informatique); aux groupes sociaux (presse pour les enfants, pour les jeunes, pour le troisième âge, presse familiale, presse féminine et masculine); à la maison (l'architecture, la couture, le jardinage, les arts décoratifs, la gastronomie et la cuisine); aux arts (le cinéma, la musique, la littérature); aux sports et aux passe-temps (le tennis, l'alpinisme, la photographie, la chasse, la pêche, le football); et même aux moyens de transport (les automobiles, les bateaux, le chemin de fer, les avions). Si l'on ne veut pas acheter ces périodiques au kiosque ou dans une librairie, on peut s'y abonner, c'est-à-dire qu'on les reçoit par abonnement postal et en général on bénéficie d'un tarif réduit. Les Français sont les plus grands lecteurs de magazines du monde: 95% des Français en lisent au moins un régulièrement.

La plupart des grands quotidiens et périodiques ont établi un service en ligne sur Internet. Ces services ne se substituent pas aux versions imprimées. Ils servent plutôt de publicité pour les publications, et ils offrent des services non disponibles dans la version vendue en kiosque.

L'Agence France-Presse est la première agence d'information mondiale. Créée en 1835 comme l'Agence Havas par Charles-Louis Havas, elle a pris son nom actuel après la Libération en 1944. Avec son quartier général à Paris, l'Agence France-Presse est présente dans 165 pays et elle emploie plus de 2 000 salariés de nationalités différentes. Elle diffuse des informations et des photos à ses clients par la presse écrite et par les médias audiovisuels (la radio, la télévision, Internet). Le label AFP garantit aux clients une qualité éditoriale qui fait la réputation de l'Agence depuis longtemps.

● La radio

Les médias audiovisuels (la radio et la télévision) n'ont pas bénéficié de la loi de 1881 établissant la liberté de la presse. Ils ont eu plus de mal à se libérer du contrôle de l'Etat parce qu'ils étaient considérés comme plus puissants que la presse écrite pour contrôler l'opinion. Pendant le demi-siècle après la Deuxième Guerre mondiale, ces médias relativement récents se sont trouvés au centre du vieux conflit entre le jacobinisme et l'opposition contestataire: doivent-ils être contrôlés par l'Etat (et donc par le Gouvernement au pouvoir), ou doivent-ils avoir la même indépendance que celle accordée à la presse écrite?

Le 18 juin 1940, quelques jours après la défaite de la France par les Allemands, le général Charles de Gaulle, réfugié à Londres, a prononcé un discours très célèbre pour encourager les Français à résister à l'occupant et pour leur promettre que la France serait libérée. Cet «appel du 18 juin» a été diffusé par la BBC, réseau radiophonique britannique, et il a été entendu par les Français sur leurs postes de radio. De Gaulle a compris le rôle que la radio pouvait jouer pour rallier les Français à sa cause. Il ne devait pas oublier la puissance de ce média: après la Libération il a nationalisé tous les réseaux radiophoniques de France, c'est-à-dire qu'il a mis toutes les stations de radio sous le contrôle de l'Etat, en créant Radio-France. Pour justifier cette action, De Gaulle a prétendu qu'il fallait contrecarrer l'opposition de la presse écrite. Les journaux pouvaient critiquer la politique du Gouvernement, mais celui-ci disposait de la radio pour exposer son propre point de vue.

De Gaulle a démissionné en 1945 et n'a pas participé aux gouvernements de la IVe République, mais la radio en France est restée un monopole de l'Etat français jusqu'en 1982. D'ailleurs, l'attitude très critique de la presse écrite envers les guerres coloniales, pendant les années 1940 et 1950, n'a fait que justifier ce monopole aux yeux du Gouvernement. A l'aide de Radio-France (et aussi de la télévision, un nouveau média qui s'est développé à cette époque-là), le Gouvernement avait une voix et pouvait censurer le contenu des bulletins d'actualité. Quand De Gaulle est revenu au pouvoir en 1958, il ne voyait aucune raison pour changer le monopole. Mais les auditeurs de la Ve République, dans les années 1950, 1960 et 1970, n'étaient pas obligés d'écouter Radio-France. Aux frontières de la France, dans les pays voisins, il y avait des «radios périphériques» qui dirigeaient leurs émissions vers la France. Ainsi nommées parce qu'elles se trouvent à la périphérie de la France, ces radios périphériques sont des postes privés et commerciaux qui diffusent en langue française. Il y en a quatre: RTL (Radio-Télé Luxembourg), Europe 1 (en Allemagne), Radio Monte-Carlo (à Monaco, petite principauté près de Nice) et Sud Radio (à Andorre, petite principauté dans les Pyrénées). Ces radios ne couvrent pas toute la géographie de la France. RTL, la plus populaire, est captée surtout dans le nord et l'est de la France (y compris Paris), Europe 1 dans l'ouest, le centre, et les régions parisienne et lyonnaise, Radio Monte-Carlo dans le sud-est, et Sud Radio dans le sud-ouest. Bien que l'Etat français soit propriétaire partiel (actionnaire) de ces radios périphériques, elles sont plus indépendantes que

Radio-France, et elles captent une bonne partie de l'écoute française. Elles sont publicitaires, tandis que les réseaux de Radio-France ne le sont pas (il n'y a pas de réclames commerciales).

En 1981, il n'y avait toujours pas de radio privée dans l'Hexagone, mais François Mitterrand avait adopté une campagne en faveur des «radios libres» qui représenteraient les communautés locales. Après l'élection de Mitterrand en 1981, les radios libres ont été autorisées. Une loi votée en 1982 a abandonné le monopole de l'Etat sur la radiodiffusion. D'après cette loi, «les citoyens ont droit à une communication audiovisuelle libre et pluraliste». Des milliers de radios libres ont été créées en peu de temps. Il y en avait pour tous les goûts. Certaines se sont distinguées par la spécialisation de la musique. Par exemple, Skyrock et NRJ (prononcé «énergie») se spécialisent dans la musique internationale des jeunes. NRJ a rapidement atteint la quatrième position parmi les radios en France. Nostalgie, radio basée à Lyon, passe de vieilles mélodies françaises et vise une génération plus âgée. D'autres radios libres visent une audience plus spécialisée (Radio Notre-Dame, Judaïques FM, Beur FM, Fréquence Gaie, etc.). Au début, les radios libres n'avaient pas le droit de diffuser de publicité: elles étaient financées uniquement par des associations locales. La publicité n'a été autorisée qu'en 1984. Les radios libres, devenues radios commerciales, ont eu beaucoup de succès depuis. Un grand nombre ont disparu, faute de moyens financiers, mais aujourd'hui il y a environ 1 800 radios locales privées en France. Bien que les zones d'écoute soient en principe juridiquement limitées, certaines radios commerciales sont devenues nationales en développant un réseau de stations locales. Ces radios privées font concurrence à Radio-France qui programme des émissions sur de nombreux réseaux:

1. France-Inter—Généraliste, elle s'adresse à tous les publics. Informations, musique, jeux, débats, variétés. Réseau le plus ancien et le plus populaire.

2. France-Musiques—Musique classique et concerts surtout, mais aussi jazz et musique contemporaine.

3. France-Culture—Discussions au sujet des événements culturels et de l'actualité. Rencontres d'intellectuels, d'historiens, d'écrivains et d'artistes.

4. France-Info—Créée en 1987, la première radio d'information continue en Europe (24 heures sur 24). D'après un sondage Sofres réalisé en 2002, France-Info est jugée la radio «la plus crédible comme source d'information».

5. FIP (France-Inter Paris)—Radio francilienne «pour guider les Parisiens dans les embouteillages». Musique de toute sorte, informations locales sur la circulation routière, les offres d'emploi, les spectacles, etc.

6. Le Mouv'—Nouvelle radio basée à Toulouse et destinée aux jeunes.

7. France Bleu—En 1982, Radio-France a été chargée de développer des radios locales dans les Régions, afin d'assurer un service public de proximité. Depuis 2000, ce réseau public de radios locales, qui réunissait 43 radios

locales en 2004, s'appelle France Bleu. France Bleu est un réseau généraliste et adulte.

8. Radio-France Internationale—Service mondial d'informations diffusé par satellite, elle émet en 18 langues sur tous les continents.

Aujourd'hui les auditeurs français ont le choix entre trois grands groupes de stations radiophoniques: les radios privées (ex-radios libres), les radios périphériques et la radio publique. Si on compare la part d'audience des radios en France, on voit qu'il y a une véritable concurrence entre les trois groupes. Voici la part d'audience des radios les plus écoutées en septembre–octobre 2003 (source: www.mediametrie.fr):

RTL (périphérique)	11,9%
France-Inter (publique)	9,1%
NRJ (privée)	7,7%
Europe 1 (périphérique)	7,4%
France Bleu (publique)	5,7%
Nostalgie (privée)	5,4%
Skyrock (privée)	4,9%
France-Info (publique)	4,6%

Radio-France, service public, représente globalement 20% de l'écoute française. Toutes les radios, privées comme publiques, sont sujettes depuis 1996 au minimum requis de 40% des émissions diffusées en langue française.

La prolifération des radios correspond à la permanence de ce média dans la vie quotidienne des Français. Aujourd'hui, presque tout le monde écoute la radio: à la maison (les radio-réveils, les tuners), dans la voiture (les autoradios) et même dans la rue (les baladeurs).

● La télévision

La télévision—la «télé»—est le premier loisir des Français, qui passent en moyenne plus de trois heures par jour devant le «petit écran». Le paysage de la télévision française s'est considérablement transformé au cours des années 1990, après la suppression du monopole d'Etat en 1986 et à cause de la multiplication des chaînes thématiques sur les réseaux du câble et du satellite. Les téléspectateurs français ont actuellement le choix entre sept chaînes hertziennes (par ondes électromagnétiques) et grâce à la télévision par câble ou par satellite, plus de 200 chaînes thématiques.

L'histoire de la télévision en France a été dominée par le débat entre le monopole et la privatisation, c'est-à-dire entre la notion d'une télévision contrôlée par l'Etat et celle de la concurrence créée par la présence de chaînes privées. Selon certains, la télévision privée fournit une plus grande diversité de points de vue et de programmes, comme aux Etats-Unis. D'autres prétendent

Il y a sept chaînes hertziennes en France.

que la télévision privée est trop commerciale, comme aux Etats-Unis, et que le niveau intellectuel et culturel des programmes est très bas.

Le monopole de l'Etat remonte aux débuts de l'histoire du média télévisé. La première chaîne (Télévision Française, qui deviendra TF1) a commencé à diffuser des émissions, à partir de la tour Eiffel, à la fin des années 1940, époque où très peu de foyers en France avaient la télé. Nous avons vu que les guerres coloniales de la IVe République ont été très critiquées par la presse écrite, mais non par la télévision, qui soutenait toujours la politique du Gouvernement. Au début de la Ve République, le président de Gaulle n'a pas voulu libérer un média si puissant, au moyen duquel la gauche pourrait critiquer sa politique, alors le monopole est resté en place. De Gaulle s'est souvent servi de ce média pour avoir un accès direct aux électeurs français. Pourtant, le développement de la télévision n'était pas une grande priorité du Gouvernement. Une deuxième chaîne, Antenne 2, a été créée en 1964, mais la France a pris du retard sur ses voisins pendant cette époque. Les deux chaînes étaient gérées par un établissement public, l'Office de la Radio-Télévision Française (l'ORTF), créé aussi en 1964. Elles étaient financées par une taxe annuelle, la *redevance,* payée par tous les foyers qui possédaient un poste de télévision. Les deux chaînes, TF1 et Antenne 2, dépendaient entièrement de l'Etat, et il y avait une censure d' informations. Toute émission sur un sujet social ou économique devait être approuvée à l'avance par le Ministère concerné. Par exemple, quand les «événements de mai» ont éclaté en 1968, le Gouvernement a interdit à l'ORTF de téléviser les premières émeutes à Paris. L'ORTF a fait une grève de protestation, et pendant un mois il n'y a presque pas eu d'émissions télévisées en France. En revanche, le niveau intellectuel et culturel des émissions était très élevé: comme il n'y avait pas de concurrence entre les deux chaînes, celles-ci ne devaient pas chercher à plaire au grand public. La qualité des émissions était peut-être le seul avantage du monopole. Mais beaucoup de téléjournalistes réclamaient une plus grande liberté d'expression. Si le Gouvernement contrôlait le journal télévisé, les intellectuels dirigeaient la programmation. De toutes les télévisions occidentales, la télé française était, dans les années 1960 et 1970, la plus culturelle, la plus pédagogique et la moins commerciale.

Sous la présidence de Georges Pompidou, deux événements ont quelque peu changé la situation de la télévision en France. D'abord, la télévision est devenue commerciale pour la première fois: en 1970, la publicité a été autorisée sur les deux chaînes, mais celle-ci était strictement limitée. Les ressources publicitaires allaient désormais s'ajouter à celles de la redevance. Ensuite, en 1973, une troisième chaîne a été créée. Cette nouvelle chaîne, qui s'appelait France-Régions 3 ou FR3, était différente des deux autres dans la mesure où ce n'était pas une chaîne nationale mais régionale. Elle diffusait des émissions qui avaient un intérêt régional, et notamment des informations régionales, qui étaient totalement absentes sur les deux autres chaînes. FR3 n'était pas une chaîne commerciale au début (la publicité sur cette chaîne n'a été autorisée qu'en 1983).

En 1974, le président Valéry Giscard d'Estaing a annoncé une grande réforme. Il a fait voter l'abolition de l'ORTF et le remplacement de celui-ci par des sociétés autonomes: TF1, Antenne 2, FR3 et Radio-France, ainsi que plusieurs sociétés consacrées à la production audiovisuelle et à la diffusion par satellite. Il ne s'agissait pas d'une privatisation: l'Etat a gardé le monopole de la radiodiffusion et de la télédiffusion. Les PDG (présidents-directeurs généraux) de ces sociétés étaient toujours nommés par le Président de la République. Mais cette réforme avait pour but une télévision plus autonome, plus indépendante du point de vue des informations. A partir de 1974, il y a eu une véritable concurrence entre les trois chaînes et une rivalité commerciale entre les deux premières. De plus, il y a eu plus d'équilibre dans les reportages journalistiques. Une voix a été accordée à l'Opposition (la gauche, à l'époque). Dans les années 1970, on pouvait souvent voir François Mitterrand (chef du Parti Socialiste) et Georges Marchais (chef du Parti Communiste) à la télé en France, ce qui n'était pas possible auparavant.

Depuis l'arrivée au pouvoir du président Mitterrand en 1981, la situation de la télévision en France a énormément changé. Les socialistes voulaient libéraliser la télévision en la protégeant des pressions officielles, mais en même temps ils voulaient la préserver des pressions commerciales. Ils ont réussi le premier but mais pas le second. La télé a été libérée du contrôle de l'Etat, mais la qualité des émissions ne s'est pas améliorée. Le parti pris politique a complètement disparu, mais le contenu intellectuel et culturel a nettement diminué. En 1984, une quatrième chaîne, Canal +, spécialisée dans les films, a fait son apparition. Canal + est une chaîne privée (la première en France), cryptée et payante (il faut payer une somme mensuelle pour pouvoir décoder et capter les émissions). Aujourd'hui, quatre millions de foyers (20% des téléspectateurs) ont un décodeur, qui coûte environ 30 € par mois, pour capter Canal +.

En 1986, la droite est revenue au pouvoir (la première «cohabitation») et a éliminé le monopole d'Etat sur la télédiffusion sans éliminer le service public. Le gouvernement Chirac a décidé de privatiser la première chaîne, TF1. En 1987, celle-ci a été vendue à une entreprise privée. La privatisation de TF1 a été très controversée parce que cette chaîne, la plus ancienne de France, était considérée par certains comme une partie du patrimoine national. Certains journalistes demandaient ironiquement, «Pourquoi ne pas vendre aussi le château de Versailles?» Deux nouvelles chaînes privées ont été créées en 1986: la Cinq, contenant beaucoup de feuilletons américains et beaucoup de publicité, et M6, chaîne de musique qui diffusait beaucoup de vidéo-clips pour les jeunes. Depuis lors, la Cinq a fait faillite et a cessé d'émettre. A la place, il y a maintenant deux chaînes de service public: France 5, qui émet entre 5 heures du matin et 19 heures, et Arte, qui émet entre 19 heures et 3 heures du matin.

En ce début du XXIe siècle, il y a quatre chaînes qui font partie du service public:

1. **France 2** (ex-Antenne 2)—Chaîne généraliste et nationale qui diffuse 24 heures sur 24. Elle propose des jeux, des documentaires, de la fiction, des informations, des sports et du cinéma. Le dimanche matin, France 2 diffuse des émissions religieuses pour les cultes représentés en France.

2. **France 3** (ex-FR3)—Chaîne qui diffuse des émissions régionales dans la journée et des émissions nationales le soir. Elle diffuse en premier lieu des fictions, qui sont très suivies par les téléspectateurs.

3. **France 5**—Chaîne éducative, consacrée «au savoir, à la formation et à l'emploi». Elle offre, dans la journée, des programmes et des jeux éducatifs, des documentaires, etc.

4. **Arte**—Chaîne culturelle franco-allemande qui propose des soirées thématiques, des films, des concerts, etc. Arte partage le cinquième canal du réseau hertzien avec France 5.

Les chaînes publiques sont publicitaires, mais elles sont financées surtout par la redevance annuelle, qui en 2003 était de 116,50 € par an (à titre de comparaison, la redevance au Danemark à la même époque était de 265 € , en Allemagne 193 € et au Royaume-Uni 179 €).

Il y a également trois chaînes privées et commerciales:

1. **TF1**—La première chaîne française dans tous les sens du terme. Diffusée sur le premier canal, c'est la chaîne la plus ancienne et la plus regardée

aujourd'hui. C'est une chaîne généraliste et nationale qui se consacre d'abord à l'information, à des émissions de variétés, de spectacles et de concerts, et surtout au cinéma et aux sports.

2. **Canal +**—Chaîne payante et cryptée qui diffuse surtout des films et des émissions sportives, mais aussi des émissions comiques et satiriques. Depuis sa création en 1984, Canal + est devenu très populaire.

3. **M6**—Chaîne qui diffuse 24 heures sur 24 des fictions et des émissions musicales destinées à un public jeune.

Les chaînes privées sont financées par la publicité (et par l'abonnement pour Canal +). La durée et le contenu de la publicité sont toujours réglés par l'Etat, même sur les chaînes privées. Sur France 2 et France 3, la publicité n'interrompt jamais les émissions, de sorte qu'on peut regarder un film ou un match de football sans interruption. La publicité est interdite pour certains produits, comme le tabac, les boissons alcoolisées, les médicaments et les armes à feu, mais aussi pour le cinéma.

A ces sept chaînes hertziennes, publiques ou privées, s'ajoutent une cinquantaine de chaînes thématiques françaises et environ 200 chaînes étrangères (européennes et américaines—CNN, par exemple), diffusées par câble et par satellite pour ceux qui s'y abonnent. La plupart de ces chaînes sont destinées à un public spécialisé: des chaînes pour les enfants, pour les amateurs de cinéma, pour les chasseurs et les pêcheurs, des chaînes consacrées aux animaux, à l'histoire, à la météo, aux voyages, et ainsi de suite. Il faut mentionner LCI, «la chaîne de l'info», première chaîne française à diffuser des informations 24 heures sur 24. Malgré cette prolifération de chaînes qui sont disponibles aux abonnés, on constate que les parts d'audience se concentrent encore sur les chaînes du réseau hertzien, qui représentent 92% du total. TF1 vient toujours en tête, suivie de France 2 et France 3. Pour le mois de novembre 2003, les parts d'audience étaient les suivantes:

TF1	30,8
France 2	20,9
France 3	15,6
Canal +	4,4
France 5/Arte	4,8
M6	12,5
Autres	11,0

(source: www.mediametrie.fr).

«Qu'est-ce qu'il y a à la télé ce soir?»   Pendant la journée, le taux d'écoute n'est pas très élevé. Pour ceux qui aiment la fiction télévisée en série à épisodes, il y un choix de feuilletons dont un grand nombre sont importés. D'après la directive de la Commission européenne, les chaînes de télévision doivent limiter leur diffusion de matériel non-européen à 50% de la programmation, mais cette limite s'applique seulement pendant les heures de grande écoute—le soir. C'est à partir de 20 heures que la plupart des téléspectateurs s'assemblent devant le petit écran. Sur les chaînes privées il y a un choix de feuilletons policiers, de films et de téléfilms français, britanniques, allemands, italiens et surtout américains. Les chaînes publiques proposent un programme d'un niveau intellectuel et culturel un peu plus élevé. Les événements sportifs ont une place prépondérante pendant le week-end: selon la saison, on peut regarder en direct le tiercé (les courses de chevaux), le championnat de tennis à Roland-Garros, la Coupe de France (le football), le Tournoi des Cinq Nations (le rugby), les Jeux olympiques ou le Tour de France (la course cycliste). Le week-end et le mercredi, il y a aussi des programmes de dessins animés pour les enfants. Ceux qui sont fatigués des nombreux «spots» publicitaires qui interrompent les émissions peuvent se livrer à la nouvelle habitude française du «zapping», c'est-à-dire le passage rapide d'une chaîne à l'autre, à l'aide d'une télécommande. Et enfin, si rien de ce qu'on passe ce soir sur les chaînes de télévision ne vous intéresse, vous pouvez toujours louer ou acheter une cassette-vidéo et la regarder à l'aide de votre magnétoscope (82% des foyers français en sont actuellement équipés) ou bien d'un DVD (12% des foyers ont un lecteur de DVD).

Malgré ce qu'on dit de la pauvreté culturelle de la télévision en France, la télé a apporté la grande culture au Français moyen, en lui offrant la possibilité d'assister à des pièces de théâtre, à des concerts, à des opéras et à des expositions d'art.

I. Répondez aux questions suivantes.

1. Quel type de presse existait sous l'Ancien Régime? Expliquez.
2. Quel était le statut de la presse jusqu'à la IIIe République?
3. Pourquoi peut-on dire que la presse a commencé à influencer l'opinion publique sous la IIIe République?
4. Quel était le statut de la presse sous l'occupation allemande?
5. En quoi l'Etat contribue-t-il à l'existence de la presse?
6. Quelles sont les différences entre la presse parisienne et la presse régionale?
7. Quel est le statut des magazines hebdomadaires par rapport à celui des quotidiens parisiens? Expliquez.
8. Quels types de magazines hebdomadaires peut-on acheter en France? Lequel est le plus populaire?
9. Quel était le nouveau statut de la radio après la Libération?
10. Pourquoi ce statut est-il resté le même jusqu'en 1981?
11. Qu'est-ce qu'une radio périphérique?
12. Qu'est-ce qu'une radio libre?
13. Quel type de radio est le plus populaire en France?
14. Par qui la première chaîne de télévision était-elle contrôlée? Pourquoi?
15. Pourquoi l'ORTF a-t-il fait grève pendant les événements de mai 1968?
16. Quels changements la télévision a-t-elle vus au début des années 1970 sous le président Pompidou?
17. Quelle réforme a été apportée à la télévision sous le président Giscard d'Estaing?
18. Quels changements ont été apportés à la télévision par le Gouvernement socialiste?
19. Quelle décision controversée a été prise vis-à-vis de la télévision pendant la première «cohabitation»?
20. Quelles sortes de chaînes de télévision y a-t-il maintenant en France?

II. Etes-vous d'accord? Sinon, justifiez votre réponse.

1. La presse d'opinion existe en France depuis la Révolution.
2. La Constitution de la Ve République a réaffirmé la liberté de la presse.
3. La presse écrite est en déclin.
4. *Le Monde* est un journal qui traite surtout des faits divers.
5. Les Français préfèrent lire les journaux régionaux.
6. Les radios périphériques sont captées dans toute la France.
7. Les radios privées (ex-radios libres) ont toujours eu le droit de diffuser de la publicité.
8. Pour regarder la télévision à la maison, il faut payer une redevance.
9. Il y a maintenant plus d'émissions culturelles à la télévision qu'avant.
10. Il y a moins de publicité à la télévision en France qu'aux Etats-Unis.

III. Identifiez brièvement les noms ou sigles suivants.

1. *Le Figaro*
2. *L'Humanité*
3. *Ouest-France*
4. *Le Nouvel Observateur*
5. *Le Canard Enchaîné*
6. Radio-France
7. RTL
8. France-Inter
9. TF1
10. ORTF
11. Canal +
12. France 2 et France 3

IV. Discussion.

1. L'affaire Dreyfus est un exemple de l'influence de la presse française sur l'opinion publique. Pensez-vous que la presse américaine a beaucoup d'influence sur l'opinion publique? Avez-vous des exemples de cette influence de la presse?
2. *Le Figaro* est un journal de droite, *L'Humanité* est un journal communiste, *Le Nouvel Observateur* est un magazine de gauche. Que pensez-vous des journaux ou magazines à tirage national aux Etats-Unis? Pouvez-vous y déceler une certaine tendance politique? Expliquez votre point de vue.
3. Comparez les médias français et américains. Se ressemblent-ils beaucoup ou peu? En quoi? Pourquoi?
4. Pensez-vous que les médias devraient être placés sous le monopole d'un Gouvernement ou qu'ils devraient être privés? Justifiez votre réponse.
5. Faites-vous confiance aux médias en ce qui concerne les nouvelles nationales ou internationales? A quel journal, quelle chaîne de télévision, quelle station de radio faites-vous le plus confiance pour ces nouvelles? Expliquez pourquoi.

 V. Vos recherches sur Internet.

Afin de faciliter vos recherches et de répondre à ces questions, consultez le site du livre: http://lafrance.heinle.com.

1. Qui lit les journaux en France? Les femmes lisent-elles plus que les hommes? Les personnes âgées lisent-elles plus ou moins que les jeunes?
2. Le Conseil Supérieur de l'Audiovisuel (CSA) contrôle les programmes qui passent à la radio et à la télévision en France en ce qui concerne, par exemple, la protection des mineurs, le respect du pluralisme, la proportion de chansons francophones, les chanteurs, la publicité. Faites des recherches sur ce que le CSA préconise à propos d'un de ces sujets.

3. Quels types de programmes les chaînes de télévision en France passent-elles? Quels programmes reconnaissez-vous? Quelle chaîne choisiriez-vous de regarder dans l'ensemble? Faites un résumé de ce que vous avez trouvé.

4. Comparez les gros titres des journaux nationaux pour un même jour. Sont-ils les mêmes pour tous les journaux? Relevez les similarités et les différences.

5. Les Français font-ils confiance aux médias? A quel type de médias font-ils le plus confiance? D'après eux, de quels événements les médias parlent-ils trop ou pas assez?

La technologie et le commerce

● La science, la médecine et la recherche

Depuis le XIXe siècle, la France se distingue dans la recherche scientifique et médicale. Louis Pasteur (1822–95) est considéré comme le fondateur de la microbiologie. Son étude de la fermentation l'a amené à découvrir un moyen de détruire les microbes nuisibles et dangereux. Sa méthode, appelée la «pasteurisation», s'applique aujourd'hui à la production du vin, de la bière et du lait. Pasteur a également réussi à isoler les microbes qui provoquaient plusieurs maladies infectieuses, ce qui lui a permis de développer des vaccins. L'Institut Pasteur a été fondé en 1887 pour faire des recherches sur les maladies infectieuses. Depuis 1900, les chercheurs de l'Institut Pasteur ont gagné huit prix Nobel.

Marie Curie (1867–1934) et son époux Pierre Curie (1859–1906) se sont distingués dans la recherche sur la radioactivité, pour laquelle ils ont reçu le prix Nobel de physique en 1903. En 1911, Marie Curie a reçu le prix Nobel de chimie. Leur fille, Irène Joliot-Curie, et son mari, Frédéric Joliot, ont été les lauréats du prix Nobel de chimie en 1935 pour leurs études sur la structure de l'atome et leur découverte de la radioactivité artificielle. En 1965, trois chercheurs de l'Institut Pasteur, André Lwoff, Jacques Monod et François Jacob, ont reçu le prix Nobel de médecine pour leurs découvertes biologiques, notamment sur la transmission d'informations génétiques. Des prix Nobel ont été décernés à d'autres savants français plus récemment:

Année	Lauréat	Prix Nobel
1966	Alfred Kastler	physique
1970	Louis Néel (prix partagé)	physique
1980	Jean Dausset (prix partagé)	médecine
1983	Gérard Debreu	sciences économiques
1987	Jean-Marie Lehn (prix partagé)	chimie
1988	Maurice Allais	sciences économiques
1991	Pierre-Gilles de Gennes	physique
1992	Georges Charpak	physique
1997	Claude Cohen-Tannoudji (prix partagé)	physique

La France est un des quatre pays (avec les Etats-Unis, le Royaume-Uni et l'Allemagne) à recevoir le plus grand nombre de prix Nobel: sept prix de chimie, onze prix de médecine, onze prix de physique et deux prix de sciences économiques. La France détient le premier rang en littérature (douze prix).

Dans les années 1980, des chercheurs français à l'Institut Pasteur ont réussi à isoler le virus qui provoque le SIDA, contre lequel ils continuent à chercher un vaccin. Ils ont également mis au point des tests sanguins pour détecter cette maladie. D'autres savants ont fait des découvertes qui ont permis la transplantation d'organes. De nos jours, il y a des équipes de chercheurs français et américains qui collaborent pour produire un vaccin contre la leucémie. La France s'est aussi distinguée dans le domaine de l'aide médicale internationale, au moyen d'organisations telles que Médecins Sans Frontières, fondée en 1971. Composée de volontaires et financée surtout par des dons privés, Médecins Sans Frontières fournit de l'aide médicale bénévole à une trentaine de pays sous-développés. En 1999, Médecins Sans Frontières a reçu le prix Nobel de la paix.

L'Etat français finance, dirige et effectue une grande partie de la recherche en France. L'institution la plus prestigieuse à cet égard est le Centre National de la Recherche Scientifique (le CNRS), fondé en 1939, qui a pour mission de développer la recherche scientifique dans tous les domaines, y compris les lettres et les sciences humaines. Le CNRS, entièrement financé par l'Etat, a une réputation mondiale pour la recherche universitaire.

● Les avances technologiques

Ce n'est pas uniquement dans la science et la médecine que la France s'est fait reconnaître. La technologie française a fait de grandes avances dans d'autres domaines aussi, surtout depuis les années 1960. Certains systèmes électroniques et technologiques, développés par des Français, ont été achetés par le Département de la Défense aux Etats-Unis: un langage de programmation informatique, un système téléphonique utilisé par l'armée et un système de radar pour guider les hélicoptères. Grâce à la télévision, beaucoup d'Américains connaissent les voyages d'exploration et les recherches sous-marines du commandant français Jacques Cousteau (1910–1997) et de son équipe. Voici une liste partielle des plus grandes découvertes et inventions françaises depuis deux siècles:

Date	Savant/Inventeur	Découverte/Invention
1819	René Laënnec	le stéthoscope
1820	André Ampère	le télégraphe électrique
1829	Louis Braille	l'alphabet pour les aveugles
1830	Barthélémy Thimonnier	la machine à coudre
1834	Jacques Daguerre	la photographie
1853	Charles Gerhardt	l'aspirine
1865	Louis Pasteur	la pasteurisation
1869	Aristide Berges	l'énergie hydro-électrique
1876	Eugène Woillez	le poumon d'acier
1885	Louis Pasteur	un vaccin contre la rage
1889	André Chantemesse et Fernand Widal	un vaccin contre la typhoïde
1895	Auguste et Louis Lumière	le cinématographe
1896	Henri Becquerel	la radioactivité
1898	Pierre et Marie Curie	le radium
1910	Georges Claude	la lampe au néon
1916	Louis Damblanc	la fusée sol-air
1923	Albert Calmette et Camille Guérin	un vaccin contre la tuberculose
1934	Frédéric Joliot et Irène Joliot-Curie	la radioactivité artificielle
1943	Jacques Cousteau et Emile Gagnan	le scaphandre autonome
1957	Jean Bertin	l'aéroglisseur
1971	Pierre Verdon	le robot Moulinex
1974	Roland Moreno	la carte à microcircuit électronique
1983	Luc Montagnier	le virus d'immuno-déficience humaine (VIH)

Parmi les recherches des années plus récentes, on doit aussi mentionner de grandes réussites technologiques françaises dans les secteurs de pointe (l'industrie aérospatiale, les transports, les télécommunications, l'informatique, l'énergie nucléaire). Une bonne partie de ces avances ont été rendues possibles par l'expansion du secteur public à partir de 1945.

● Le secteur public

Pendant la Deuxième Guerre mondiale et l'Occupation, l'économie de la France a énormément souffert à cause de la destruction militaire. A partir de la Libération, il a fallu reconstruire la nation. A l'intérieur de la France, seul l'Etat français disposait des moyens financiers nécessaires pour organiser une reconstruction massive. L'Etat devait créer et gérer de grandes entreprises dans les secteurs les plus importants de l'économie: les banques, les assurances, les communications, l'énergie, les transports, etc. Pendant les trois décennies suivant la Libération, les «Trente Glorieuses» (1945–75), années qui ont témoigné d'une importante croissance économique et d'une période de prospérité pour la France, l'Etat a nationalisé de nombreuses entreprises et a créé un grand secteur public pour mettre en œuvre sa politique économique. Les cinq entreprises nationales les plus grandes sont l'Electricité de France (EDF), le Gaz de France (GDF), la Société Nationale des Chemins de Fer (SNCF), La Poste et France Télécom. Certaines entreprises nationales comme l'EDF avaient le monopole dans leur domaine. D'autres, tels que la Régie Renault, qui fabrique des voitures, et Air France, se trouvaient en concurrence avec le secteur privé. Il est à noter que les domaines de l'énergie, des transports et des télécommunications sont dominés par le secteur privé dans la plupart des pays développés. L'Etat français continue de jouer un grand rôle dans ces secteurs. Aujourd'hui, il y a des changements dans la gestion du secteur public et cela pour deux raisons principales. La première vient de la politique antiprotectionniste de l'Union européenne. La Commission européenne a établi des règlements qui interdisent la protection d'un marché au moyen de l'aide financière publique. Par conséquent, France Télécom se trouve maintenant en concurrence avec des compagnies privées, et Air France partage le marché français avec des lignes aériennes étrangères. Dans les années 1980 et 1990, les Gouvernements de droite ont cherché à réduire le rôle de l'Etat dans la vie économique en privatisant certaines entreprises nationales. Il y en a qui ont été entièrement privatisées: en 1988, la chaîne TF1 (Télévision Française) ; en 1993, la Banque Nationale de Paris, Rhône-Poulenc (chimie) et Elf-Aquitaine (pétrole). D'autres, comme Air France et France Télécom, ont été partiellement privatisées, mais l'Etat en garde le contrôle.

Le deuxième changement dans le secteur public est l'expansion internationale de certains services publics français comme l'EDF et la SNCF, qui tiennent toujours le monopole dans leur marché national. L'EDF exporte de l'électricité au-delà des frontières françaises. La SNCF fait construire des lignes ferroviaires pour les trains à grande vitesse (TGV) en Asie, en Australie et en Amérique du Nord. Le secteur public français s'accommode ainsi aux nouvelles conditions de l'économie mondiale. Toujours est-il que le secteur public a permis à la France de réaliser des réussites technologiques dans les secteurs de pointe, surtout ceux des communications, des transports et de l'énergie.

● Les communications

Dans le domaine des communications, les avances technologiques (surtout l'ordinateur, le téléphone portable et la carte à puce) ont exercé une influence déterminante sur la vie quotidienne des Français. Dans les premières décennies après la Deuxième Guerre mondiale, la France a pris du retard sur les autres pays européens dans le domaine du téléphone. Faute d'investissements importants, le réseau téléphonique français était vétuste et les télécommunications restaient difficiles. Dans les années 1970, sous le président Giscard d'Estaing, le système de télécommunications en France a été entièrement reconstruit. Les communications ont été profondément transformées par le développement à cette époque de la télématique, une technologie qui associait les télécommunications à l'informatique. Dans un sens, la télématique était une sorte de mariage entre le téléphone et l'ordinateur. En 1983, sous le président Mitterrand, France-Télécom a lancé le programme du Minitel, un appareil qui permettait de communiquer grâce au réseau téléphonique. Le Minitel était le premier réseau informatique du monde, créé bien avant Internet (réseau informatique mondial). Au départ, le Minitel était destiné à remplacer l'annuaire téléphonique en papier par l'annuaire électronique, et l'on s'en servait uniquement dans les bureaux de poste. Pour avoir le numéro de téléphone d'une personne, il fallait taper son nom ainsi que la ville où elle habitait, et le numéro apparaissait sur l'écran. Mais en dix ans, le Minitel a connu un développement spectaculaire, devenant un appareil qu'on trouvait chez beaucoup de Français, au même titre que le téléphone. L'implantation en masse du Minitel a été favorisée par le monopole de France-Télécom: l'Etat a pris la décision de financer le plan «télématique pour tous». France-Télécom a distribué le terminal gratuitement aux usagers du téléphone—voilà une des clés de son succès. Le Minitel a été commercialisé au cours des années 1980, et il offrait plus de 20 000 services professionnels proposés par les entreprises. Un usager du Minitel pouvait s'en servir pour effectuer des services bancaires, faire des achats, les payer par carte de crédit et les faire livrer chez lui. Il pouvait réserver des places dans les transports publics, acheter des billets pour le théâtre et les concerts. Il pouvait aussi faire une demande d'entrée à l'université, jouer à des jeux électroniques ou consulter son horoscope, et tout cela, à toute heure de la journée et sans quitter la maison. Tandis que l'annuaire électronique était gratuit, les services professionnels étaient souvent payants. On pouvait consulter le Minitel comme on consulte les médias, pour avoir accès aux informations sur les événements mondiaux, les petites annonces, les sports, la météo et la bourse. Enfin, l'aspect le plus surprenant de la télématique était peut-être le grand succès des messageries particulières. Le Minitel permettait à tous ses usagers de dialoguer entre eux. On pouvait envoyer et recevoir des messages. Ce «courrier électronique» était plus rapide que la poste et plus pratique qu'un répondeur automatique. En outre, on pouvait «causer» avec des personnes que l'on ne connaissait pas, en fonction de ses intérêts personnels. Tous ces services sont familiers aux usagers d'Internet, mais il faut comprendre que les Français y avaient accès dans les années 1980, une dizaine d'années avant la création d'Internet.

La France avait certainement rattrapé son retard. Dans les années 1980, l'industrie française des télécommunications est devenue l'une des toutes premières du monde. Paradoxalement, le succès du Minitel en France explique le retard du développement du matériel informatique personnel. Pour ceux qui avaient le Minitel, l'accès à Internet paraissait moins nécessaire. Le Minitel est maintenant obsolète parce que les informations fournies sont disponibles sur

Internet. Mais il reste populaire avec un million d'usagers en France. Pourtant, 58% des Français utilisent un ordinateur personnel, et 38% sont branchés sur Internet à domicile. Plus d'un Français sur quatre se connecte tous les jours, soit au domicile soit au travail. Les ordinateurs sont utilisés pour le traitement de textes et aussi pour la communication électronique, le «mél» ou le «mail» (en France) et le «courriel» (en France et au Canada). France-Télécom a joué le rôle le plus important pour le développement d'Internet en France et a effectué la transition entre le Minitel et Internet. La nouvelle version du Minitel permet d'accéder à Internet sans avoir un ordinateur personnel. Pour quelles raisons les «internautes» recourent-ils à Internet? C'est d'abord pour s'instruire, pour échanger des messages, pour faire des démarches pratiques, pour télécharger de la musique ou des images et pour faire des courses sans se déplacer.

Les années 1990 et 2000 ont vu une explosion dans l'usage du téléphone portable.

Les années 1990 et 2000 ont témoigné d'une explosion dans l'usage du téléphone portable. Depuis les années 1970, époque où le téléphone coûtait cher en France et était difficile à obtenir, jusqu'aux années 2000, où un Français sur deux possède un téléphone portable, la distance est immense et peu croyable. Jamais un équipement n'avait connu une diffusion aussi rapide dans l'ensemble de la population. Trois grandes compagnies, y compris France-Télécom, se font concurrence pour le marché du portable.

La fin du XXe siècle a été également marquée par une explosion dans l'usage de la carte à puce, qui a transformé certains aspects de la vie quotidienne. La «puce», inventée par un Français, Roland Moreno, en 1974, est un microcircuit électronique qui permet d'enregistrer une quantité d'informations sur une carte en plastique. Innovation française, la carte à puce trouve sans cesse de nouveaux marchés: le téléphone, la banque, la télévision payante, l'assurance-maladie. En 1983, cette «carte à mémoire» ou «carte intelligente» a été adaptée au paiement des communications téléphoniques. Les «télécartes», vendues dans les bureaux de poste et dans les tabacs, sont utilisables dans les cabines téléphoniques. Elles ont énormément augmenté l'usage des cabines (les usagers n'avaient plus besoin de trouver les pièces de monnaie convenables) et en même temps, elles ont réduit le vandalisme des cabines. Depuis 1992, certaines cartes bancaires sont équipées d'une puce, ce qui apporte un niveau de sécurité plus élevé et réduit la fraude. La plupart des cartes de crédit ne sont pas des cartes à puce. La carte à puce permet des opérations plus complexes. Elle peut servir de porte-monnaie électronique ou de laissez-passer de sécurité. A la différence d'une carte de crédit, une carte à puce débite instantanément le compte en banque. Avec une carte à puce, on peut retirer de l'argent de son compte en banque, régler une dépense, téléphoner ou accéder à un parking. La carte Vitale, utilisée dans le domaine de l'assurance-maladie, est également une carte à puce (voir le chapitre 11).

Les communications de nos jours dépendent souvent des satellites et ceux-ci sont lancés par des fusées. La France est à la tête du programme spatial d'Europe, devant tous les participants européens. C'est le président Charles de Gaulle qui, dans les années 1960, a persuadé ses partenaires européens de prendre la direction de se doter d'un lanceur européen. Cette direction deviendra le programme Ariane, adopté par l'Europe en 1973. Le premier lancement de satellite par la fusée Ariane a eu lieu en 1979. Aujourd'hui, le programme Ariane est le numéro un sur le marché mondial des lancements de satellites commerciaux. La France dirige la deuxième industrie spatiale du monde, après celle des Etats-Unis. La fusée Ariane a donné à l'Europe son indépendance en matière de télécommunications par satellite. Tous les lanceurs sont construits par Aérospatiale, entreprise aéronautique française, à Toulouse, et tous les tirs s'effectuent à partir du Centre spatial à Kourou, en Guyane française. Les satellites lancés par Ariane se prêtent à toutes sortes d'applications technologiques: ils permettent des liaisons téléphoniques, la retransmission des programmes télévisés, la surveillance de l'aviation et de la navigation et les prévisions météorologiques. Au moment des catastrophes (par exemple, lors de l'accident nucléaire de Tchernobyl, des tremblements de terre, etc.), ces satellites fournissent des informations importantes aux savants du monde entier.

● Les transports

La France est un des grands constructeurs d'avions et d'hélicoptères (civils et militaires) dans le monde. Son industrie aéronautique, dont la capitale est Toulouse, est responsable de la construction des fusées Ariane, de l'avion militaire (le Mirage), et des petits avions d'aviation générale (le Falcon et le Mystère).

La Compagnie nationale Air France a été fondée en 1948. C'est la troisième compagnie mondiale pour le transport international de passagers et la première ligne aérienne d'Europe. Dans les années 1960, Air France a collaboré avec la compagnie British Airways pour développer un avion supersonique, le Concorde, dont le premier vol a eu lieu en 1969 et le dernier en 2003. Le Concorde faisait le parcours entre Paris et New York en 3 heures 30 minutes (à cause du

Ariane est devenue une concurrente importante de la navette américaine.

décalage horaire, le Concorde arrivait à New York plus de deux heures avant son départ de Paris). Le Président de la République le prenait souvent pour effectuer ses voyages à l'étranger. Le Concorde représente un triomphe technologique pour l'aviation française mais en même temps un échec commercial: aucune autre ligne aérienne ne l'a acheté, à cause de son prix exorbitant et de son taux très élevé de consommation de carburant. Un accident au départ de l'aéroport Charles de Gaulle à Paris en 2002 a signalé le début de la fin pour le Concorde. En 2003, British Airways et Air France ont suspendu les vols. Un avion Concorde a été donné à la Smithsonian Institution à Washington.

On peut contraster l'échec du Concorde avec la grande réussite de l'Airbus. La société Airbus Industrie a été fondée en 1970: elle représente une collaboration européenne (française-allemande-britannique-espagnole). Airbus Industrie détient le deuxième rang mondial de construction aéronautique et représente le seul concurrent de la société américaine Boeing. Les avions Airbus ont été achetés par plus de 50 lignes aériennes dans le monde entier. Le contrat conclu en 1997 par Airbus Industrie avec la compagnie américaine US Airways est le plus important de son histoire. Création d'ingénieurs français, allemands et britanniques, l'Airbus est plus pratique et plus rentable que le Concorde.

A l'intérieur du pays, le transport aérien est emprunté moins souvent que le transport ferroviaire. La plupart des Français préfèrent prendre le train. La France bénéficie d'un des meilleurs services ferroviaires du monde. Grâce à la Société Nationale des Chemins de Fer (la SNCF), créée en 1937, le train constitue un des éléments les plus importants de la vie sociale et économique de la France.

Le TGV est une réussite technologique et commerciale.

Dans les années 1960, la SNCF a conçu l'idée ambitieuse de construire une voie entièrement nouvelle entre Paris et Lyon, la ligne la plus saturée du réseau national. Cette nouvelle ligne devait servir au TGV (train à grande vitesse). Les recherches ont commencé en 1967 et la construction de la voie a été entreprise en 1976. L'inauguration du service Paris–Lyon a eu lieu en 1981, année où le TGV a atteint le record mondial de vitesse sur rail. La vitesse commerciale du TGV est de 300 km/heure, tandis que la majorité des trains rapides roulent à 160 km/heure. A cette vitesse, on peut faire le voyage entre Paris et Lyon en deux heures. Avec le TGV, la SNCF a réalisé une réussite technologique et commerciale. Le succès spectaculaire du TGV a incité la SNCF à mettre en place le projet TGV Atlantique. Celui-ci a deux branches: la ligne ouest, qui relie Paris et Le Mans et qui se prolonge jusqu'à Rennes; et la ligne sud-ouest, qui relie Paris et Tours et qui se prolonge jusqu'à Bordeaux. Le TGV Nord-Europe relie Paris, Lille et Bruxelles et (grâce au tunnel sous la Manche) Londres. La ligne sud-est a été par la suite prolongée jusqu'à Marseille (TGV Méditerranée). Les trois axes actuellement en service (TGV Méditerranée, Atlantique et Nord-Europe) partent tous de Paris. Il a donc fallu construire une espèce de ceinture

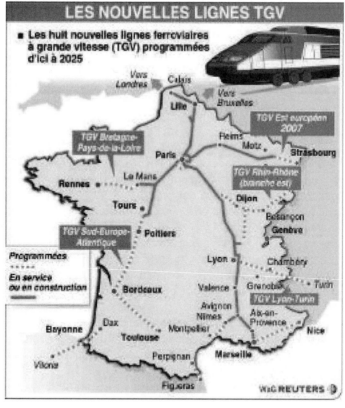

Les troix axes du TGV partent tous de Paris.

à grande vitesse autour de l'agglomération parisienne, mettant les trois axes en relation directe. Mise en service en 1995, cette ligne d'interconnexion dessert aussi l'aéroport Charles de Gaulle et la ville nouvelle de Marne-la-Vallée où se trouve Disneyland Paris. Un nouvel axe, la ligne est, qui passera entre Metz et Nancy pour aboutir à Strasbourg, est prévu pour 2006.

Grâce à la réussite du TGV, la SNCF est bien placée pour mener la voie des transports publics dans l'Union européenne. A la différence des transports aériens et routiers, le TGV ne dépend pas du pétrole, que la France doit importer. Les trains sont à traction électrique et dépendent donc des ressources énergétiques nationales. A l'économie d'énergie il faut ajouter un autre avantage pour l'environnement: il n'y a aucune pollution atmosphérique.

Parmi les secteurs de pointe dans lesquels la France a effectué de grandes réussites, il faut mentionner celui des transports urbains. Paris a été une des premières villes du monde, après Londres, New York et Chicago, à bénéficier d'un chemin de fer métropolitain. La première ligne du «métro» parisien a été ouverte en 1900, et la première ligne du RER (Réseau Express Régional), reliant Paris avec sa banlieue sud-est, a été inaugurée en 1969. Aujourd'hui, la ville de Paris et une grande partie de la Région Ile-de-France sont desservies par un système de transports urbains qui figurent parmi les plus développés et les plus modernes du monde. La France s'est distinguée dans la construction de ces systèmes. Depuis plus de 40 ans, les ingénieurs français participent au développement des transports urbains dans le monde. Ils ont apporté leur savoir-faire pour la conception, la construction et la rénovation des systèmes de transport de plus de 200 villes, sur tous les continents.

● L'énergie

En ce qui concerne les ressources énergétiques naturelles, la France est un pays pauvre. Son charbon est pratiquement épuisé, et les mines de charbon dans le Nord, longtemps le gisement le plus important, ont cessé toute activité. En 1951, un gisement important de gaz a été découvert à Lacq, dans les Pyrénées. Pendant longtemps, le gisement de Lacq fournissait un tiers de la consommation nationale de gaz, mais il est maintenant menacé d'épuisement. La société Electricité de France (EDF), nationalisée en 1946, a construit beaucoup de barrages hydro-électriques sur les fleuves français, mais cette ressource naturelle est loin de produire suffisamment d'électricité pour satisfaire aux besoins nationaux.

La France n'a pratiquement pas de gisements de pétrole. Dans les années 1970, l'Etat a développé sa propre industrie de raffinerie pétrolière. Toujours est-il que la France doit importer tout le pétrole qu'elle consomme, souvent à un prix exorbitant. En 1973, la France, comme les autres pays occidentaux, a dû faire face à la crise pétrolière, quand les pays producteurs de pétrole ont réduit la quantité de pétrole disponible sur le marché mondial. A ce moment-là, la France importait la plupart de ses besoins énergétiques. Elle a donc été très touchée par cette crise.

La France a réagi à cette crise pétrolière de 1973 avec une grande détermination. Elle a mis en marche un programme d'indépendance énergétique, et dans ce but elle s'est tournée vers l'énergie nucléaire. Depuis, tous les Gouvernements français ont vu l'investissement nucléaire comme la meilleure réponse au manque national de ressources énergétiques naturelles. La première centrale nucléaire en France avait été inaugurée par le président Charles de Gaulle en 1958. Mais dans les années 1970, l'Electricité de France s'est engagée dans un programme massif, destiné à construire suffisamment de centrales nucléaires pour satisfaire aux besoins nationaux en électricité. Pour le président Valéry Giscard d'Estaing, le développement de l'énergie nucléaire avait une priorité nationale. Les résultats sont impressionnants. La France a enregistré un progrès considérable en ce qui concerne l'indépendance énergétique. En 1973, elle produisait moins de 20% de l'énergie qu'elle consommait, mais dix ans plus tard elle en produisait 40%. L'énergie nucléaire ne fournissait que 1% de la consommation énergétique française en 1973, mais cette ressource avait atteint 65% en 1986. Aujourd'hui, une soixantaine de centrales nucléaires en service fournissent les trois quarts (76%) de la production électrique totale du pays, ce qui représente la plus grande proportion du monde (aux Etats-Unis, où il y a plus de 100 centrales nucléaires, seulement 15% de l'électricité est fourni par l'énergie nucléaire). Bref, la France a le programme nucléaire le plus avancé du monde. Une des premières puissances nucléaires, la France s'est embarquée dans un programme ambitieux pour construire des surrégénérateurs, qui produisent beaucoup d'énergie à partir de l'uranium et même plus d'énergie que

La France a le programme nucléaire le plus avancé du monde.

nécessaire. C'est l'EDF qui gère toutes les centrales nucléaires (un monopole de l'Etat).

Les employés de ces centrales reçoivent tous la même formation à l'Ecole Polytechnique et ils peuvent travailler dans toutes les centrales, qui sont standardisées. La France a également développé des technologies pour traiter les déchets radioactifs, un service effectué par l'EDF pour les programmes nucléaires étrangers. Le programme nucléaire français est tellement efficace qu'il produit un surplus d'électricité qui est exporté vers les pays voisins (10% de la production française). L'EDF est un des plus grands producteurs d'énergie du monde et le plus grand exportateur en Europe. Pendant les années 1980, la consommation d'énergie en France a ralenti. Entre 1973 et 1989, la dépendance industrielle française en pétrole a baissé de 24 à 9 millions de tonnes (l'énergie nucléaire fournit actuellement la moitié des besoins industriels). Il y a 20 ans, les Français consommaient l'équivalent de 120 millions de tonnes de pétrole, et aujourd'hui, ils n'en utilisent plus que 71 millions (dont la moitié pour les transports routiers). A titre de comparaison, les Américains, qui représentent environ 5% de la population mondiale, consomment un tiers de l'énergie mondiale. La France, plus économe, consomme trois fois moins d'énergie par habitant que les Etats-Unis. Il y a eu des protestations parfois violentes par les groupes écologistes, surtout après l'accident de Three Mile Island en Pennsylvanie. Mais la résistance écologique est bien moins importante en France que dans les pays voisins. Peut-être à cause de la campagne publicitaire de l'EDF, la majorité des Français acceptent l'idée que le programme nucléaire est une nécessité économique pour la France. «La France n'a pas de pétrole, disait la publicité, mais elle a des idées.» Même l'accident nucléaire de Tchernobyl (Union soviétique) en 1986 a provoqué peu de réaction en France: l'EDF a déclaré que la sécurité des centrales nucléaires françaises était telle qu'un accident pareil ne pourrait jamais se produire en France. La réussite du programme nucléaire est un bon exemple de l'efficacité du dirigisme et de la centralisation de l'Etat français qui a la possibilité de prendre des décisions et de les appliquer sans attendre le consentement des électeurs. C'est à l'Etat de décider ce qui sera bon pour une Région et pour la France. Ainsi, malgré des émeutes violentes, l'Etat a poursuivi ses projets. De plus, le Parti Communiste et les syndicats, notamment la Confédération Générale du Travail (CGT), ont toujours favorisé le programme nucléaire parce que celui-ci avait créé de nombreux emplois. De même, l'opinion publique lui est largement favorable, parce que les Français semblent être conscients de la prospérité qu'une centrale nucléaire apporte à leur commune ou à leur Région. Le programme a été poursuivi par la gauche, quand elle est venue au pouvoir en 1981, ainsi que par tous les gouvernements depuis. Cet enthousiasme pour l'énergie nucléaire ne s'exprime pas dans les autres pays européens, loin de là. A cause de la montée des pressions écologiques, ces pays ont abandonné la solution du nucléaire. L'Europe se trouve en manque d'électricité au début du XXIe siècle, et certains pays, comme l'Allemagne, l'Italie et l'Angleterre, cherchent des fournisseurs à l'extérieur. La France est un des rares pays à produire une surcapacité, c'est-à-dire plus d'électricité qu'elle ne consomme.

Conscients de la nature limitée des ressources fossiles, qui seront épuisées d'après les experts avant 2100, un certain nombre de pays ont commencé à envisager un développement des énergies renouvelables. Contrairement au pétrole, au gaz et au charbon, les énergies renouvelables utilisent des ressources naturelles illimitées: le mouvement de l'eau des fleuves et des marées, la lumière solaire, le vent, la chaleur de la Terre. L'exploitation de ces énergies n'engendre ni déchets ni pollution. Ce sont les énergies de l'avenir. En France, pourtant, l'Etat a fait le choix du nucléaire, ce qui explique pourquoi la France accumule du retard dans le domaine des énergies renouvelables par rapport à d'autres pays européens.

● L'environnement

Il est sûr que la science et la technologie ont amélioré les conditions de la vie, mais les Français sont de plus en plus sceptiques envers la technologie en même temps qu'ils en embrassent les avances. Ainsi, certains voient un côté négatif de la technologie en ce qui concerne la destruction de l'environnement et celle de la culture nationale: la pollution, les risques climatiques, les risques nucléaires, le développement des armes biologiques et chimiques, la mondialisation destructrice des cultures, et ainsi de suite.

La croissance industrielle et le développement de nouvelles technologies contribuent souvent à la pollution qui menace le monde dans lequel nous vivons. En France, comme dans les autres pays développés, les menaces portées à l'environnement sont jugées comme un problème de plus en plus important, et la lutte pour la protection de l'environnement est un sujet fréquent dans les débats politiques.

Le Ministère de l'Environnement a été créé par le président Georges Pompidou en 1971, mais c'est surtout dans les années 1980 que l'écologie est devenue une grande préoccupation sociale et politique. Depuis une vingtaine d'années, il y a une prolifération d'associations écologistes en France dont les membres (les «écolos») militent pour toutes sortes de causes. Les écolos encouragent le recyclage des déchets ménagers, cherchent à protéger les animaux sauvages et dénoncent la pollution chimique, ce qui les met souvent en conflit avec les industries et même avec l'Etat. Beaucoup d'écolos soutiennent le programme nucléaire, pourtant, parce que celui-ci, plus propre que les énergies de ressources fossiles, ne contribue pas à la pollution atmosphérique qui menace la couche d'ozone. Leurs campagnes publiques ont réussi à empêcher la construction d'une station de ski dans le Parc National des Alpes, à bloquer la construction d'une raffinerie de pétrole dans les vignobles de Bourgogne, à conserver une forêt en Alsace et à sauver certaines côtes de France de la pollution et du développement industriel. Depuis plusieurs décennies, l'opinion publique est donc devenue très sensible aux questions écologiques. Quelques exemples peuvent en témoigner.

Dans les années 1990, il y avait un mouvement populaire pour protéger les ours bruns qui vivent aux alentours du Parc National des Pyrénées. Ces ours sont classés parmi les espèces en voie d'extinction, comme la seule espèce en France qui n'ait pas de territoire protégé. Les ours sont menacés par la présence des chasseurs, des skieurs et des bûcherons. Le Ministère de l'Environnement a dû intervenir pour faire accepter, par les élus locaux, le placement sous protection des zones périphériques du parc qui font partie de leur circonscription. En 1991, le Ministère a également empêché la construction de deux barrages sur la Loire qui auraient créé des lacs artificiels et inondé des refuges d'oiseaux. Malgré ces interventions en faveur de l'environnement, l'Etat n'est pas toujours bien vu par les écolos. En Bretagne, par exemple, le syndicat des ostréiculteurs (ceux qui cultivent les huîtres) a porté plainte contre les industries qui polluent les côtes bretonnes en y déversant des substances toxiques. La protestation écologiste s'est ajoutée, dans ce cas, au ressentiment régionaliste breton: les écolos critiquent les industries polluantes, mais aussi l'Etat qu'ils jugent indifférent à ces types d'infractions dans leur Région. Le mouvement écologiste a évolué en une force politique qui cherche à influencer les activités industrielles et économiques du pays. La préoccupation de l'environnement chez les Français a donné naissance, en 1984, à un nouveau parti politique: les Verts (voir le chapitre 8).

Parmi les pays membres de l'Union européenne, la France occupe une place moyenne en ce qui concerne les préoccupations écologiques. Elle a pris du retard sur d'autres pays plus écologistes comme les Pays-Bas et le Danemark. Mais elle est en avance sur certains pays et à certains égards. En effet, la France a fondé, avant ses voisins européens, des agences pour protéger l'eau et l'air, pour surveiller le traitement des déchets ménagers, pour protéger les animaux à l'intérieur des parcs. Les autorités politiques ont imposé des taxes sur les activités polluantes. Sur le plan international, la France se révèle exemplaire dans ses efforts pour avertir l'effet de serre, à travers l'énergie nucléaire et la conservation énergétique. Parmi les pays développés, la France contribue le moins aux émissions de gaz. Elle se révèle prête à coopérer avec le mouvement écologiste sur le plan international. En 1987, elle a été parmi les 24 pays à signer le protocole de Montréal sur la protection de la couche d'ozone. En 1990, elle a ratifié la convention de Berne pour la protection des animaux menacés et de leurs habitats naturels. Suivant les directives européennes, la France a adopté une mesure exigeant que toutes les voitures en Europe soient équipées d'appareils anti-polluants dès 1993, ce qui a réduit les émissions toxiques jugées responsables du réchauffement du climat terrestre.

En 1992, une conférence de l'Organisation des Nations Unies (ONU) sur l'environnement, appelée Sommet de la Terre, a réuni les représentants de 172 pays à Rio (Brésil). Le but de cette conférence était de mettre en place des politiques de «développement durable». Le développement durable est défini par l'ONU comme «un développement qui répond aux besoins du présent sans compromettre la capacité des générations futures de répondre aux leurs». Autrement dit, il s'agit d'éviter une croissance (démographique, industrielle, urbaine) qui serait destructrice de la planète. Lors d'une autre conférence en 1997 à Kyoto (Japon), les Etats ont décidé d'adopter un protocole par lequel les pays développés accepteraient un calendrier pour réduire les émissions de gaz à effet de serre, à l'échéance de 2020. Un grand nombre de pays, y compris tous les pays membres de l'Union européenne, ont signé le protocole de Kyoto. En 2001, le gouvernement américain de George W. Bush a annoncé que les Etats-Unis refusaient de signer le protocole parce que celui-ci nuirait à leur développement économique. Les Etats-Unis restent le plus grand producteur mondial d'émissions de gaz à effet de serre.

L'environnement est un sujet cher au président Chirac. Pourtant, peu de temps après sa première élection en 1995, il s'est trouvé opposé par le mouvement écologiste, non seulement français mais international. Le Président de la République a autorisé la reprise des essais nucléaires dans les territoires français du Pacifique, essais que Mitterrand avait arrêtés en 1992. Les protestations écologistes à l'échelle mondiale ont forcé Chirac à mettre fin à ces essais en 1996. En 2003, le gouvernement Raffarin a proposé de modifier le préambule de la Constitution—pour la première fois depuis 1958—pour garantir aux Français le droit à un bon environnement au même niveau que les droits civiques fondamentaux. Ainsi, une Charte de l'environnement serait annexée à la Constitution au même titre que la Déclaration des Droits de l'Homme et du Citoyen de 1789. Le préambule ferait référence à la Charte de l'environnement «qui proclame le droit de toute personne à vivre dans un environnement sain et de qualité». En 2004, les députés de l'Assemblée nationale dont la majorité sont de l'UMP, le parti de Chirac, ont décidé d'ajourner l'adoption de la Charte et la modification de la Constitution. Un grand nombre de ceux-ci ont une certaine répugnance, semble-t-il, à mettre la Charte de l'environnement sur le même plan que la Déclaration des Droits de l'Homme. De façon générale, les Français sont de plus en plus conscients des risques de la consommation sans limite. Le mouvement écologiste continue de se développer, et les consommateurs sont de plus en plus exigeants envers les fabriquants. Ils savent que les principales menaces qui pèsent sur l'environnement sont celles de la pollution agricole, des émissions de gaz à effet de serre, de la pollution atmosphérique par les transports automobiles, de la production de déchets ménagers, et des déchets radioactifs produits par les centrales nucléaires. Comme ses partenaires en Europe et dans le monde, la France a compris que la planète est menacée, que nos ressources sont limitées et que la pollution n'a pas de frontières.

● La mondialisation

Définir le mot «mondialisation» est difficile parce que la vision de ce phénomène diffère selon les individus. En général, le mot signifie un accroissement de l'interdépendance des pays du monde, du point de vue de l'économie, de l'environnement et de la culture. C'est aussi un processus d'internationalisation des économies et des sociétés. La mondialisation est incarnée par les entreprises multinationales, et elle marque une nouvelle étape dans l'histoire du capitalisme. La mondialisation, enfin, est un débat qui s'est développé dans les années 1990, parallèlement à la construction européenne et au développement spectaculaire du commerce mondial. C'est un débat qui tend à opposer les pays du Nord (développés et riches) et les pays du Sud (en voie de développement et pauvres). Pour ceux qui s'y opposent, la mondialisation est conçue comme une victoire de l'économique sur le social, des riches sur les pauvres, des puissants sur les faibles. Un grand symbole de la mondialisation est le sommet annuel du G-8, les chefs d'Etat des pays les plus importants du monde (l'Allemagne, le Canada, les Etats-Unis, la France, l'Italie, le Japon, le Royaume-Uni et la Russie). Un autre symbole en est l'Organisation Mondiale du Commerce (OMC). Créée en 1995, l'OMC (qui a succédé au GATT, «Global Agreement on Tariffs and Trade») est une organisation internationale comprenant plus de 140 états-membres. L'OMC a pour mission de libéraliser le commerce mondial en supprimant tous les obstacles. Son postulat est que plus il y aura de commerce et de libre-échange, plus il y aura de croissance et de richesse pour tous. Ceux qui s'y opposent pensent le contraire, que le libre-échange profite essentiellement aux forts et qu'il ruine les faibles. A l'intérieur de l'OMC, il y a souvent des conflits, parfois entre les grands—surtout les Etats-Unis et l'Union européenne—et parfois entre les pays du Nord et les pays du Sud.

La mondialisation est tantôt présentée comme une panacée capable de résoudre les problèmes du monde, tantôt comme la source de tous les maux du monde. Elle est l'objet de critiques très diverses. Certains craignent la perte d'emplois, d'autres la perte de la souveraineté des nations. D'autres encore voient la mondialisation comme une menace contre l'environnement comme une cause des crises écologiques telles que le réchauffement de la planète et le trou dans la couche d'ozone. Certains critiquent la culture des jeunes qui, dans les pays occidentaux, devient de plus en plus uniforme. Les jeunes voient les mêmes films, portent les mêmes vêtements, écoutent la même musique, consomment les mêmes produits. Le symbole de cette consommation homogénéisée est McDonald, la chaîne américaine de restauration rapide qui s'est implantée partout dans le monde. Un mouvement populaire qui s'appelle les «altermondialistes» s'est organisé à partir des années 1990. Ces militants d'un «autre monde» ont opposé leur vision du monde à celle des grands et des puissants. Ils dénoncent le marché de libre-échange, et ils rendent l'OMC responsable d'une bonne part des maux de la planète. En France, le mouvement a attiré l'opinion publique grâce aux efforts d'un syndicat d'agriculteurs fondé en 1987 qui s'appelle la Confédération paysanne. La Confédération paysanne, dont le porte-parole est José Bové, remet en cause le développement d'une politique agricole en France qui favorise les intérêts de l'industrie agro-alimentaire, la baisse des prix et la baisse continuelle du nombre de paysans. Bové et ses alliés critiquent l'agrochimie, l'utilisation des organismes génétiquement modifiés (OGM), ainsi que la «malbouffe» (mauvaise nourriture) dont le symbole est, encore une fois, McDonald. En 1999, Bové et son équipe ont attaqué et détruit un restaurant McDonald à Millau (Aveyron). Le procès et l'emprisonnement de Bové ont été très médiatisés et ont attiré l'attention du public sur la Confédération paysanne. Depuis lors, la Confédération porte son action au niveau international. Elle était très visible dans les manifestations et les émeutes à Seattle en 1999, lors de la convention de l'OMC. Chaque sommet du G-8, chaque réunion de l'OMC, est désormais une occasion pour les altermondialistes de manifester leurs désaccords sur la façon dont les «grands» dirigent la planète. Au sommet du G-8 à Evian en 2003, les militants ont crié: «Ils sont huit et nous sommes un milliard!» Les altermondialistes sont devenus un mouvement de contestation à l'échelle planétaire. Ils dénoncent la marchandisation de la société et une attitude libérale envers les marchés libres. Ils critiquent la question des dettes des pays pauvres envers les pays riches. Ils soulignent l'importance de l'environnement.

● Les entreprises françaises

En ce qui concerne l'économie de la France, elle profite, nettement et sans question, de la mondialisation. Une grande part des échanges commerciaux de la France se font avec ses partenaires de l'Union européenne. La balance commerciale de la France est excellente: quatrième exportateur du monde, ses exportations excèdent ses importations. La France est parmi les dix premiers fournisseurs et les dix premiers clients des Etats-Unis, tandis que les Etats-Unis sont parmi les cinq premiers fournisseurs et clients de la France. Les Etats-Unis vendent à la France, en ordre décroissant: des machines et de l'équipement mécanique, des produits chimiques, pharmaceutiques et cosmétiques, et du matériel de transport aéronautique. La France vend aux Etats-Unis, en ordre décroissant: du matériel de transport aéronautique, des produits chimiques, pharmaceutiques et cosmétiques, et des machines et de l'équipement mécanique.

De nos jours, les grosses sociétés anonymes s'achètent les unes les autres et se fondent les unes dans les autres, devenant ainsi des entreprises multinationales. Toujours est-il qu'on peut identifier la «nationalité» d'une entreprise par la localisation de son siège, son quartier-général. La France ne compte que neuf entreprises parmi les cent premières mondiales, derrière les Etats-Unis qui en compte 31, le Japon (21) et l'Allemagne (12). La plus grande entreprise française, Total-Fina-Elf (pétrole), se classe au 28e rang mondial. Pourtant, dans certains secteurs commerciaux, les entreprises françaises sont classées parmi les plus importantes en ce qui concerne les chiffres d'affaires. Le Tableau I (Les plus grandes entreprises, page 274) montre une liste sélective de secteurs d'activité commerciale. Pour chaque secteur, il y a le nom des entreprises dont le chiffre d'affaires les place parmi les plus grandes entreprises mondiales du secteur. Les entreprises sont classées par chiffre d'affaires décroissant. Les entreprises françaises (celles dont le siège se trouve en France) sont indiquées en caractères gras.

Il y a certaines marques, surtout dans les produits de luxe, qui sont toujours reconnues commes françaises: Cartier, Chanel, Dior, Givenchy, Lancôme, Le Creuset, L'Oréal, Louis Vuitton, Moët et Chandon, Pierre Cardin, Yves Saint Laurent, etc. Mais les Américains ne se rendent souvent pas compte du fait que certains produits et certains services qu'ils connaissent bien et qu'ils utilisent dans la vie quotidienne sont fabriqués ou gérés par des entreprises françaises, surtout si les usines de celles-ci se trouvent aux Etats-Unis. Le Tableau II (Quelques entreprises, page 275) en donne une liste partielle.

TABLEAU I: Les plus grandes entreprises dans certains secteurs commerciaux

Automobiles	Mode	Télécommunications
General Motors	Unilever	Nippon TT
Daimler Chrysler	Procter & Gamble	Verizon Communications
Ford Motor	J C Penney	**Vivendi Universal**
Toyota	Caterpillar	AT & T
Volkswagen	Otto Versand	Deutsche Telekom
Fiat	Kimberly-Clark	Veba
Honda	The Gap	**France Télécom**
Peugeot	L'Oréal	Olivetti
Renault	**Louis Vuitton Moët**	Bell Atlantic
BMW	**Hennessy**	**Alcatel**
	Christian Dior	

Aéronautique	Médias	Transports
Boeing	**Vivendi Universal**	**Veolia Environnement**
European Aeronautic	**Suez**	United Parcel Service
Defense and Space	AOL Time Warner	American Airlines
Airbus Industrie	Time Warner, Inc.	East Japan Railways
General Dynamics	Disney	United Airlines
Bombardier	Viacom	Deutsche Bahn
Northrop Grumman	**Bouygues**	**SNCF**
Daimler Chrysler Aerospace		
Aérospatiale Matra		

Energie	Cosmétiques	Distribution
Exxon Mobil	Sara Lee	Wal-Mart
Shell	**L'Oréal**	**Carrefour**
BP Amoco	**Louis Vuitton Moët**	Ahold Royal
Itochu	**Hennessy**	Kroger
Total-Fina-Elf	Henkel	Sears, Roebuck & Co.
Chevron-Texaco	Gillette	

Poste	Déchets	Matériaux
U.S. Postal Service	E.ON	Saint-Gobain
Deutsche Post	**Suez**	Alcoa
Japan Postal Service	EDF	**Lafarge**
La Poste	**Veolia Environnement**	
Royal Mail		

(Source: Transnationale)

La construction européenne a profondément influencé l'économie française de deux façons essentielles: elle a d'abord imposé aux entreprises le besoin d'augmenter leurs efforts de compétitivité; ensuite, elle a ouvert aux entreprises françaises un vaste marché de plusieurs centaines de millions de consommateurs. La libre circulation des marchandises et des capitaux a stimulé les entreprises. Près de 40% des filiales des entreprises françaises se situent dans les pays membres de l'Union européenne. L'UE a également adopté une série de mesures favorables aux entreprises françaises, et elle a encouragé l'internationalisation des petites et moyennes entreprises (PME) dans le marché européen. Alors que les grandes entreprises en France réduisent le nombre de leurs effectifs, les PME prennent le relais dans l'économie française. Près de la moitié des travailleurs de l'industrie en France travaillent dans des entreprises de moins de 500 salariés.

TABLEAU II: Quelques entreprises françaises et leurs produits ou services

Entreprise	Produit/Service
Michelin	pneus Michelin, BF Goodrich, Uniroyal
BIC	rasoirs, stylos, briquets
Hachette	magazines: *Car and Driver, Road and Track, Woman's Day*
Danone	yaourt, produits laitiers Dannon
Sodiaal	yaourt, produits laitiers Yoplait
Essilor	lunettes, produits optiques
Evian	eau en bouteilles
Fina	essence
Total	essence
Groupe SEB	cafetières Krups
Gemey	produits de beauté Maybelline
Accor	Motel 6, Novotel, Red Roof Inn, Sofitel
Aventis	Allegra (médicament pour les allergies)
Pernod Ricard USA	boissons alcoolisées (Chivas Regal, Glenlivet, Jameson Irish Whisky, Seagram's Gin, Wild Turkey Bourbon)
Vivendi	Universal Studios (films, musique, parcs à thèmes), Sierra Entertainment (logiciels, jeux électroniques)

I. Répondez aux questions suivantes.

1. Quelle est l'importance de l'Institut Pasteur? Expliquez.
2. Que fait l'organisation Médecins sans Frontières?
3. Citez au moins cinq inventions françaises.
4. Citez une entreprise qui fait partie du secteur public dans le domaine de l'énergie.
5. En quoi la SNCF joue-t-elle un rôle important dans l'économie mondiale?
6. Pourquoi le programme du Minitel a-t-il eu un grand succès? Expliquez.
7. A quoi sert une carte à puce? Donnez quelques exemples de son utilisation.
8. Qu'est-ce que le programme Ariane?
9. Décrivez la performance de la France en ce qui concerne l'industrie aéronautique.
10. Quels sont les avantages du TGV?
11. La France est-elle riche en ressources énergétiques naturelles? Expliquez.
12. Pourquoi le programme nucléaire de la France est-il une réussite?
13. Les préoccupations écologiques sont-elles importantes en France? Expliquez.
14. Quel rôle la France joue-t-elle sur le plan international vis-à-vis de la pollution et de l'environnement?
15. Quel type de charte le gouvernement Raffarin a-t-il proposé d'ajouter à la Constitution? Expliquez.
16. Qu'est-ce que l'Organisation Mondiale du Commerce? Quelle est sa mission?
17. Qui sont les altermondialistes?
18. Quel est le rôle de la Confédération paysanne au sein du mouvement des altermondialistes?
19. Discutez l'importance des entreprises françaises au niveau international.
20. Citez cinq entreprises françaises qui fabriquent des produits ou qui gèrent des services utilisés par les consommateurs américains.

II. Etes-vous d'accord? Sinon, justifiez votre réponse.

1. Ce sont les chercheurs français qui ont été les premiers à isoler le virus du SIDA.
2. Le CNRS est un centre de recherches médicales privé.
3. Le Gaz de France et Air France sont des entreprises nationales.
4. La SNCF exporte ses services en Asie.
5. Au début de son utilisation, le Minitel était gratuit.

6. Moins de la moitié des Français ont un ordinateur personnel.
7. La France produit un surplus d'électricité.
8. La France est au deuxième rang mondial de l'industrie spatiale.
9. Le TGV contribue à la pollution atmosphérique.
10. L'Electricité de France gère toutes les centrales nucléaires.

III. Identifiez les noms ou sigles suivants.

1. Louis Pasteur
2. Marie Curie
3. France-Télécom
4. le Concorde
5. Ariane
6. Kourou
7. le G-8
8. le gisement de Lacq
9. José Bové
10. les OGM

IV. Discussion.

1. Que pensez-vous de la politique de protection de l'environnement en France? Cette politique est-elle comparable à celle de votre pays? Pourquoi (pas)?
2. La France a énormément développé son programme nucléaire. D'après vous, est-ce une bonne idée? Expliquez.
3. L'indépendance énergétique de la France est-elle comparable à celle de votre pays?
4. Que pensez-vous de l'apparition d'un parti politique écologiste en France ou des préoccupations écologistes en général?
5. Que pensez-vous de la mondialisation? En parle-t-on autant dans votre pays qu'en France?

 ### V. Vos recherches sur Internet.

Afin de faciliter vos recherches et de répondre à ces questions, consultez le site du livre: http://lafrance.heinle.com.

1. Les Français se préoccupent-ils de l'environnement? Que font-ils ou ne font-ils pas pour le protéger?
2. Que fait le Gouvernement pour limiter les différents types de pollution? Quels conseils donne-t-il aux Français à ce sujet?
3. Quelles sont les priorités de la recherche française? En quoi consiste l'organisation de la recherche et de la technologie?
4. Quels sont les projets de la France en ce qui concerne les recherches spatiales? Quels seront ses partenaires dans ses prochaines missions?
5. Que font la SNCF et la RATP pour préserver l'environnement et pour limiter la pollution? Que font également l'EDF et le GDF?

Les visages
de la France

L'Arc de Triomphe, Paris

Saint-Tropez (Var)

Palais de Justice, Nice

Le Marché aux fleurs, Nice

Albi (Tarn)

Le Musée d'Orsay, Paris

Collioure (Pyrénées-Orientales)

Aéroport Charles de Gaulle

Fête votive à Ste-Maxime (Var)

Palais du Luxembourg, Paris

*La maison natale de Napoléon à Ajaccio
(Corse)*

Vieux quartier juif, Lyon

Pompiers, Paris

Le Musée Claude Monet, Giverny (Eure)

Saint-Raphaël (Var)

Le vieux port de Marseille et Notre-Dame de la Garde

LEXIQUE

abonnement *(m.)* subscription

abroger to repeal

académie *(f.)* school district

Académie française *(f.)* institution founded in the 17th century to codify the French language

Accords de Matignon *(m.)* agreements establishing a 40-hour work week and two weeks of paid vacation for every salaried employee (1936)

accouchement *(m.)* delivery (birth)

actifs *(m.)* working people

Action française *(f.)* right-wing Catholic organization of the early 20th century

actions *(f.)* shares, stocks

adhérent *(m.)* member

aéroglisseur *(m.)* hovercraft

affluent *(m.)* tributary river

agglomération *(f.)* urban area

agrégation *(f.)* competitive examination for teaching

aide au retour *(f.)* repatriation grants

allaiter to nurse, breast-feed

Alliance française *(f.)* private organization created for the promotion of the French language and culture in the world

allocation *(f.)* monetary allowance

aménagement du territoire *(m.)* urban and regional planning

Ancien Régime *(m.)* period in French history before the Revolution

anticlérical(e) anti-Church, hostile to the Vatican

antisémitisme *(m.)* hostility toward Jewish people

arrondissement *(m.)* administrative divisions of a **département**

Assemblée nationale *(f.)* elected chamber of the French Parliament

atlantiste foreign policy aligned with the United States and Canada

avoir des enfants à charge to have financial responsibility for children

bachelier, -ère student who has passed the *baccalauréat*

banlieue *(f.)* suburbs

banlieusard *(m.)* resident of the suburbs

barème *(m.)* rate, scale, range

Beurs *(m.)* people of North African origin born in France

cadres *(m.)* management personnel

calvaires *(m.)* Christian shrines; large stone sculptures of the crucifixion scene

canton *(m.)* electoral district used to elect a member to the **Conseil général** of a **département**

capter to pick up, receive a radio station or TV channel

charges sociales *(f.)* employer's social contributions for each employee

chauvin(e) nationalistic; excessively proud of one's country

chômage *(m.)* unemployment

citadin *(m.)* city dweller

classe ouvrière *(f.)* working class

Code civil *(m.)* civil laws first codified by Napoleon I

collège *(m.)* middle school

communautaire having to do with the European Community

Communauté française *(f.)* association of 16 African nations

commune *(f.)* municipality city, town, or village

Concordat *(m.)* agreement between Napoléon Bonaparte and the Vatican reestablishing Catholicism as the official religion of France

concours *(m.)* competitive examination

concubins *(m.)* unmarried couple

congés payés *(m.)* paid vacation

conjoints *(m.)* spouses

conseil de classe *(m.)* staff meeting to discuss student progress

contribuable *(m.)* taxpayer

contrôle continu *(m.)* series of tests and graded assignments in a course

Convention *(f.)* legislative body of the First Republic (1792–95)

conventionné(e) abiding by an agreement

cotisation *(f.)* contribution by payroll deduction

cour d'appel *(f.)* appellate court

cour d'assises *(f.)* criminal court

Cour de cassation *(f.)* High Court of Appeals

cours magistral *(m.)* lecture in a large amphitheater

creuset français *(m.)* French "melting pot"

croissance *(f.)* growth

crue *(f.)* swelling of a river

culte *(m.)* form of religious worship

cumul des mandats *(m.)* accumulation of more than one elected position (e.g., **député-maire**)

décès *(m.)* death

déchets ménagers *(m.)* household waste, garbage

déchets radioactifs *(m.)* radioactive waste

démissionner to resign

démographique having to do with population

département *(m.)* administrative division created during the Revolution

député *(m.)* member of the **Assemblée nationale** (elected)

développement durable *(m.)* economic development that does not compromise the needs of future generations

dialecte *(m.)* regional variation of a language

diffuser to circulate, broadcast, telecast

dirigistes *(m.)* those who favor state intervention in the economy

dissoudre to dissolve

douanier, -ère having to do with customs at the border of a country

droits d'inscription *(m.)* tuition

école confessionnelle *(f.)* religious school

école libre *(f.)* private school (free from state control)

école maternelle *(f.)* nursery school, kindergarten

école mixte *(f.)* coeducational school

écolos *(m.)* environmentalist groups

Edit de Nantes *(m.)* edict guaranteeing religious tolerance in France, issued by Henri IV (1598) and revoked by Louis XIV (1685)

émeute *(f.)* riot

émission *(f.)* broadcast

emploi précaire *(m.)* temporary job

énarque *(m.)* graduate of the **ENA** (Ecole nationale d'administration)

énergétique having to do with energy

enjeu *(m.)* issue

épreuve *(f.)* examination

estivants *(m.)* summer vacationers

estudiantin(e) pertaining to students

état civil *(m.)* municipal register of marriages, births, deaths, etc.

étatique pertaining to the state

événements de mai 68 *(m.)* period of demonstrations, riots, and general strikes in 1968

exode rural *(m.)* movement of people from rural to urban areas

faire le pont to take a long weekend

faits divers *(m.)* local news stories, human interest stories

famille recomposée *(f.)* family resulting from a second marriage

Félibrige *(m.)* 19th-century movement for the renaissance of **Occitan** as a literary language

femme au foyer *(f.)* female homemaker

feuilleton *(m.)* serial, "soap opera"

filière *(f.)* option, track

fonctionnaire *(m.)* civil service employee

fonction publique *(f.)* public service

formation *(f.)* training, education

Français de souche *(m.)* "mainstream" French people (non-immigrants)

Francilien *(m.)* resident of the Ile-de-France region

Francophonie *(f.)* ensemble of world nations that share the French language

Front Populaire *(m.)* left-wing coalition government (1936–38)

fuseau horaire *(m.)* time zone

gestion *(f.)* management

gisement *(m.)* deposit (of coal, gas, oil, etc.)

Gouvernement *(m.)* group of ministers in power

grande couronne *(f.)* four departments of the outer suburbs of Paris

Grandes Ecoles *(f.)* specialized institutions of higher education

hebdomadaire weekly

hémicycle *(m.)* "half circle" of seats in the **Assemblée nationale**

Hexagone *(m.)* synonym for France

immigrés clandestins *(m.)* illegal immigrants

imposable taxable

impôts *(m.)* taxes

insertion *(f.)* entry into the work force

intégristes *(m.)* fundamentalists; conservative religious groups

invalidité *(f.)* infirmity

islamistes *(m.)* militants seeking to install a regime based on a strict application of Islam

jacobin(e) having to do with centralization of power in Paris

Jacobins *(m.)* political, republican group that dominated the **Convention** between 1792 and 1794

jour férié *(m.)* legal holiday

justice civile *(f.)* civil courts

justice pénale *(f.)* criminal courts

laïcité *(f.)* separation of church and state

laïque secular, nonreligious

langue d'oc *(f.)* language spoken in southern France during the Middle Ages; ancestor of **Occitan**

langue d'oïl *(f.)* language spoken in northern France during the Middle Ages; ancestor of modern French

Libération *(f.)* end of the Nazi occupation of France in 1944

libéraux *(m.)* those who favor a free-market economy

livret de famille *(m.)* family record booklet

loi Debré *(f.)* law granting financial aid to private schools (1959)

loi Defferre *(f.)* law establishing administrative decentralization (1982)

loi Deixonne *(f.)* law permitting teaching of regional languages in public schools (1951)

loi Falloux *(f.)* law authorizing private schools and establishing public primary schools for girls (1850)

loi Faure *(f.)* law establishing a reorganization of universities (1968)

loi Guizot *(f.)* law establishing a public primary school for boys in every **commune** (1833)

loi Pasqua *(f.)* law authorizing the expulsion of foreigners whose presence in France was deemed threatening (1986)

loi Toubon *(f.)* law defending the French language (1994)

loi Veil *(f.)* law legalizing abortion (1974)

lois Aubry *(f.)* series of laws establishing a 35-hour work week (1998–2000)

lois Auroux *(f.)* series of laws establishing a 39-hour work week and five weeks of paid vacation to every salaried employee (1982)

lois Jules Ferry *(f.)* series of laws establishing that public education in France will be secular, free, and compulsory (1881–82)

lycée *(m.)* high school

Maastricht, traité de *(m.)* convention signed in this Dutch city in 1992 creating the European Union, with a single currency

Maghreb *(m.)* North Africa, Algeria, Morocco, and Tunisia

magnétoscope *(m.)* videocassette recorder

main-d'œuvre *(f.)* labor force

maire *(m.)* mayor (elected)

mairie *(f.)* town hall

maître (maîtresse) auxiliaire substitute teacher

majeur(e) of adult age

Majorité *(f.)* coalition of parties supporting the government

mandat *(m.)* term of elected office

manœuvre *(m.)* laborer

Marianne *(f.)* female symbol of the French Republic

médecin conventionné *(m.)* doctor having signed an agreement with the **Sécurité sociale**

médiatique having to do with the media

médiatisé(e) discussed in the media

mensuel(le) monthly

Métropole *(f.)* European part of France, excluding overseas **départements**

mode de scrutin *(m.)* type of balloting used in an election

mouvement autonomiste *(m.)* movement whose followers seek autonomy from the centralized government in Paris

natalité *(f.)* birth of children

naturalisation *(f.)* legal acquisition of citizenship

non-communautaire from outside the European Community

occitan *(m.)* Romance language spoken in the south of France

Opposition *(f.)* coalition of parties opposing the government

Paris *intra muros* Paris proper, the city "within the walls"

parité *(f.)* equal number of men and women candidates in political elections

Parlement européen *(m.)* elected assembly of the European Union

patois *(m.)* condescending term for regional languages and dialects

patrimoine *(m.)* wealth, holdings, cultural property

patronal(e) pertaining to employers

patronat *(m.)* employers, management (vs. labor)

pays en voie de développement *(m.)* developing country

petite couronne *(f.)* three departments surrounding Paris

petit écran *(m.)* television

petites annonces *(f.)* classified advertisements

plafond *(m.)* "ceiling," upper limit

politique familiale *(f.)* pro-family policy

population active *(f.)* work force

port fluvial *(m.)* river port

pote *(m.)* slang word for "buddy," "pal"

pratiquant(e) one who practices religious observances

préconiser to advocate

préfet *(m.)* head of a department (appointed)

prélèvement *(m.)* levy, tax

prendre en charge to cover, to pay expenses

prestation *(f.)* social protection payment

prime *(f.)* a special payment

procureur *(m.)* prosecutor

promulguer to publish, issue (a decree or law)

province *(f.)* (1) all of France outside of the Paris region; (2) cultural regions of France that were officially abolished during the Revolution

quinquennat *(m.)* five-year presidential term of office

quotidien(ne) daily

radios libres *(f.)* private local radio stations

radios périphériques *(f.)* radio stations located outside French territory

recensement *(m.)* census

recette *(f.)* revenue

recteur *(m.)* superintendent of schools in a district (including the university)

redevance annuelle *(f.)* annual television fee or tax

redoubler to repeat a year in school

référendum *(m.)* type of balloting in which citizens vote on an important question

Région *(f.)* administrative division created in 1973; composed of several **départements**

remaniement ministériel *(m.)* cabinet reshuffle

rentrée *(f.)* return to work or to school after vacation

ressortissant *(m.)* foreign citizen

retraite *(f.)* retirement

retraités *(m.)* retired people

salaire imposable *(m.)* taxable income

sans-papiers *(m.)* name for illegal immigrants without documents

scène médiatique *(f.)* headlines, front page, media scene

Schengen, traité de *(m.)* convention signed in this Luxemburg city creating a "Europe without borders"

scolarisé(e) enrolled in school

scrutin de liste *(m.)* voting for a list of candidates

scrutin uninominal *(m.)* voting for one candidate only

second tour *(m.)* second round of voting in elections

secteur de pointe *(m.)* leading technological sector

secteur primaire *(m.)* agriculture, fishing, forestry

secteur secondaire *(m.)* industry

secteur tertiaire *(m.)* service industries

Séparation *(f.)* legal separation of church and state (1905)

septennat *(m.)* seven-year presidential term of office

Siècle des Lumières *(m.)* the Enlightenment

smicard *(m.)* person earning minimum wage

société anonyme *(f.)* corporation

sondage *(m.)* opinion poll

SOS Racisme *(m.)* organization for the integration of immigrants

spot publicitaire *(m.)* television commercial

station balnéaire *(f.)* seaside resort

station thermale *(f.)* hot springs resort, spa

subventionné(e) state subsidized

suffrage universel *(m.)* right to vote held by all adult citizens

superficie *(f.)* surface area

syndicat *(m.)* labor union

syndiqué(e) belonging to a labor union

taux *(m.)* rate

taux d'écoute *(m.)* listening or viewing ratings

téléspectateurs *(m.)* television viewers

tentaculaire having tentacles or appendages

terminale *(f.)* final year of secondary school

tertiarisation *(f.)* dominance of service industries in the economy

ticket modérateur *(m.)* insurance co-payment; difference between cost of treatment and amount reimbursed

tiers payant *(m.)* the "third paying party," i.e., direct payment to the medical provider from the Sécurité sociale

tirage *(m.)* number of copies printed

titulaire *(m.)* holder (of an office, a diploma)

tranche d'âge *(f.)* age group

tribunal *(m.)* magistrate court

troisième âge *(m.)* senior citizens

tutelle *(f.)* tutelage, authority

Union européenne *(f.)* association of European nations

union libre *(f.)* cohabitation of an unmarried couple

variétés *(f.)* variety show

Verts *(m.)* ecological political party

vétuste deteriorated, decrepit

vidéo-clip *(m.)* pop music video

Vigipirate, plan *(m.)* anti-terrorist plan of heightened security

ville-dortoir *(f.)* suburban "bedroom" community

ville nouvelle *(f.)* new urban centers built in suburban areas

ville portuaire *(f.)* port city

voie fluviale *(f.)* waterway, river used for transport

xénophobe fearful of foreigners

LISTE DES SIGLES

ANPE	Agence nationale pour l'emploi (**unemployment agency**)
BEP	Brevet d'études professionnelles (**technical secondary school diploma**)
BT	Brevet de technicien (**technical secondary school diploma**)
BTN	Baccalauréat de technicien (**technical secondary school diploma**)
CAP	Certificat d'aptitude professionnelle (**technical secondary school diploma**)
CAPE	Certificat d'aptitude au professorat des écoles (**teaching qualification**)
CAPES	Certificat d'aptitude au professorat de l'enseignement du second degré (**teaching qualification**)
CDD	contrat à durée déterminée (**fixed-term work contract**)
CGT	Confédération générale du travail (**federation of labor unions**)
CHU	centre hospitalier universitaire (**medical university center**)
CMU	couverture maladie universelle (**universal health care**)
CNRS	Centre national de la recherche scientifique (**research institute**)
CRDS	Contribution au remboursement de la dette sociale (**wage tax**)
CRS	Compagnies républicaines de sécurité (**riot police**)
DEA	Diplôme d'études approfondies (**doctoral degree**)
DESS	Diplôme d'études supérieures spécialisées (**doctoral degree**)
DEUG	Diplôme d'études universitaires générales (**university degree**)
DOM	départements d'outre-mer (**overseas departments**)
DUT	Diplôme universitaire de technologie (**technological university degree**)
EDF	Electricité de France (**national electric company**)
ENA	Ecole nationale d'administration (**school that prepares students for careers in politics and diplomacy**)
FN	Front National (**political party**)
GATT	**General Agreement on Tariffs and Trade**
HLM	habitation à loyer modéré (**subsidized housing**)
IUFM	Institut universitaire de formation des maîtres (**teacher training program**)
IUT	Institut universitaire de technologie (**technological institute**)
IVG	interruption volontaire de grossesse (**avortement**)

JAPD	Journée d'appel de préparation à la défense (**national defense service day**)
LEP	lycée d'enseignement professionnel (**technical secondary school**)
LMD	licence-master-doctorat (**new European system of university diplomas**)
MLF	Mouvement de libération de la femme (**feminist organization**)
NRJ	**private radio station**
OGM	organisme génétiquement modifié
OMC	Organisation mondiale du commerce (**World Trade Organization**)
ONU	Organisation des Nations Unies (**United Nations**)
ORTF	Office de la Radio-Télévision Française (**former national authority over radio and television**)
OS	ouvriers spécialisés (**skilled workers**)
OTAN	Organisation du traité de l'Atlantique Nord (**NATO**)
PACS	Pacte civil de solidarité (**civil domestic union**)
PCF	Parti Communiste français (**political party**)
PCU	pilule contraceptive d'urgence («**morning after**» **pill**)
PDG	président-directeur général (**chief executive officer**)
PIB	produit intérieur brut (**gross domestic product**)
PMU	Pari mutuel urbain (**betting on horse races**)
PS	Parti Socialiste (**political party**)
RER	Réseau Express Régional (**suburban subway in the Paris region**)
RMI	Revenu minimum d'insertion (**welfare payment for the very poor**)
RPR	Rassemblement pour la République (**political party**)
RTL	Radio-Télévision Luxembourg (**private radio station in Luxembourg**)
RTT	réduction du temps de travail (**reduced work hours**)
SDF	sans domicile fixe (**homeless people**)
SIDA	syndrome immunodéficitaire acquis (**AIDS**)
SMIC	salaire minimum interprofessionnel de croissance (**minimum wage**)
SNCF	Société nationale des chemins de fer français (**train system**)
SOFRES	Société française d'enquête par sondages (**polling organization**)
TD	travaux dirigés (**discussion groups in university courses**)
TGV	train à grande vitesse (**high-speed train**)
TOM	territoires d'outre-mer (**overseas territories**)

UDF	Union pour la démocratie française (**political party**)
UE	Union européenne (**European Union**)
UFR	unité de formation et de recherche (**university departments**)
UMP	Union pour un mouvement populaire (**political party**)
UV	unité de valeur (**university credit**)

PHOTO CREDITS